prépabac

Cours & entraînement

Philosophie

T[le] L, ES, S

Patrick Ghrenassia
Professeur agrégé de philosophie

Pierre Kahn
Professeur des universités

Hatier

Maquette de principe : Frédéric Jély
Mise en page : Jagoda Kadziela
Illustrations : Mathieu de Muizon
Iconographie : Hatier Illustration
Édition : Luce Camus

978-2-218-96252-3

Mode d'emploi

Votre ouvrage Prépabac

- Conforme au nouveau programme de philosophie T^{le} L, ES, S, entré en vigueur à la rentrée 2003, ce « Prépabac » vous propose un **outil de travail** complet et efficace.
- Sur chaque thème du programme, vous trouverez : un **cours** structuré, des fiches de **méthode**, des **exercices** progressifs suivis d'un **sujet** de type bac, et leurs **corrigés** détaillés.
- Enrichies de nombreux **commentaires** et **conseils** des auteurs, toutes ces ressources vous permettent d'aborder en confiance vos contrôles durant l'année et de vous préparer à l'épreuve du bac.

COURS **MÉTHODE** **EXERCICES** **CORRIGÉS**

Sur le site www.annabac.com

- L'achat de cet ouvrage vous permet de bénéficier d'un **ACCÈS GRATUIT** aux ressources d'annabac.com : fiches de cours, podcasts, quiz, sujets et exercices corrigés...
- Pour profiter de cette offre, rendez-vous sur **www.annabac.com**, dans la rubrique « Vous avec acheté un ouvrage Hatier ? »*

---

*La saisie d'un mot clé du livre (lors de votre première visite) vous permettra de créer un compte personnel.

sommaire

Le sujet

La culture

La raison et le réel

sommaire

Le sujet

CHAPITRE

1 La conscience (L, ES, S)

La conscience est une expérience qui semble irrécusable : celle de mon existence comme sujet pensant. Mais cette existence est problématique. Se pose d'une part la question de la nature de ce sujet : est-il une chose qui reste identique à travers la modification incessante des états de conscience ? La conscience n'est-elle pas plutôt un *acte*, une façon de se projeter vers le monde ? D'autre part, la conscience suffit-elle à définir ce que nous sommes ? N'est-elle pas, comme le pense Freud, l'activité la plus faible de notre psychisme, dominé par l'inconscient ?

Repères Objectif/Subjectif

I L'avènement du sujet

- Le « je pense », écrit Kant, doit accompagner toutes mes représentations. La conscience se définit ainsi comme la présence immédiate et constante de soi à soi.
- Descartes souligne avec force le caractère fondateur de cette présence. Le résultat du doute méthodique entrepris dans les *Méditations métaphysiques* (voir chapitre 17) est de faire apparaître la certitude absolue et préalable à toute autre du « je pense » (en latin *cogito*) : je ne peux essayer d'en douter sans la vérifier, puisque si je doute, je pense.
- Cela signifie que même si je pouvais douter du contenu de toutes mes représentations, je ne pourrais douter qu'elles sont **mes** représentations et qu'elles trouvent leur unité en moi, c'est-à-dire dans l'unité du sujet qui les pense.

Il faut distinguer le **doute méthodique** de Descartes du **doute sceptique**. Celui-ci prône une suspension définitive du jugement. Le doute méthodique est au contraire provisoire : il est un moyen de mettre à l'épreuve les opinions, en vue d'établir des certitudes.

Le sujet pensant et conscient de lui-même devient donc ce à partir de quoi s'ordonne toute vérité : il n'y a de connaissance possible du monde des objets que pour un sujet qui les pense et se saisit d'abord comme pensée, c'est-à-dire pour une conscience. C'est pourquoi, dit Husserl, l'erreur du positivisme est d'être un « objectivisme », c'est-à-dire de ne pas comprendre le travail de la subjectivité à l'œuvre dans la construction de nos représentations du monde, y compris nos représentations scientifiques.

II La conscience est-elle une chose ?

A Conscience spontanée, conscience réfléchie

Il y a deux manières d'être conscient. J'ai d'abord, spontanément, la **conscience des choses**. Si l'on me demande « qu'est-ce que tu vois ? », je peux décrire le paysage, ses couleurs, les objets qui le composent, etc.

Mais j'ai aussi **conscience de moi** : je suis conscient que je regarde et décris le paysage. Cette capacité réflexive est le propre de la conscience.

B L'expérience subjective de soi

En nous saisissant comme sujet, dans la conscience réfléchie, nous nous ouvrons à une expérience singulière. Car la subjectivité n'existe pas à la manière des objets qui sont entièrement déterminés par leurs propriétés et ne peuvent rien être d'autre que ce qu'ils sont. Ils sont, comme dit Sartre, « **en soi** ».

Le sujet conscient, lui, est un « **pour-soi** » : il peut toujours être différent de ce qu'il est, il n'est pas enfermé dans une définition. Par exemple, on ne dit pas de quelqu'un qu'il est égoïste comme on dit d'un coupe-papier qu'il est tranchant, parce qu'il est toujours possible de cesser d'être égoïste. Penser qu'un égoïste est condamné à l'être, c'est le nier comme sujet, c'est le **chosifier**. Parce qu'il est conscient, l'homme est **projet**, dit Sartre, et non objet.

La conscience n'existe donc pas à la manière des choses. En jouant sur le mot *exister*, on pourrait même dire que seule la conscience existe : car « **ex-sister** » c'est sortir de soi, être à distance de soi-même. Les choses, qui sont immédiatement ce qu'elles sont, n'« ex-sistent » pas : elles sont, ou elles « in-sistent ».

À ce mode spécifique d'« ex-sistence », pour la conscience, est attaché le problème de la **liberté**, central dans la philosophie de Sartre : être une conscience, un « pour-soi », n'est-ce pas la marque pour l'homme de sa liberté, c'est-à-dire de sa possibilité de dépasser ce qu'il est ?

ZOOM

René Descartes (1596-1650) : l'évidence de la conscience

▲ **Portrait de Descartes, d'après Frans Hals, XVIIe siècle. Musée du Louvre, Paris.**

▶ Le projet de Descartes est de fonder l'ensemble du savoir humain sur des vérités absolument certaines. L'important est donc d'abord la *méthode*, grâce à laquelle on peut : 1. arriver à de telles certitudes ; 2. reconstruire à partir de ces certitudes la totalité du savoir. La première règle de cette méthode est l'**évidence** : n'admettre comme vérité que ce dont il est impossible de douter. Les idées mathématiques constituent le modèle de ces évidences.

▶ Le meilleur moyen de mettre au jour les évidences premières est le **doute** : soumettre les prétendues vérités à l'épreuve d'un doute systématique permettra de révéler celles dont il est impossible de douter.

▶ La première vérité qui résiste au doute est celle de l'**existence du sujet pensant** : « Je pense (*cogito*) donc je suis. » C'est une vérité absolument certaine : essayer d'en douter la confirme puisque si je doute, je pense.

▶ Il en résulte un **dualisme** entre l'**âme**, dont l'essence est la pensée, **et** le **corps**, qui est matière. L'homme est une substance double, âme et corps, pensée et matière. De même qu'il peut exister des corps sans âme (pour Descartes, les animaux, semblables à des machines – les animaux-machines), il peut exister des esprits immatériels. L'âme n'a pas plus besoin du corps pour exister que le corps n'a besoin de l'âme.

C Le problème de l'identité du moi

L'une des caractéristiques les plus remarquables de la conscience, c'est sa permanence : c'est parce que je ne cesse d'être conscient, c'est-à-dire présent à moi-même, que je peux affirmer l'identité du moi à travers tous ses changements. Quel rapport y a t-il entre l'enfant que j'étais et l'homme mûr que je suis devenu ? Pourquoi relier la discontinuité de tous mes états en les rapportant à l'identité d'un moi, sinon parce que ma conscience, toujours, les accompagne ?

Le risque, alors, est de considérer la conscience comme une **chose**. De même que, pour reprendre l'exemple de Descartes, un morceau de cire reste la même **chose matérielle** malgré toutes les modifications dont il peut être affecté (selon que je le considère dur et odorant au sortir de la ruche, ou mou et inodore après l'avoir passé sous une flamme), de même la conscience serait une **chose spirituelle**, une « chose pensante », comme le dit Descartes.

D Toute conscience est conscience de quelque chose

C'est cette conception chosifiante de la conscience que critique la phénoménologie de Husserl. Si Descartes a eu raison de vouloir mettre le monde entre parenthèses pour redécouvrir le caractère fondateur de la conscience, son tort est de considérer la conscience comme une chose pensante, pouvant exister par elle-même, indépendamment des choses matérielles, mais comme les choses matérielles.

« **Phénoménologie** » parce que, pour **Husserl** (1859-1938), la tâche de la philosophie est de décrire les phénomènes, c'est-à-dire ce qui apparaît à la conscience.

Or, la conscience n'est pas une chose. C'est un acte, défini par son « **intentionnalité** » : toute conscience vise un objet, est « conscience de... ».

Mettre le monde entre parenthèses, comme le fait Descartes, ne peut alors être qu'une suspension provisoire de l'attitude naturelle de la conscience, spontanément immergée dans les choses, attentive au dehors, pour ressaisir réflexivement en elle l'origine de toute signification du monde pour le sujet.

III Freud contre Descartes ?

Nul autre que Freud ne met davantage ni plus directement en question la philosophie cartésienne de la conscience. Les recherches de Freud atteignent en effet de plein fouet ce qui, pour lui, constitue un préjugé fondamental de la philosophie depuis Descartes : la **transparence du sujet à lui-même**.

- Pour Freud, le psychisme ne se réduit pas à la conscience ; la vie psychique la plus importante est **inconsciente**, faite de désirs refoulés qui ne s'expriment que « par la bande », (actes manqués, rêves...,voir chap. 3).

- Il est donc impossible de ramener toutes nos représentations à l'unité d'un « je pense » et le *cogito* cartésien serait une erreur philosophique. Je pense, mais « ça » pense en moi, malgré moi. Le terme de « ça » est de Freud lui-même : il exprime le caractère impersonnel de l'inconscient, ce discours qui se dit à travers moi et qui n'est pas de moi.

Le « **ça** » est le réservoir inorganisé et inconscient des pulsions. → Zoom, chapitre 3, p. 35.

IV La conscience et le monde

- Cependant Descartes s'expose à la critique d'une autre manière encore : peut-il affirmer la conscience comme une certitude première, alors même qu'il doute encore de tout et notamment du monde extérieur ? Le sujet peut-il se ressaisir comme conscience, comme sujet pensant, par simple retour sur soi, par simple introspection, indépendamment de tout rapport aux choses ou à autrui ?

L'**introspection** est le fait, pour un sujet, d'observer et d'analyser ses états de conscience en vue de se connaître lui-même.

- Si le rapport à autrui est nécessaire à la conscience de soi (voir chap. 4), le rapport aux choses ne l'est pas moins : la conscience présuppose le monde. Pourquoi ? Parce que nous nous reconnaissons d'abord dans nos **œuvres**.

- Hegel insiste fortement sur cette condition essentielle d'une conscience de soi véritable, effective : le monde est une médiation nécessaire entre nous et nous-mêmes parce que ce n'est pas un monde brut et naturel mais un monde transformé, que nous avons façonné et qui porte la marque de l'esprit.

V La conscience morale

- La conscience n'est pas seulement l'état intellectuel grâce auquel je suis présent à moi-même. Elle désigne aussi un **état moral**. C'est ainsi que Rousseau dit de la conscience qu'elle est un « instinct divin », c'est-à-dire un moyen immédiat et infaillible de reconnaître le bien du mal.

- La conscience est une « voix intérieure » qui est « un principe inné de justice et de vertu ». Il y a d'ailleurs un lien entre les deux significations de la notion de conscience : c'est parce que nous sommes intellectuellement conscients de ce que nous faisons que nous pouvons en être tenus pour moralement responsables. La **conscience** implique la **responsabilité**, c'est-à-dire la capacité de pouvoir répondre de nos actes et de nos pensées.

RÉCAPITULONS

Position du problème	→ La conscience est l'expérience indubitable que le sujet pensant fait de lui-même	→ Descartes
Première critique de la position de Descartes	→ La conscience n'est pas une chose mais un acte intentionnel	→ Husserl, Sartre
Deuxième critique	→ La conscience n'est qu'une petite partie de notre activité psychique, laquelle est essentiellement inconsciente	→ Freud

« CITATIONS

- Je pense donc je suis.

René Descartes, *Discours de la méthode*, 1637.

- Par le mot de *penser*, j'entends tout ce qui se fait en nous de telle sorte que nous l'apercevons immédiatement par nous-mêmes.

René Descartes, *Principes de la philosophie*, 1651.

- La conscience est la voix de l'âme, les passions sont la voix du corps. Elle est à l'âme ce que l'instinct est au corps.

Jean-Jacques Rousseau, *Émile ou de l'Éducation*, 1762.

- Le *je pense* doit pouvoir accompagner toutes nos représentations.

Emmanuel Kant, *Critique de la raison pure*, 1781.

- Tout état de conscience en général est en lui-même conscience de quelque chose.

Edmund Husserl, *Méditations cartésiennes*, 1929.

Définir le problème posé par un texte

LA DÉMARCHE

- Commencez par **lire l'ensemble du texte** et par **repérer** les phrases et **les mots-clés à souligner**.
- Grâce à ces mots-clés, vous pouvez déterminer dans quel grand **domaine philosophique** se situe le texte : esthétique, politique, épistémologie, morale.
- Vous devez ensuite **définir le problème** philosophique dont traite le texte.
- Puis, demandez-vous à **quelle(s) question(s)** l'auteur tente de répondre.

L'EXEMPLE COMMENTÉ

« Pour moi, quand je pénètre plus intimement dans ce que j'appelle *moi-même*, je tombe toujours sur une *perception* particulière ou sur une autre, de chaleur ou de froid, de lumière ou d'ombre, d'amour ou de haine, de douleur ou de plaisir. Je ne parviens jamais, à aucun moment, à me saisir *moi-même* sans une perception et je ne peux jamais *rien observer d'autre* que la perception. Quand mes perceptions sont absentes pour quelque temps, *quand je dors* profondément, par exemple, je suis, pendant tout ce temps, *sans conscience* de *moi-même* et on peut dire à juste titre que *je n'existe pas*.

David Hume, *Traité de la nature humaine*, livre I, IVᵉ partie, trad. P. Baranger et P. Saltel, © Flammarion, coll. « GF », 1995, p. 342-344.

- La lecture du texte fait apparaître des phrases et des **mots-clés** : *moi-même, perception, rien d'autre, quand je dors, sans conscience, je n'existe pas.*
- Grâce à ces repères, je sais que j'ai affaire à un vocabulaire qui relève du **domaine du sujet**, et qui met en relation les notions de **conscience et** de **perception**.
- Le **problème** abordé par le texte concerne l'identité du moi, ou sujet, les moyens de le connaître, et les preuves de son existence. Il renvoie à trois questions posées implicitement par l'auteur.
- Les **questions posées implicitement** par l'auteur :

a. Ai-je une **connaissance** de moi indépendante des perceptions particulières ?
b. Suis-je conscient **quand je dors** et que je ne perçois rien ?
c. Le sujet continue-t-il d'exister quand je ne suis pas conscient ?

SE TESTER QUIZ

1 Pourquoi le *cogito* est-il pour Descartes la première certitude indubitable ?

- ☐ **a.** parce que si je pense quelque chose, ce quelque chose existe nécessairement
- ☐ **b.** parce que douter qu'on pense, c'est encore penser
- ☐ **c.** parce que le fait de la conscience exclut l'existence d'un inconscient

2 Pour Husserl la conscience est :

- ☐ **a.** un acte
- ☐ **b.** un instrument de l'inconscient
- ☐ **c.** une chose

3 La phénoménologie est la philosophie de :

- ☐ **a.** Kant
- ☐ **b.** Descartes
- ☐ **c.** Husserl

4 Quel penseur refuse à l'introspection d'être un moyen satisfaisant de connaissance de soi ?

- ☐ **a.** Kant
- ☐ **b.** Freud
- ☐ **c.** Descartes

5 En quoi consiste la critique que Hegel adresse au « Je pense donc je suis » de Descartes ?

- ☐ **a.** Nous ne sommes pas transparents à nous-mêmes
- ☐ **b.** L'esprit ne se connaît que dans ses œuvres
- ☐ **c.** Le moi n'est pas constamment identique à lui-même

6 Quel philosophe du xxe siècle a repris à Husserl la thèse de l'intentionnalité de la conscience ?

- ☐ **a.** Freud
- ☐ **b.** Nietzsche
- ☐ **c.** Sartre

S'ENTRAÎNER

7 Définissez le problème traité par le texte suivant.

« Le *je pense* doit pouvoir accompagner toutes mes représentations ; car autrement serait représenté en moi quelque chose qui ne pourrait pas du tout être pensé, ce qui revient à dire ou que la représentation serait impossible, ou que, du moins, elle ne serait rien pour moi. La représentation qui peut être donnée avant toute pensée s'appelle *intuition*. Par conséquent, tout le divers de l'intuition a un rapport au *je pense* dans le *même sujet* où se rencontre ce divers. [...] Je la nomme *aperception pure* pour la distinguer de l'*aperception empirique*, ou encore *aperception originaire* parce qu'elle est cette conscience de soi qui, en produisant la représentation *je pense*, doit pouvoir accompagner toutes les autres, et qui est une et identique en toute conscience...

E. Kant, *Critique de la raison pure,* I, livre I, chap. 2, deuxième section, § 16, trad. Tremesaygues et Pacaud, PUF.

POUR VOUS AIDER

- Les termes en italique vous aident, ici, à trouver les **mots-clés**.
- Le vocabulaire technique ne doit pas vous rebuter : les *représentations* sont les données sensibles (images, sensations). L'*intuition* est ce qui m'est donné par les sens ; de même, *empirique* renvoie à ce qui vient de l'expérience sensible.
- L'*aperception* désigne l'ensemble de nos actes de perception ; *pure* désigne, chez Kant, ce qui est indépendant de l'expérience sensible.
- N'oubliez pas de dégager les **questions implicites** derrière les réponses apportées par l'auteur.

OBJECTIF BAC

L'explication de texte

8 Faites l'explication du texte de Kant proposé dans S'entraîner (exercice 7).

SE TESTER

1 Réponse **b.** **2** Réponse **a.** **3** Réponse **c.** **4** Réponse **b.** **5** Réponse **b.**
6 Réponse **c.**

S'ENTRAÎNER

7 **a.** La lecture fait apparaître une opposition entre le vocabulaire de l'expérience sensible (*représentations, intuition, divers, empirique*) et celui de la conscience (*je pense, pour moi, même sujet, pure, originaire, une et identique*).

b. Ce texte se situe dans le domaine du sujet et de la conscience.

c. Le problème est, comme dans le texte de Hume (p. 16), celui du rapport entre conscience et perceptions sensibles, entre unité du sujet et diversité des perceptions.

d. Les questions implicites auxquelles Kant tente de répondre sont : la conscience, ou sujet ou *je pense* ou « aperception pure », précède-t-elle l'expérience sensible ou en dérive-t-elle ? Faut-il présupposer un *je pense* pour pouvoir savoir que ce sont *mes* représentations ? Comment sais-je que c'est moi qui perçoit et pense, si la conscience de soi ne précède pas ma perception du monde ?

Pour Kant, **la conscience est préalable à l'expérience**, comme sa « condition de possibilité » unificatrice : elle est dite « pure » ou « originaire » ou « transcendantale ». Kant s'oppose à l'empirisme de Hume.

OBJECTIF BAC

8 *Les titres et sous-titres servent à mettre en évidence la structure du corrigé, mais ne doivent pas figurer sur votre copie.*

Introduction

- Ce texte de Kant aborde le problème du sujet et de la conscience. Contre l'empirisme qui soutient que notre esprit se réduit à nos seules perceptions, Kant soutient que le sujet conscient précède l'expérience comme « aperception pure » ou « originaire », afin d'assurer l'unité du divers sensible. Cela pose la question des conditions de notre connaissance, et du rapport entre pensée et expérience : pour Hume, le sujet pensant dérive de l'expérience ; pour Kant, le *je pense* précède et conditionne l'expérience.

- Ce texte soulève le débat de la formation de notre esprit pensant, des conditions de notre pensée et de notre connaissance, et de l'unité du sujet : comment sais-je que c'est *moi* qui pense, et non que *ça* pense ?

- Nous examinerons ce texte en trois étapes : l'auteur commence par réfuter la thèse adverse ; puis, il pose sa thèse concernant le *je pense* comme condition de l'expérience ; enfin, il développe sa définition du *je pense*.

I. Les étapes de l'argumentation

1. Sans l'unité d'un *je pense,* aucune pensée n'est possible

Dans un premier temps, l'auteur montre l'absurdité de la thèse empiriste adverse (« car autrement... », l. 1).

- **Nier le *je pense* est absurde**. Sans le *je pense,* je n'aurais pas conscience des perceptions et donc je ne saurais pas qu'elles existent. Sans le *je pense*, les perceptions ne seraient pas « miennes », mais dispersées de façon anonyme. Pouvoir dire *mes perceptions* ou *je perçois*, suppose l'existence préalable d'un *je*.

- **Kant s'oppose ici à Hume**. Dans le *Traité de la nature humaine* (1740), Hume considère que notre esprit est comme un flux de perceptions dont l'unité se forme peu à peu par associations. C'est ce que réfute Kant : le *je pense* n'est pas le résultat, mais la condition transcendantale de mon expérience sensible.

2. Le *je pense* est la condition de notre connaissance

À partir de « Par conséquent... » (l. 5), l'auteur peut avancer sa thèse.

- **L'intuition sensible.** Le divers de l'expérience sensible, ou « intuition », doit être unifié pour pouvoir être pensé. On ne peut se représenter des sensations disparates. Cela contredit la théorie sensualiste de Condillac pour qui toute l'activité de l'esprit est contenue dans la sensation. Dans le *Traité des sensations* (1754), il imagine une statue « animée d'un esprit dépourvu de toute espèce d'idée », qui respire l'odeur d'une rose et dont la conscience s'identifie à l'odeur de rose.

- **Le *je pense* unifie l'intuition.** Chaque perception en moi est accompagnée du même *je pense*. L'esprit humain ne peut percevoir sans recueillir et rassembler ses perceptions dans une forme unifiante. Comparons au point de fuite en perspective : ce point n'existe pas « en soi », mais il est nécessaire de le supposer pour avoir une vision cohérente.

- **Le *je pense* assure donc l'unité du sujet**

Il est la condition « a priori » ou « transcendantale » de toute expérience.

> **« A priori » ou « transcendantal »** désigne, chez Kant, ce qui précède l'expérience sensible et la conditionne.

3. L'aperception pure conditionne l'aperception empirique

Enfin, l'auteur explicite ce pouvoir d'unification en précisant les concepts qui le désignent.

- **L'aperception précède la perception**. « Aperception » se distingue de « perception » comme pouvoir d'accueil et de synthèse des perceptions diverses. Le terme d'« aperception » a été créé par Leibniz, chez qui il désigne simplement une perception accompagnée de réflexion et de conscience. Kant y ajoute le pouvoir d'unification constitutif du sujet et de l'esprit.

- **« Aperception pure » s'oppose à « aperception empirique ».** Dans tous nos actes de perception, il y a un pouvoir intellectuel qui n'en dérive pas. L'aperception « pure » est dite encore « originaire » pour signifier qu'elle précède nos perceptions et n'est précédée ou conditionnée par rien d'autre.
- **Aperception, *je pense* et conscience.** L'ensemble de ces définitions nous conduit à voir dans l'« aperception originaire », ou *je pense* transcendantal, le sujet conscient. Ce qui est le sens latin de *con-science* : *cum-scire*, « savoir avec », faire quelque chose en le sachant et en le rassemblant.

II. Discussion

- La thèse de Kant oblige à admettre un pouvoir de l'esprit qui précède l'expérience sans en dériver. L'empirisme peut alors objecter que ce *je pense* n'est qu'une hypothèse dont on ne peut établir l'existence hors de l'esprit. Cet « idéalisme » est assumé par Kant quand il parle de « condition transcendantale ». C'est une hypothèse qui conditionne l'expérience, mais qui ne peut être observée ni vérifiée par l'expérience.
- D'ailleurs, cette unité a priori d'aperception sera reprise par la phénoménologie de Husserl à travers la notion d'« intentionnalité » comme visée consciente et intentionnelle constitutive de l'objet.
- Elle s'oppose au *cogito* cartésien, à qui le formalisme de Kant et de Husserl reproche son caractère « substantiel » : la conscience n'est pas une « chose » parmi d'autres existants, mais la « forme » qui unifie les objets perçus.
- Il faut compléter ce texte par le **sens moral** que peut revêtir la conscience. Rabelais distinguait déjà « science » et « conscience » (« Science sans conscience n'est que ruine de l'âme », *Pantagruel*, 1532), mais en donnant un sens moral à « conscience », alors que le *je pense* kantien n'a rien de moral, et n'est qu'une condition épistémologique.

Conclusion

Dans ce texte, Kant soutient une conception rationaliste de la conscience et du sujet, irréductibles à la seule perception. Cela suppose un dédoublement de l'esprit réflexif qui perçoit le monde et *se sait* percevoir en même temps. Cette conscience est propre à l'homme, et le rend responsable de sa connaissance (science) et de ses actes (morale). Elle explique comment notre esprit unifie notre expérience et constitue l'unité du *je*.

CHAPITRE

2 La perception (L)

La perception est notre premier rapport sensible au monde extérieur. Elle conditionne notre connaissance, notre orientation pratique et notre sens esthétique. Pourtant, les philosophes se méfient d'une perception souvent trompeuse, et les illusions des sens sont des obstacles à une connaissance objective. Si notre connaissance commence avec la perception, elle ne peut s'en contenter, et l'esprit doit interpréter ce matériau sensible.

Repères Médiat/Immédiat • Objectif/Subjectif • Croire/Savoir • En théorie/En pratique

I Perception, impression, sensation

A La sensibilité est passive

- Nous *recevons, éprouvons* ou *subissons* des perceptions, des impressions ou des sensations : ces verbes indiquent que nous sommes passifs, et que la **sensibilité** est vécue comme « **passion** ».
- La perception est souvent **involontaire** : nous subissons une cause que nous ne contrôlons pas (la luminosité, la chaleur du soleil, la douceur de l'air...). Elle dépend de notre corps et de nos sens qui, le plus souvent, échappent à notre volonté (une aigreur d'estomac, une odeur nauséabonde...).

B Sensation, impression, perception

- Par la **sensation**, nous éprouvons une donnée simple des sens : une couleur pour la vue, un son strident pour l'ouïe, une saveur pour le goût.
- Par l'**impression**, nos sens sont « imprimés » par un objet : par la douleur, je ressens l'impression laissée par

Comme une tablette de cire ou d'argile sur laquelle un sceau laisse son empreinte, **nos sens sont « imprimés »** par les objets extérieurs qui y laissent leur trace.

un couteau tranchant. L'impression est donc l'effet sur nos sens d'une cause extérieure.

- Par la **perception**, nous recueillons des données et nous les structurons : nous identifions des objets, des formes, parce que notre esprit organise les données sensibles.

C Sensation passive, perception active

- Il convient donc de **distinguer perception et sensation** : la sensation est une donnée brute des sens qui s'explique par un simple mécanisme physique. La perception, en revanche, suppose une interprétation des données sensibles (reconnaître la forme d'un objet, voir Zoom p. 24), une construction par l'esprit ou l'imagination (la perspective), un apprentissage dès l'enfance (la perception des formes géométriques, des poids ou des volumes, étudiée par le psychologue Jean Piaget).
- La **sensation** est **passive** ; la **perception** est déjà **active**, et constitue un début de connaissance en tant qu'interprétation construite du monde.

II La perception nous trompe-t-elle ?

A L'origine de notre connaissance

- La perception pose d'abord le problème philosophique de l'objectivité de notre connaissance (voir chap. 12 et 17). En effet, notre connaissance du monde **commence par la perception**, par l'expérience sensible (Kant) : nous ne pouvons pas avoir de connaissance vraie, c'est-à-dire vérifiable, de ce qui ne peut être perçu ; sans quoi, il ne s'agit que de fiction (les fantômes) ou de métaphysique (Dieu, l'origine du monde ou la fin des temps).
- Le champ de la perception, réelle ou possible, délimite donc ce qui est connaissable par des moyens naturels (l'expérience et la raison).

B La perception est trompeuse

Mais la perception constitue aussi un **obstacle à la connaissance vraie**, car les sens nous trompent souvent : la tour carrée que l'on voit ronde de loin, un bâton plongé dans l'eau et qui paraît brisé, etc. Ces **illusions des sens** ont amené les philosophes à se méfier de la perception sensible.

ZOOM

Psychologie de la forme et illusions des sens

▶ La psychologie de la forme, ou *Gestalt Psychologie*, est née en Allemagne au XXe siècle. Elle étudie les illusions d'optique pour montrer comment nos **perceptions** sont **toujours subjectives**, et qu'il n'existe pas de perception purement objective.

▶ **Wolgang Köhler** (1887-1967) en Allemagne, et **Paul Guillaume** (1878-1962) en France ont montré que la perception est une action globale de l'esprit qui structure l'espace perçu pour dégager une « bonne forme » reconnaissable. Ce qu'indique bien le terme allemand ***Gestalt*** qui signifie « mettre en forme, structurer ».

▶ Contrairement aux empiristes qui considèrent la perception comme une empreinte passive de l'objet sur nos sens, pour les gestaltistes la perception est une **action interprétative** du sujet qui cherche à conférer un sens aux données sensibles. Ainsi, l'image en noir et blanc du vase de Rubin peut être interprétée de deux façons : ou bien comme un vase, si l'on considère que la partie blanche constitue la figure ; ou bien comme deux visages en face-à-face, si l'on considère qu'elle est le fond sur lequel se détachent les deux visages.

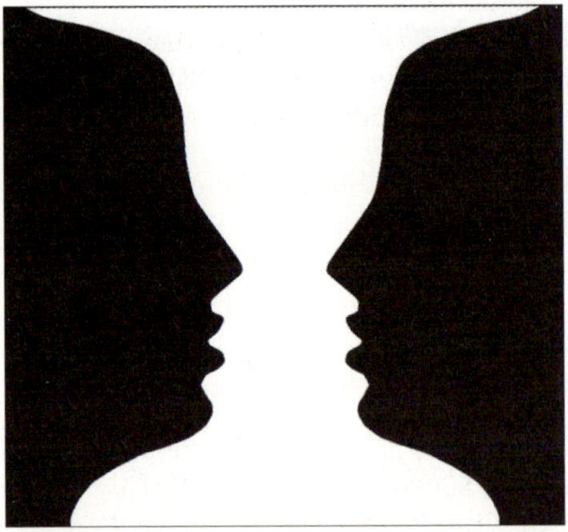

▲ **Le vase de Rubin.**

C La nécessité de se détourner des sens

■ **Platon** exige donc de dépasser les apparences sensibles pour atteindre les Idées immuables, connues par l'esprit seul ; et **Descartes** recommande de « détourner son esprit des sens » pour connaître les idées vraies par la seule « intuition de l'esprit ».

■ Pour ces rationalistes, il faut écarter la perception sensible au profit d'une perception purement intellectuelle, d'un « **regard de l'esprit** » qui saisit l'essence des choses.

■ C'est le sens de l'**expérience du morceau de cire** dans la *Deuxième Méditation métaphysique* de Descartes : en fondant, le morceau de cire change d'apparence sensible ; la vérité de la cire ne peut donc être dans la perception que nous en avons, mais dans son idée géométrique connue a priori, sans recours à l'expérience.

On appelle « **rationalistes** » les philosophes qui donnent la priorité à la raison dans l'origine de nos connaissances. Ils s'opposent aux « **empiristes** » qui voient dans la seule perception sensible l'origine de nos connaissances.

D La perception est innocente

■ Cependant, Épicure et Kant montrent que **la perception n'est pas fausse en elle-même**. Le coupable est le **jugement** qui attribue à la perception plus de vérité qu'elle n'en a. C'est donc notre esprit ou notre imagination qui fabrique l'illusion, non la perception.

■ Ainsi, lorsque nous percevons le soleil qui disparaît derrière l'horizon, l'erreur est d'affirmer qu'il « se couche » ou qu'il mesure cinq centimètres de diamètre, alors qu'il faut dire qu'« il nous semble que le soleil se couche », etc.

■ La perception est donc une condition nécessaire, mais non suffisante, de la connaissance vraie.

III Perception et réalité extérieure

A La critique sceptique

■ La perception nous semble causée par un objet extérieur : par exemple, le soleil est cause de notre perception d'un disque lumineux et chaud.

■ Pourtant, cette croyance est critiquée par les sceptiques : rien, dans la perception, ne nous garantit l'existence d'un objet extérieur correspondant.

■ **Hume** affirme que la perception est une réalité en soi, qu'on ne peut considérer comme l'effet d'un objet indépendant de la perception. En toute rigueur, l'objet n'existe que dans la perception, et nous n'avons aucun moyen de sortir des perceptions pour établir l'existence d'un monde objectif distinct de nos perceptions.

- Une **raison sceptique** doit entretenir un doute sur l'existence objective du monde.

B Le solipsisme

- **Berkeley** va plus loin en niant l'existence du monde matériel (sa philosophie se nomme « **immatérialisme** ») : pour lui, l'existence se réduit au fait d'être perçu, toutes nos perceptions se focalisant en l'esprit de Dieu, qui garantit la vérité de nos connaissances sans référence aucune à un objet matériel.

- La perception est dans l'esprit, non dans l'objet (voir chap. 16). Cette conception présente le risque du solipsisme.

> Le **solipsisme** (du latin *solus*, « seul » et *ipse*,« soi ») doute de l'existence du monde extérieur et n'affirme que l'existence du moi seul.

C La perception comme guide pratique

Le doute sceptique contredit la croyance commune en l'existence indépendante des objets de nos perceptions. Aussi, si la valeur scientifique de la perception peut être mise en doute, il faut lui accorder une **valeur pratique** : nous guider dans la vie quotidienne et nous procurer une relation esthétique au monde. De fait, l'esthétique, (du grec *aisthêsis,* « sensation »), désigne notre perception sensible du monde.

> Aujourd'hui, le mot « **esthétique** » désigne une conception de l'art et du beau. Mais l'étymologie rattache l'esthétique à l'étude de la perception et de notre rapport sensible au monde.

IV Valeur pratique de la perception

A L'utilitarisme de Descartes

- Dans la *Sixième Méditation,* Descartes admet que la perception sensible a une **utilité pratique**, à défaut d'une vérité théorique. Elle nous informe et nous guide dans notre rapport pratique aux choses : par exemple, ce qui est bon ou mauvais à manger.

- La perception, par les sentiments de plaisir et de douleur, ainsi que par sa représentation confuse des choses, suffit à nos besoins vitaux.

B La perception artistique

- **Bergson** refuse l'utilitarisme de la perception. Celle-ci ne doit pas être réduite à un moyen d'information au service de la raison. L'innocence de la perception immédiate comme rapport esthétique au monde doit être retrouvée : par la **perception pure**, je suis présent au monde et le monde est présent à moi dans une unité antérieure à toute scission entre sujet et objet, individu et monde.
- Par l'expérience de la perception libérée du rationalisme et de l'utilitarisme, nous retrouvons une plénitude contemplative en redevenant un simple corps perceptif. La perception pure ouvre à un rapport désintéressé au monde, à une **pure présence esthétique** qui fait la spécificité de l'art (voir chap. 8).

RÉCAPITULONS

- Les illusions des sens font accuser la perception d'être **trompeuse** (Platon).
- La perception nous **guide** dans la vie pratique (Descartes).
- **Innocence** de la perception : c'est le jugement qui se trompe (Kant).
- Les objets perçus existent-ils (**scepticisme** et **solipsisme**) ?
- La perception est **construction** : elle interprète les sensations (psychologie de la forme).
- La perception pure offre un rapport **esthétique** au monde (phénoménologie).

« CITATIONS

- *Esse est percipi.* (Exister c'est être perçu.)

George Berkeley, *Principes de la connaissance humaine*, 1710.

- La perception est une fonction d'entendement.

Alain, *81 Chapitres sur l'esprit et les passions*, 1917.

- La sensation est comme au seuil de la connaissance, qui débute avec elle ; mais elle n'est pas encore une connaissance.

Jules Lagneau, *Célèbres Leçons et Fragments*, 1877-1894.

Analyser les termes d'un sujet de dissertation

LA DÉMARCHE

- **Définissez d'abord les termes du sujet**. Il ne s'agit pas de donner des définitions de dictionnaire mais des définitions permettant d'éclairer le sens de la question. Il s'agit d'une **analyse conceptuelle**.
- **Observez ensuite la forme de la question** : « Faut-il ? », « Peut-on ? », question de droit (« A-t-on le droit de… ») ou de fait (« A-t-on la possibilité matérielle de… ») ?
- **Enfin, reformulez la question** avec vos propres mots.

L'EXEMPLE COMMENTÉ

Peut-on dire que la perception est une connaissance ?

Définition des termes. Il faut d'abord distinguer le mot « **perception** » de synonymes comme « impression » ou « sensation ». La perception est déjà une construction de l'esprit. Il faut donc admettre que dans certains cas la perception apparaît comme une connaissance, mais que dans d'autres cas elle peut faire obstacle à la connaissance (erreur ou illusion).

Il faut ensuite définir le mot « **connaissance** », puisque la réponse à la question en dépend. La connaissance consiste, soit dans une image extérieure des choses, soit dans une vérité essentielle saisie par la raison. La connaissance doit être définie, pour l'instant, de façon large, par exemple comme « recueil d'informations sur le monde », afin que la question reste ouverte.

Pour **laisser la question ouverte**, il faut proposer une définition provisoire et générale des termes qui permette de préciser le sens de la question, mais **sans répondre à l'avance à la question**.

Forme de la question : **« Peut-on ? »**. Cette formulation classique des sujets induit, soit une possibilité matérielle, soit le droit de faire quelque chose. Ici, le sujet demande à quelles conditions on peut admettre la perception comme une connaissance : c'est une question de droit.

Reformulation. Le débat va donc porter sur ce qu'est une connaissance, débat se situant entre l'**empirisme** pour qui la perception suffit (Hume) **et** le **rationalisme** pour qui elle ne suffit pas.

SE TESTER QUIZ

1 Reconnaître un visage, est-ce ?

- ☐ a. Une sensation
- ☐ b. Une perception
- ☐ c. Une impression

2 Qui affirme qu'« être, c'est être perçu » ?

- ☐ a. Hume
- ☐ b. Berkeley
- ☐ c. Bergson

3 Qu'est-ce que le solipsisme ?

- ☐ a. Croire que le langage est trompeur
- ☐ b. Croire que le monde extérieur n'existe pas
- ☐ c. Croire que je suis seul à exister

4 Selon Descartes, à quoi sert la perception sensible ?

- ☐ a. Nous guider dans la vie
- ☐ b. Connaître l'essence des choses
- ☐ c. Jouir de la beauté du monde

5 Que démontre l'analyse du morceau de cire par Descartes ?

- ☐ a. Que la cire peut garder l'empreinte d'un sceau
- ☐ b. Que l'esprit peut connaître les choses sans recourir aux sens
- ☐ c. Que la cire a des qualités sensibles

6 Selon Merleau-Ponty, à quoi sert la perception ?

- ☐ a. Nous plonger dans la beauté du monde
- ☐ b. Faire avancer la science
- ☐ c. Nous prémunir contre les illusions des sens

S'ENTRAÎNER

7 Analysez les termes du sujet de dissertation suivant :
« Peut-on apprendre à percevoir ? »

POUR VOUS AIDER

- L'interrogation « **Peut-on** ? » renvoie-t-elle à une possibilité matérielle ou à une question de droit ?
- « **Apprendre** » s'oppose à une capacité innée. Tout apprentissage fait passer de la nature à la culture.
- Trouvez des **exemples** où l'on « apprend » à voir, à entendre ou à sentir.
- Essayez de trouver sur quel **débat** philosophique ouvre la question posée.

OBJECTIF BAC

Dissertation

8 **Traitez le sujet de dissertation proposé dans S'entraîner** (exercice 7).

SE TESTER

1 Réponse **b.** **2** Réponse **b.** **3** Réponses **b.** et **c.** **4** Réponse **a.**

5 Réponse **b.** **6** Réponse **a.**

S'ENTRAÎNER

7 ▪ La question « **Peut-on... ?** » interroge sur la **possibilité physique** de modifier ou de perfectionner la perception naturelle : sommes-nous capables d'apprendre à percevoir ?

▪ « **Apprendre à percevoir** » signifie soit que la capacité de percevoir n'est pas donnée à la naissance, soit que notre perception naturelle peut être perfectionnée par l'apprentissage.

▪ L'**apprentissage** consiste en une éducation ou un exercice, qui permet d'acquérir ou d'améliorer un savoir ou une compétence. Ne fait pas l'objet d'un apprentissage tout ce qui est inné, c'est-à-dire donné à la naissance.

▪ **Exemples d'apprentissages** : on apprend à écouter une symphonie ou à apprécier les différentes saveurs d'un plat.

▪ Cela engage **deux définitions de la perception** : percevoir, c'est ou bien sentir, voir, entendre, données sensibles qui sont innées ; ou bien c'est structurer et perfectionner notre expérience sensible, ce qui s'apprend.

▪ Le débat : la perception nous est-elle donnée à la naissance, ou est-elle, comme le langage, acquise par apprentissage ? Notre perception est-elle parfaite dès la naissance, ou peut-on l'améliorer par l'éducation ? Est-elle le produit de la nature biologique ou de la culture d'une société ?

À travers l'analyse des termes, il faut s'efforcer de trouver des définitions et des conceptions différentes et opposées qui conduisent à **un débat**.

OBJECTIF BAC

8 *Les titres et sous-titres servent à mettre en évidence la structure du corrigé, mais ne doivent pas figurer sur votre copie.*

Introduction

- La question « Peut-on… ? » interroge sur la possibilité physique de modifier ou de perfectionner la perception naturelle. « Apprendre à percevoir » suppose, soit que nous ne pouvons pas percevoir spontanément sans un apprentissage, soit que notre perception naturelle peut être perfectionnée par apprentissage. Ce dernier consiste en une éducation ou un exercice, qui permet d'acquérir ou d'améliorer un savoir ou une compétence. À travers cette question, sont mis en jeu le rapport entre nature et culture, la relativité historique de la sensibilité, ainsi que le pouvoir de l'éducation et de la volonté sur le corps

- Nous envisagerons d'abord en quoi la perception est antérieure à tout apprentissage. Puis nous verrons que la perception peut être améliorée et modifiée par l'apprentissage. Enfin, au-delà de la possibilité d'un apprentissage perceptif, nous examinerons s'il faut apprendre à percevoir, et dans quelles limites.

> Pensez à mettre la question en rapport avec des notions plus vastes. La perception nous semble **naturelle**, alors qu'apprendre relève de la **culture**.

I. Percevoir ne s'apprend pas

- Nous n'avons pas à apprendre à percevoir puisque, **dès la naissance**, le bébé peut voir, entendre, sentir, toucher ou goûter. La perception existe donc avant l'intelligence et le savoir, avant tout ce qui s'apprend.

- Nous **partageons la perception avec les animaux**. Or les animaux n'apprennent pas à percevoir ; ils le font d'instinct.

- Nous apprenons à marcher, à parler, à mémoriser, à réfléchir et raisonner, à dessiner ou à chanter, mais jamais à percevoir. Car personne n'admettrait qu'il ne sait pas voir ou entendre, du moment qu'il n'est **ni aveugle ni sourd**.

- Percevoir ne semble donc **pas dépendre d'un apprentissage** : il suffit de disposer d'organes des sens en bon état de fonctionnement.

II. On peut apprendre à percevoir

- Un certain nombre de perceptions existent déjà avant tout apprentissage, mais cela n'exclut pas que nous ayons à en apprendre certaines : savoir **goûter un vin**, par exemple, est une perception qui **s'apprend**.

- De plus, **le nourrisson a** des sensations, non des perceptions : il voit des couleurs et de vagues formes, mais percevoir un objet suppose d'organiser ces sensations en une unité stable et reconnaissable. La perception résulte donc d'un apprentissage de **structuration des données sensibles**.
- Notre capacité à percevoir **s'améliore** au cours de la vie : apprendre la musique ou des langues perfectionne l'oreille. Rousseau conseillait d'éduquer le toucher, de manière à ce qu'Émile ait « des yeux au bout des doigts », comme les aveugles.

La distinction entre **sensation passive et perception active** permet d'opposer les deux premières parties du devoir. D'où l'importance d'être précis dans les termes !

III. Faut-il apprendre à percevoir ?

- On peut donc apprendre à percevoir, et il semble même que la **perception** soit essentiellement le **fruit d'un apprentissage culturel**, même si nous sommes biologiquement « équipés » dès la naissance pour sentir.
- Mais déplaçons la question et demandons-nous s'il est possible de ne pas apprendre à percevoir : notre perception peut-elle **échapper au conditionnement culturel**, et garder ou retrouver une « innocence » naturelle ? Si apprendre à percevoir garantit une bonne intégration dans la société, en revanche cette relativité de la perception **s'oppose à la vérité** : quelle la « vraie » couleur de cet oiseau ? quel est le « vrai » goût de ce vin ? Cela dépend de chacun et de chaque culture…
- Enfin, apprendre à percevoir pose un **problème esthétique** : pour **Hume**, le goût en art suppose de cultiver et de perfectionner sa perception des œuvres ; pour **Merleau-Ponty**, au contraire, il faut désapprendre à percevoir pour retrouver un contact naturel immédiat avec les choses.

La question passe de « Peut-on ? » à « **Faut-il ?** » C'est le prolongement de la question posée par le sujet, à laquelle il a été répondu dans la deuxième partie.

Conclusion

Non seulement on peut apprendre à percevoir, mais la perception se distingue de la pure sensation en ce qu'elle résulte d'un travail de construction intellectuelle et d'une détermination culturelle. Alors, apprendre à percevoir, est-ce se dénaturer en perdant l'innocence d'un regard enfantin sur le monde ? Ou pénétrer plus finement la nature et l'art, grâce à une sensibilité exercée ? Décider du degré d'apprentissage à imposer à la perception, c'est choisir un certain rapport de l'homme à la nature et au monde.

www.annabac.com

CHAPITRE

3 L'inconscient (L, ES, S)

La découverte de l'inconscient a eu de grandes répercussions en philosophie. La théorie freudienne met en effet à mal l'idée héritée de Descartes d'un sujet pensant véritable « centre de commande » de l'activité psychique. L'existence de l'inconscient nous rendrait définitivement opaques à nous-mêmes. Mais elle pose aussi des problèmes moraux : qu'en est-il de la responsabilité de nos actes, et finalement de notre liberté, si nous sommes déterminés à agir par des mobiles internes qui échappent à notre conscience et à notre volonté ?

Repères Objectif/Subjectif

I Le concept d'inconscient

A L'inconscient : ce à quoi nous ne pensons pas ?

- Nous n'avons pas en permanence une conscience immédiate et lucide de ce que nous sommes ni de ce que nous faisons. Cela n'a en soi rien de troublant. L'existence même d'automatismes dans nos comportements nous permet de nous concentrer sur ce qui mérite attention.
- Alain dit en ce sens que « l'art de faire attention, qui est le grand art, suppose l'art de ne pas faire attention, qui est l'art royal ». Nous mobilisons les savoirs et les représentations dont nous avons besoin pour agir, laissant le reste comme en repos.
- Bergson, dans son livre *Matière et Mémoire* (1896), figure ainsi la mémoire comme un cône inversé dont la pointe touche la ligne de l'action. N'arrivent alors à la conscience que les souvenirs qui nous aident à agir.

■ Peut-on dire des autres souvenirs qu'ils sont « inconscients » ? En un sens purement descriptif oui, mais à condition de comprendre que cet inconscient est du **virtuellement conscient**.

■ D'une part, en effet, ces représentations « inconscientes » ne le sont que parce qu'elles sont momentanément inutiles : elles peuvent à tout moment devenir conscientes, venir occuper la pointe du cône, lorsque le besoin s'en fait sentir.

■ D'autre part, la mémoire pure, dit Bergson, consiste précisément à se détourner de l'action pour remonter vers la base du cône et faire revivre les souvenirs pour eux-mêmes.

■ Si on peut parler ici d'inconscient, c'est uniquement pour décrire des pensées auxquelles nous ne pensons pas actuellement, mais qui n'obéissent pas à un autre régime que celui de la conscience.

Bergson distingue la « mémoire pure » et la « mémoire habitude ». La « **mémoire habitude** » est l'ensemble des savoirs et des savoir-faire que nous avons intégrés en vue d'une action présente. La « **mémoire pure** » est au contraire tournée vers le passé qu'elle cherche à faire revivre pour lui-même, comme dans *La Recherche du temps perdu*, de Marcel Proust.

B ... ou ce qui est refoulé ?

■ Tout autre est l'inconscient selon Freud. Le terme ne décrit pas seulement des représentations en sommeil, mais des désirs et des pulsions primitives de la vie psychique (que Freud nomme le « **ça** »), objets d'un **refoulement** car incompatibles avec les exigences morales et sociales intériorisées par le sujet (le « **surmoi** »).

■ Les pulsions inconscientes ne connaissent ni le temps ni la réalité mais sont constamment actives et ne peuvent se satisfaire qu'en trompant la vigilance de la conscience, sous forme déguisée, dans les rêves, les actes manqués (erreurs, oublis, lapsus...) ou des symptômes pathologiques (paralysie, phobies, troubles de la parole...).

■ De sorte, dit Freud, que la vie ordinaire du rêveur ressemble dans son fonctionnement à celle du névrosé : il existe une « psychopathologie de la vie quotidienne » (c'est le titre d'un ouvrage de Freud).

Pour Freud, le **rêve** est la réalisation imaginaire de désirs infantiles ou actuels, mais refoulés. En cela, il est une « voie d'accès royale » à l'inconscient. Freud publie *L'Interprétation des rêves* en 1900.

ZOOM

Freud (1856-1939)
Les deux théories de l'appareil psychique

▲ Portrait de Sigmund Freud en 1912.

▶ Freud a proposé successivement deux descriptions du psychisme humain. La **première** divise le psychisme en trois étages : le **conscient**, le **préconscient** et l'**inconscient**. Le **conscient** est ce qui permet l'adaptation du sujet au réel. Le **préconscient** est tout ce dont nous n'avons pas actuellement conscience. L'**inconscient**, dont Freud dit qu'il représente la plus grande part de notre activité psychique, est l'ensemble des désirs qui se pressent vers le préconscient mais qui sont refoulés sous l'effet d'une censure morale interne au sujet.

▶ À partir de 1920, Freud propose une **seconde description** du psychisme qu'il divise en trois instances : le **ça**, le **moi** et le **surmoi**.

– Le **ça** est le réservoir chaotique et inconscient des pulsions. Il est entièrement régi par le principe de plaisir. Il ne connaît ni le temps ni la contradiction.

– Le **surmoi** est l'instance morale de la personnalité. Il résulte de l'intériorisation, elle-même inconsciente, des normes sociales (d'abord parentales).

– Le **moi** est un médiateur. Il cherche à concilier les pulsions du ça avec les interdits du surmoi et les exigences du monde extérieur. Il substitue au principe de plaisir le principe de réalité. Cette fonction d'adaptation fait du « moi » l'instance dont dépend l'équilibre psychique d'une personne.

II La révolution psychanalytique

Médecin et non pas philosophe, Freud a toujours voulu séparer ses théories de la philosophie, en les présentant, soit comme des hypothèses scientifiques légitimes, soit comme un outil clinique efficace pour soigner les névroses.

Il n'en demeure pas moins que les travaux de Freud ont eu une importance philosophique capitale en ce qu'ils proposent une **théorie anticartésienne du sujet** (voir chap. 1). La psychanalyse construit la théorie d'un sujet **décentré par rapport à lui-même**.

Pour Freud, la **névrose** résulte d'un conflit mal résolu entre les pulsions inconscientes et les exigences (morales) de la conscience. Elle se distingue de la psychose par la conscience que le névrosé a de son trouble, et par sa moindre gravité.

Dans l'*Introduction à la psychanalyse* (1916), Freud décrit les trois « blessures narcissiques » infligées à l'humanité par la science. Copernic nous a appris que la Terre n'est pas le centre de l'univers, Darwin que l'homme n'est pas le centre de la création, et la psychanalyse que le sujet n'est pas « maître en sa propre maison ».

Nous serions donc comme à distance de nous-mêmes et ce que nous sommes nous échapperait toujours. L'inconscient, dit fortement le psychanalyste français **Jacques Lacan**, c'est le « discours de l'Autre », en écrivant « Autre » avec un A majuscule pour bien signifier cet écart irréductible entre moi et moi, et l'illusion radicale que constitue le projet d'une connaissance de soi.

III L'inconscient contesté

A La critique d'Alain

La contestation la plus directe de la pensée freudienne vient, de façon tout à fait logique, du philosophe qui, au XXe siècle, se présente comme un **disciple de Descartes** : Alain (Émile Chartier de son vrai nom).

L'inconscient, dit Alain, est un « fantôme mythologique », incompatible avec la liberté de l'esprit. Admettre son existence est à la fois une **erreur théorique et** une **faute morale**. Une erreur théorique : il est absurde de dire qu'il existe des pensées auxquelles on ne pense pas ; toute pensée requiert un sujet qui les pense. Une faute morale : le recours à l'inconscient revient à nous déresponsabiliser, à excuser toutes nos inconduites (« c'est plus fort que moi »).

Le seul inconscient qui existe, pour Alain, c'est le corps, qu'il considère avec Descartes comme une machine : les mécanismes corporels sont certes inconscients mais c'est parce qu'en eux il n'y a aucune pensée. L'**absurdité** est d'affirmer l'existence de **pensées inconscientes**, d'un inconscient psychique.

B La critique de Sartre

- Jean-Paul Sartre critiquera lui aussi l'inconscient freudien. Il affirme que **seul un sujet conscient est donneur de sens**.
- Le tort de la psychanalyse est donc d'**objectiver** la vie mentale, de la traiter comme une chose soumise à des déterminismes psychiques comme l'est le monde à des déterminismes naturels. Ce faisant, la psychanalyse nie la liberté de l'homme qui vient précisément de ce qu'il est, non un objet parmi les autres, mais une pure subjectivité, ce que Sartre appelle un « pour-soi ».

Le **déterminisme** est une conception selon laquelle tout ce qui arrive arrive en vertu d'une chaîne de causes et d'effets.

RÉCAPITULONS

- L'inconscient n'est pas seulement une conscience en sommeil. Il est fait de désirs refoulés.
- Ces désirs se manifestent de façon détournée dans les rêves, les actes manqués, les lapsus.
- Cette conception bouleverse la philosophie du sujet héritée de Descartes. Elle est contestée au XXe siècle par les philosophes qui reprennent l'héritage cartésien (Alain, Sartre).
- Elle pose aussi le problème moral de la responsabilité de nos actes et de notre liberté.

« CITATIONS

- Qu'une chose se passe dans ton âme ou que tu en sois de plus averti, voilà qui n'est pas la même chose.

Sigmund Freud, *Essai de psychanalyse appliquée*, 1920.

- L'inconscient est une méprise sur le Moi, c'est une idolâtrie du corps.

Alain, *Éléments de philosophie*, 1940.

- L'inconscient, c'est le discours de l'Autre.

Jacques Lacan, *Écrits*, 1966.

Dégager les présupposés d'un sujet de dissertation

LA DÉMARCHE

Un sujet de dissertation est posé sous forme de question. Or il importe de ne pas se tromper de question. Pour cela, il faut vérifier si, dans la manière de poser la question, ne sont pas déjà réglées des questions préalables. C'est ce qu'on appelle les « présupposés » : ce que suppose la question pour être bien comprise.

- Cherchez dans la question posée par le sujet les affirmations implicites sans lesquelles le sujet n'aurait pas de sens.
- Formulez ces présupposés en montrant en quoi ils permettent de mieux comprendre le sujet.
- Attention ! Il n'y a pas forcément de présupposés cachés dans tous les sujets. Il ne faut donc pas vouloir en trouver là où il n'y en a pas.

Les **affirmations implicites** sont cachées entre les lignes. Pour les trouver, il faut se demander quelles sont les questions auxquelles il a déjà été répondu.

L'EXEMPLE COMMENTÉ

Formulez les affirmation implicites contenues dans le sujet suivant :
« L'hypothèse de l'inconscient rend-elle l'homme irresponsable ? »

- « L'hypothèse de l'inconscient » : cette formule contient un présupposé. On peut en effet se demander si l'inconscient existe réellement ou si ce n'est qu'une hypothèse. Or la formulation du sujet règle cette question : l'inconscient n'est qu'une hypothèse. Il ne faudra donc pas traiter la question de l'existence ou non de l'inconscient à la place du sujet.
- Formulons ce présupposé dans l'introduction : « La question posée présuppose que l'inconscient n'est qu'une hypothèse. La question porte donc, non sur la réalité de l'inconscient, mais sur les conséquences morales qu'a cette **hypothèse scientifique non démontrée**. »
- L'inconscient ne peut être connu directement, mais seulement par ses effets (rêves, lapsus). Il n'est donc qu'une hypothèse. Karl Popper en conteste le caractère scientifique, car non réfutable.

SE TESTER QUIZ

1 Quel penseur contemporain refuse l'inconscient freudien ?

- ☐ a. Husserl
- ☐ b. Alain
- ☐ c. Lacan

2 Quel autre philosophe soutient qu'admettre l'inconscient, c'est nier la liberté ?

- ☐ a. Descartes
- ☐ b. Kant
- ☐ c. Sartre

3 Lorsque Alain dit que « l'inconscient, c'est le corps », de quelle philosophie s'inspire-t-il ?

- ☐ a. Descartes
- ☐ b. Freud
- ☐ c. Kant

4 D'après vous, qui a dit qu'il est absurde de penser qu'il existe des pensées auxquelles on ne pense pas ?

- ☐ a. Alain
- ☐ b. Bergson
- ☐ c. Rousseau

5 Quelle différence Freud fait-il entre le préconscient et l'inconscient ?

- ☐ a. Il n'y en a pas, ce sont deux termes synonymes
- ☐ b. Le préconscient est tout ce dont nous n'avons pas actuellement conscience, mais sans être l'objet d'un refoulement
- ☐ c. Le préconscient est la situation du psychisme en état d'hypnose

S'ENTRAÎNER

6 Dégagez les présupposés du sujet de dissertation suivant :

L'inconscient permet-il autant que la conscience de définir l'homme ?

POUR VOUS AIDER

- Cherchez l'**affirmation cachée** dans la question.
- La question porte sur l'inconscient, mais elle part d'une **définition classique de l'homme** qui est présupposée.
- Le « **autant** » est ambigu : conscience et inconscient s'excluent-ils ou peuvent-ils coexister dans l'homme ? L'homme doit-il être défini par un des deux termes seulement ou par les deux ?

OBJECTIF BAC

Dissertation

7 **Traitez le sujet de dissertation proposé dans S'entraîner** (exercice 6).

SE TESTER

1 Réponse **b.** **2** Réponse **c.** **3** Réponse **a.** **4** Réponse **a.** **5** Réponse **b.**

S'ENTRAÎNER

6 ▪ Le **présupposé** est l'affirmation implicite que c'est la conscience qui définit l'homme.

▪ En effet, dans la tradition rationaliste, l'homme rationnel et responsable doit être conscient de ses actes.

▪ Cela signifie qu'il n'est pas besoin de démontrer que la conscience définit l'homme ; **cela est déjà acquis**.

▪ En revanche, définir l'homme « **autant** » par l'inconscient que par la conscience peut signifier deux choses : soit que l'homme est entièrement, et exclusivement, défini par la conscience ou par l'inconscient ; soit que conscience et inconscient s'équilibrent dans une définition mixte de l'homme.

La **tradition rationaliste,** représentée par Descartes ou Kant, considère que l'homme doit se connaître et se maîtriser par la seule raison. Seul le pouvoir de la raison le rend libre.

▪ On voit ici que l'**ambiguïté des termes** et les présupposés nous guident utilement vers une problématique et un plan : définition unilatérale ou mixte (l'homme est « autant » inconscient que conscient).

OBJECTIF BAC

7 *Les titres et les sous-titres servent à mettre en évidence la structure du corrigé, mais ils ne doivent pas figurer sur votre copie.*

Introduction

Le sujet pose la question de la place de l'inconscient dans la définition de l'homme. En effet, la tradition rationaliste définit l'homme par la raison et la conscience. La philosophie s'est efforcée de libérer l'homme par la connaissance de soi et la maîtrise de ses actes. Elle a donc combattu les passions et les illusions qui rendent l'homme étranger à lui-même. Mais la découverte freudienne d'un inconscient capable de commander obscurément nos actes et nos pensées a renversé la conviction rationaliste. On doit donc se demander si l'inconscient a remplacé la conscience aux commandes de l'homme, ou si l'homme peut toujours être défini par la conscience.

I. C'est la conscience qui définit l'homme

- Je n'existe que dans la mesure où je suis conscient : « **Je pense donc je suis** » (Descartes).
- *A contrario*, le **rêve** ou l'**évanouissement** me font douter de mon existence et de l'existence du monde.
- L'homme **se distingue des choses et des bêtes** par la conscience, qui lui permet de prendre du recul par rapport au monde extérieur et à ses propres instincts (Hegel).
- La **conscience morale** du bien et du mal fait de l'homme un être libre et responsable, ce qui l'élève au-dessus de la nature (Kant).

II. Mais l'homme est déterminé par son inconscient

- Freud explique nos rêves, nos lapsus, nos **actes manqués et pathologiques** par la manifestation de désirs inconscients.
- Même nos **pensées ordinaires et nos actes normaux** sont déterminés par l'inconscient : la création artistique, l'ambition politique, l'exploit sportif semblent nourris par des pulsions inconscientes qui nous poussent irrésistiblement. Ce que Freud appelle la « sublimation ».
- On peut voir l'œuvre d'un **inconscient collectif** dans les guerres, expression d'une « pulsion de mort », ou dans les religions, sortes de grandes névroses collectives.

« **Pulsion de mort** » et « pulsion de vie », Thanatos et Éros, sont pour Freud deux forces inconscientes contraires qui poussent les hommes tantôt vers le plaisir et la vie, tantôt vers l'autodestruction.

- Après Marx et Nietzsche, Freud impose, avec l'inconscient, l'idée que l'homme est aliéné, étranger à lui-même, mû par des forces cachées qu'il ignore. C'est cette capacité d'illusion qui semble désormais définir l'homme : la conscience serait une illusion par laquelle l'homme se trompe lui-même.

Marx, Nietzsche et Freud ont inauguré une « ère du soupçon » où l'homme conscient est le jouet de l'idéologie pour Marx, de la volonté de puissance pour Nietzsche, et de l'inconscient pour Freud. Tout doit être « soupçonné » et interprété.

III. L'homme est à la fois conscient et inconscient

- Il ne peut y avoir d'inconscient sans conscience qui lui serve d'écran (le rêve) et d'expression (acte manqué, lapsus). Et il ne peut y avoir de conscience sans inconscient.
- Autant la conception rationaliste qui veut ignorer l'inconscient est illusoire, autant une conception qui ferait de l'homme un être « tout inconscient » le réduirait à une bête, et oublierait son humanité.
- Les rationalistes eux-mêmes admettent l'existence de forces obscures contre lesquelles la raison doit lutter : passions, instincts, désirs, besoins. La conscience n'a de sens que dans la mesure où elle est une lutte constante pour **dépasser ces forces** animales (Kant).
- Freud considère que le travail de la psychanalyse et de **faire devenir conscient** ce qui était inconscient. Ainsi, la psychanalyse soigne et libère du poids des traumatismes inconscients.

Conclusion

L'ambiguïté dans la formulation de la question nous a permis de dépasser l'opposition simpliste qui voudrait voir en l'homme un être totalement conscient ou totalement inconscient. Au contraire, la richesse de l'homme est qu'il est *autant* conscient qu'inconscient : la connaissance et la morale, qui font la supériorité humaine, consistent précisément dans un effort constant pour transformer l'inconscient en conscient, dans un **effort de libération de soi** qui n'est jamais achevé.

www.annabac.com

CHAPITRE

4 Autrui (L, ES)

Loin de me déposséder de mon « moi » véritable », autrui est une médiation nécessaire entre moi et moi. Il permet d'objectiver la certitude immédiate et subjective de moi-même dans laquelle s'enfermait le cogito de Descartes (voir chapitre 1). Il est donc impossible de penser sans autrui. Mais il est aussi impossible de vivre sans autrui. En étant porteur d'une exigence absolue de respect, le problème du rapport à autrui est au cœur de la vie morale.

Repères Expliquer/Comprendre • Identité/Égalité/Différence • Objectif/Subjectif • Persuader/Convaincre

I Autrui, médiateur entre moi et moi-même

A « Autrui est visage »

■ On pourrait presque dire que la philosophie du XXe siècle a découvert autrui. Peut-être est-ce dû à la disparition, qui caractérise ce siècle, du rapport à la transcendance. Perdue avec la « mort de Dieu » annoncée par Nietzsche, cette transcendance ne se révèle-t-elle pas dans le rapport à autrui qui est toujours ce qui échappe à ma puissance ?

■ Ainsi, le philosophe français Emmanuel Levinas veut retrouver dans la simple saisie d'un **visage** une certaine expérience de l'absolu. Pourquoi ? Parce que « la peau du visage est celle qui reste la plus nue, la plus dénuée ». C'est parce qu'un visage est toujours exposé et constitue une sorte d'invitation à la violence qu'il impose une exigence absolue de **respect**.

La philosophie de **Levinas** (1906-1995) renouvelle l'humanisme à partir de la tradition juive et de la lecture du Talmud : s'ouvrir à l'autre, c'est s'ouvrir à l'infini et à Dieu qui est l'« absolument-autre ».

B Autre que moi et autre moi

■ On ne rencontre donc pas autrui comme un objet. Il faut bien distinguer, à cet égard, la notion d'« autrui » et la notion d'« autre ». Tout ce qui est autre que moi (le monde des objets) n'est pas nécessairement autrui que je reconnais comme un **sujet**.

■ Le problème que pose autrui est qu'il est à la fois autre que moi et un autre moi. Le « tu », comme dit Martin Buber, n'est pas un « cela » ; il est aussi un « je », et le problème est que chaque « je » risque de considérer l'autre comme un pur « cela ».

■ Hegel avait déjà montré que le premier rapport à l'autre est de le nier comme autre, de désirer le propre désir de l'autre, donc de le « chosifier », puisque c'est par le désir qu'une conscience se pose parmi les choses et leur résiste. D'où l'importance du **regard** que souligne Sartre : il est ce qui, pour nous, peut faire exister autrui comme sujet ou, au contraire, le nier en le chosifiant.

Hegel (1770-1831) développe cette thèse, connue sous le nom de « dialectique de la reconnaissance », dans la *Phénoménologie de l'esprit* (1806-1807).

■ Dans sa pièce *Huis clos* (1944), Sartre décrit trois personnages en enfer après leur mort. Il n'y a aucun feu éternel ni instruments de torture, mais les trois personnages sont à jamais réunis dans une pièce sans miroir, chacun éternellement exposé au regard de l'autre, et enfermé dans ce regard malgré toutes les justifications qu'il essaie de donner de sa vie passée. C'est là une expérience que chacun de nous peut faire, celle de n'être pas jugé « comme on sait au fond de soi qu'on est ».

C Autrui : entre moi et moi

■ C'est ce qui faire dire à Sartre, à la fin de *Huis clos* : « L'enfer, c'est les autres. » Mais il faut bien comprendre le sens de cette formule et surtout ne pas la prendre pour une invitation à la solitude. Elle signifie que **l'autre est une médiation nécessaire entre moi et moi-même**. Si cette médiation peut être « infernale », parce qu'aliénante – au sens propre du mot « aliénation » (*alius*, en latin, signifie « autre ») –, elle est aussi une condition nécessaire à la construction même de soi.

■ C'est d'ailleurs pour cette raison que le regard des autres peut être un enfer : si la conscience que j'ai de moi-même pouvait se passer de la reconnaissance d'autrui, le regard des autres ne serait pas si pesant.

D Un monde sans autrui est-il possible ?

Telle est ainsi la leçon du célèbre roman de Daniel Defoe, *Robinson Crusoé* (1719) : échoué seul sur son île, il commence par reconstruire, même pour lui seul, un monde social, c'est-à-dire qu'il commence par **supposer autrui**, avant de le rencontrer en la personne de Vendredi.

Cette idée est reprise par le romancier Michel Tournier, qui renouvelle le thème de Robinson cher à Daniel Defoe dans *Vendredi ou les Limbes du pacifique* (1967). Il fait dire notamment à son héros (Robinson), fraîchement échoué sur son île : « Autrui, pièce maîtresse de mon univers... Je mesure chaque jour ce que je lui devais en enregistrant de nouvelles fissures dans mon univers personnel. Je sais ce que je risquerais en perdant l'usage de la parole, et je combats de toute l'ardeur de mon angoisse cette suprême déchéance. Mais mes relations avec les choses se trouvent elles-mêmes dénaturées par ma solitude. »

Robinson découvre dans la solitude que sa conscience du monde n'était pas spontanée, mais construite à travers tout un réseau de points de vue autres que le sien sur lui-même et ce qui l'environne.

En somme, être pour autrui, et non seulement pour soi-même, ce n'est pas uniquement paraître ou, comme l'écrit Pascal, doubler notre moi réel d'un moi apparent et factice. En vérité, un monde sans autrui est un monde inhumain, et même impossible, parce que nous sommes **constitutivement**, comme le dit Heidegger, des « êtres pour autrui » : nous ne pouvons exister que pour d'autres consciences et être reconnus par elles.

« Le monde auquel je suis est toujours un monde que je partage avec d'autres », dit encore Heidegger. C'est pourquoi la solitude n'est jamais un état premier. Se dire solitaire, ce n'est pas se penser sans les autres, mais faire l'expérience (douloureuse) d'un raté dans la relation à autrui. La solitude présuppose donc cette relation, puisqu'elle en est un dysfonctionnement.

« Nous ne nous contentons pas de la vie que nous avons en nous et en notre propre être : nous voulons **vivre dans l'idée des autres** d'une vie imaginaire, et nous nous efforçons pour cela de paraître. » (Pascal, *Pensées*.)

II Penser avec autrui : l'expérience du dialogue

A Le solipsisme

■ Dans les *Méditations métaphysiques* (1641), Descartes prétend reconstruire toutes les vérités à partir de lui seul. La première certitude à laquelle les *Méditations* aboutissent est en effet celle de l'existence du sujet pensant : « Je pense donc je suis » est une certitude absolue, qui peut être affirmée quand bien même il n'y aurait au monde aucune autre vérité, quand bien même ni le monde ni les autres n'existeraient.

■ C'est cette situation qu'on nomme **solipsisme**, c'est-à-dire la tendance du sujet pensant à n'affirmer aucune autre réalité que lui-même. Notons que le terme de solipsisme est polémique et qu'aucune philosophie n'a revendiqué cette appellation. Quand on l'utilise à propos d'une philosophie (par exemple celle de Descartes dans les *Méditations*), c'est pour la critiquer.

B Peut-on penser tout seul ?

■ La simple expérience du **dialogue** contredit le solipsisme, et c'est sans doute pour des raisons profondes et non seulement « littéraires » que bien des philosophes ont écrit des œuvres sous forme de dialogue : Platon bien sûr, mais aussi Berkeley, Leibniz, Hume...

■ Dans les dialogues de Platon par exemple, on voit souvent Socrate, qui mène le jeu, discuter avec un jeune homme qui ne lui répond au fond que par « oui » ou par « non ». En apparence donc, la pensée de Socrate est magistrale et ne prend pas la forme « dialogique ».

■ Mais pourquoi, alors, Platon éprouve-t-il le besoin de l'exposer sous forme de dialogue ? Ce n'est pas seulement pour la rendre plus vivante. En vérité, l'assentiment de l'interlocuteur est une manière de traduire le besoin où est la pensée de **s'objectiver**. Même si l'autre ne me fait pas changer d'avis (ce qui reste bien entendu toujours possible dans une situation idéale de dialogue), le simple fait de lui demander de se ranger à mes raisons leur donne un statut qu'elles n'auraient pas eu si je les avais énoncées tout seul.

C La raison « communicationnelle »

■ « Dans l'expérience du dialogue, écrit Merleau-Ponty, il se constitue entre autrui et moi un terrain commun, ma pensée et la sienne ne font qu'un seul tissu, mes propos et ceux de l'interlocuteur sont appelés par l'état de la discussion, ils s'insèrent dans une opération commune dont aucun de nous n'est le créateur. »

Le dialogue **fait penser**. Il manifeste que penser est penser avec autrui, en se confrontant avec autrui : penser par soi-même ne doit pas être confondu avec le refus du commerce de la pensée des autres. Platon disait d'ailleurs que penser est comme un dialogue intérieur de l'âme avec elle-même. Comme l'écrit le philosophe allemand contemporain Jurgen Habermas, la raison est « communicationnelle » : ce n'est pas celle du sujet cartésien, isolé face au monde et se définissant à partir de soi seul. Un monde sans autrui ne serait pas seulement un monde où il serait impossible de vivre, mais aussi un monde où il serait impossible de penser.

III L'expérience morale d'autrui

Si autrui est un autre moi, et non un objet, il détermine un devoir moral de ma part : ne pas le considérer, ainsi que le dit Kant, comme un moyen mais comme une fin. La relation à autrui est la relation à une **personne** et non à une chose.

> « Agis toujours de telle sorte que tu traites l'humanité aussi bien dans ta personne que dans la personne de tout autre, toujours en même temps **comme une fin** et jamais seulement comme un moyen. » (Kant, *Fondements de la métaphysique des mœurs*, 1785.)

Cela comporte, au plan moral, une conséquence : il s'agit moins d'aimer autrui que de le respecter. Le modèle de la relation à autrui n'est pas l'amitié élective, comme chez Aristote, ni même l'amour universel du prochain que prône le christianisme, mais la reconnaissance de l'existence d'autres subjectivités et d'autres libertés que les miennes, et l'interdiction qui est faite à chacune d'entre elles de nier les autres.

C'est ce que veut dire Kant en affirmant que la règle de notre action morale doit être **universalisable** : ce que traduit la maxime populaire selon laquelle il ne faut pas faire à autrui ce que nous ne voudrions pas qu'il nous fasse.

RÉCAPITULONS

- Autrui est essentiel à la construction du sujet humain.
- Il est d'abord essentiel à sa **construction intellectuelle** : c'est à travers le dialogue et la communication avec autrui qu'on pense.
- Il est ensuite essentiel à sa **construction morale** : autrui n'est pas une chose mais un autre moi, qui impose le respect.

ZOOM

L'état de nature selon Rousseau : grandeur et misère d'un monde sans autrui

▸ Dans le *Discours sur l'origine et les fondements de l'inégalité parmi les hommes* (1755), Rousseau décrit un **état de nature originaire** dans lequel les hommes vivaient solitaires, sans souci d'autrui, centrés d'abord sur la satisfaction de leurs besoins naturels.

▸ Cet état de nature est une **fiction** : il n'a jamais existé et sa description ne sert qu'à mettre en évidence le caractère non naturel des vices qui gangrènent la société. Mais la situation des hommes dans l'état de nature ne doit pas être idéalisée. Car c'est dans l'**état social** que les hommes trouveront les conditions de relations fraternelles et morales. Le salut n'est pas dans le retour à la solitude de l'état de nature, où l'homme n'était qu'« un animal stupide et borné » (*Contrat social*, 1762), mais dans la transformation positive de son rapport social et politique à autrui.

▲ **Portrait de Rousseau, d'après Charles Escot, 1874. Musée national des châteaux de Versailles et de Trianon, Versailles.**

« CITATIONS

▪ Pour obtenir une vérité quelconque sur moi, il faut que je passe par l'autre.
Jean-Paul Sartre, *L'existentialisme est un humanisme*, 1945.

▪ Celui qui s'enferme dans le moi ne trouve jamais le chemin vers autrui.
Emmanuel Mounier, *Le Personnalisme*, 1949.

▪ Cette absence de l'autre est précisément sa présence comme autre.
Emmanuel Levinas, *De l'existence à l'existant*, 1978.

Repérer les étapes d'un texte (1)

LA DÉMARCHE

- Un texte philosophique traite d'un problème sur lequel l'auteur défend une thèse, et/ou réfute d'autres thèses, en produisant des **arguments**.
- L'explication doit donc repérer et suivre la **progression logique** de l'argumentation.

PROCÉDER PAS À PAS

I Vous devez mettre en évidence la progression en repérant les connecteurs logiques. Platon disait qu'il faut découper un discours comme on découpe un poulet, en respectant les articulations. Mais il ne faut pas pour autant voir une nouvelle étape à chaque connecteur.

II Vous devez **éviter** d'énoncer les idées d'un texte en vous contentant de les **juxtaposer** (du type : « L'auteur affirme que..., puis il dit que..., enfin il dit que... »).

III Repérez aussi l'**ordre logique** : une réponse suit une objection, une hypothèse est suivie par l'analyse d'un exemple, une affirmation générale est illustrée par plusieurs cas particuliers, une contradiction est suivie par l'examen successif des deux termes de la contradiction, le dernier paragraphe peut conclure par un résumé de la thèse de l'auteur.

Les **connecteurs logiques** (surligés en rose dans le texte) prennent l'aspect de **conjonctions** : *mais*, *toutefois*, *cependant* signifient une restriction ou une objection ; *car*, *en effet* une explication ; *puisque* une justification ; *donc* ou *ainsi* une conclusion ; *si ... alors* une implication.

IV Le **nombre d'étapes** est variable : le plus souvent, on peut distinguer deux, trois ou quatre étapes. Mais certains textes peuvent en comporter davantage.

L'EXEMPLE COMMENTÉ

« L'attachement pour les choses inanimées ne se nomme pas amitié, puisqu'il n'y a pas d'attachement en retour, ni possibilité pour nous de leur déclarer du bien (il serait ridicule sans doute de vouloir du bien au vin par exemple ; tout au plus souhaite-t-on sa conservation, de façon à l'avoir en notre possession) ; s'agit-il au contraire d'un ami, nous disons qu'il est de notre devoir de lui souhaiter ce qui est bon pour lui. Mais ceux qui veulent ainsi du bien à un autre, on les appelle bienveillants quand le même souhait ne se produit pas de la part de ce dernier, car ce n'est que si la bienveillance est réciproque qu'elle est amitié. Ne faut-il pas ajouter encore que cette bienveillance mutuelle ne doit pas demeurer inaperçue ? Beaucoup de gens ont de la bienveillance pour des personnes qu'ils n'ont jamais vues mais qu'ils jugent honnêtes ou utiles, et l'une de ces personnes peut éprouver ce même sentiment à l'égard de l'autre partie. Quoiqu'il y ait manifestement alors bienveillance mutuelle, comment pourrait-on les qualifier d'amis, alors que chacun d'eux n'a pas connaissance des sentiments personnels de l'autre ? Il faut donc qu'il y ait bienveillance mutuelle, chacun souhaitant le bien de l'autre [et] que cette bienveillance ne reste pas ignorée des intéressés.

Aristote, *Éthique à Nicomaque* (IVe siècle av. J.-C.), livre VIII, chap. 1, trad. J. Tricot

Ce texte s'attache à préciser quel type particulier de relation à autrui est l'amitié. On peut y distinguer quatre étapes.

La thèse. La première étape pose souvent la thèse sous la forme d'une définition, comme ici, celle de l'amitié. L'amitié n'existe que pour des êtres animés, et non pour des objets inanimés. **« Puisque »** explique cette affirmation en définissant l'amitié par la réciprocité à se vouloir du bien. **« Au contraire »** n'ouvre pas une nouvelle étape, mais donne le contre-exemple de l'ami à qui l'on veut du bien, contrairement au vin.

L'objection. **« Mais »** la bienveillance aussi est le fait de vouloir le bien d'autrui. Qu'est-ce donc qui distingue l'amitié de la bienveillance ?

La réponse à l'objection. **« Car »** apporte une réponse : ce qui distingue l'amitié de la bienveillance, c'est que, dans l'amitié, la bienveillance est réciproque. **« Encore »** complète cette distinction : les amis se connaissent, alors qu'on peut porter de la bienveillance à quelqu'un sans qu'il le sache. **« Quoique »** n'ouvre pas une nouvelle étape, mais répète la distinction : une bienveillance réciproque n'est pas une amitié si elle n'est pas connue des deux parties.

« Donc » en tire la conclusion : pour qu'il y ait amitié, il faut que deux conditions soient remplies : qu'il y ait bienveillance réciproque ; et que cette bienveillance réciproque soit connue de chacun.

En philosophie, le débat argumenté commence souvent par des affirmations ou **thèses** de l'auteur. Ensuite, on examine les **objections** qu'un adversaire pourrait élever, et l'on **répond** à ces objections. Enfin, on **conclut** en revenant à la thèse initiale. Ce schéma, hélas, ne s'applique pas à tous les textes.

SE TESTER QUIZ

1 Qu'est-ce que le solipsisme ?

- ☐ a. L'ignorance et le mépris des autres
- ☐ b. L'affirmation par le sujet pensant qu'il peut exister par lui-même, indépendamment de toute autre réalité
- ☐ c. L'amour de la solitude

2 Que veut dire Habermas quand il parle de « raison communicationnelle ?

- ☐ a. La rationalité ne peut se construire que dans un rapport raisonné à autrui
- ☐ b. Ne pas communiquer rend fou
- ☐ c. L'important n'est pas de dire la vérité mais de bien s'entendre avec les autres

3 Par qui l'importance du regard de l'autre a-t-elle été soulignée ?

- ☐ a. Levinas
- ☐ b. Sartre
- ☐ c. Descartes

4 Qui aurait pu dire : « Je pense donc autrui est » ?

- ☐ a. Habermas
- ☐ b. Descartes
- ☐ c. Platon

5 Pour quel philosophe l'expérience d'autrui est-elle l'expérience même d'une transcendance ?

- ☐ a. Sartre
- ☐ b. Kant
- ☐ c. Levinas

6 Pour quel philosophe le rapport à autrui nous empêche-t-il d'être nous-mêmes ?

- ☐ a. Descartes
- ☐ b. Pascal
- ☐ c. Heidegger

S'ENTRAÎNER

7 Repérez les étapes du texte suivant.

« Nous ne nous contentons pas de la vie que nous avons en nous et en notre propre être : nous voulons vivre dans l'idée des autres d'une vie imaginaire, et nous nous efforçons pour cela de paraître. Nous travaillons incessamment à embellir et conserver notre être imaginaire, et négligeons le véritable. Et si nous avons la tranquillité, ou la générosité, ou la fidélité, nous nous empressons de le faire savoir, afin d'attacher ces vertus-là à notre autre être, et les détacherions plutôt de nous pour les joindre à l'autre ; et nous serions de bon cœur poltrons pour en acquérir la réputation d'être vaillants. Grande marque du néant de notre propre être, de n'être pas satisfait de l'un sans l'autre, et d'échanger souvent l'un pour l'autre ! Car qui ne mourrait pour conserver son honneur, celui-là serait infâme.

Pascal, *Pensées* (1657-1662), n° 147, éd. Brunschvicg, Hachette, 1976.

POUR VOUS AIDER

- Commencez par souligner les connecteurs logiques, ou conjonctions.
- Vous constaterez que les conjonctions sont **rares** chez Pascal qui use d'un style elliptique proche de l'aphorisme (ce sont des « pensées »).
- Dans ce cas, il faut se replier sur la **ponctuation**, et tenter de deviner les conjonctions implicites.

OBJECTIF BAC

L'explication de texte

8 Expliquez le texte suivant.

« Émile, ayant peu réfléchi sur les êtres sensibles, saura tard ce que c'est que souffrir et mourir. Les plaintes et les cris commenceront d'agiter ses entrailles ; l'aspect du sang qui coule lui fera détourner les yeux ; les convulsions d'un animal expirant lui donneront je ne sais quelle angoisse avant qu'il sache d'où lui viennent ces nouveaux mouvements. S'il était resté stupide et barbare, il ne les aurait pas ; s'il était plus instruit, il en connaîtrait la source. Il a déjà trop comparé d'idées pour ne rien sentir, et pas assez pour concevoir ce qu'il sent.

Ainsi naît la pitié, premier sentiment relatif qui touche le cœur humain selon l'ordre de la nature. Pour devenir sensible et pitoyable, il faut que l'enfant sache déjà qu'il a des êtres semblables à lui qui souffrent ce qu'il a déjà souffert, qui sentent les douleurs qu'il a senties, et d'autres dont il doit avoir l'idée comme pouvant les sentir aussi. Comment nous laissons-nous émouvoir à la pitié, si ce n'est en nous transportant hors de nous, et en nous identifiant avec l'animal souffrant, en quittant, pour ainsi dire, notre être pour prendre le sien ? Nous ne souffrons qu'autant que nous jugeons qu'il souffre ; ce n'est pas dans nous, c'est dans lui que nous souffrons. Ainsi, nul ne devient sensible que quand son imagination s'anime et commence à se transporter hors de lui.

Pour exciter et nourrir cette sensibilité naissante, pour la guider et la suivre dans sa pente naturelle, qu'avons-nous à faire, si ce n'est d'offrir au jeune homme des objets sur lesquels puisse agir la force expansive de son cœur, qui le dilatent, qui l'étendent sur les autres êtres, qui le fassent partout retrouver hors de lui ; d'écarter avec soin ceux qui le resserrent, le concentrent, et tendent le ressort du moi humain ; c'est-à-dire, en d'autres termes, d'exciter en lui la bonté, l'humanité, la commisération, la bienfaisance, toutes les passions attirantes et douces qui plaisent naturellement aux hommes, et d'empêcher de naître l'envie, la convoitise, la haine, toutes les passions repoussantes et cruelles, qui rendent pour ainsi dire la sensibilité non seulement nulle, mais négative, et font le tourment de celui qui les éprouve ?

Jean-Jacques Rousseau, *Émile ou de l'Éducation* (1762).

SE TESTER

1 Réponse **b.** **2** Réponse **a.** **3** Réponse **b.** **4** Réponse **a.** **5** Réponse **c.**

6 Réponse **b.**

S'ENTRAÎNER

7 Pascal soutient que nous vivons selon l'opinion des autres, et préférons, pour cela, le paraître à l'être. Le texte comporte trois étapes.

- **La thèse**. Pascal commence par affirmer un dédoublement de notre moi : un moi « véritable » et un moi « imaginaire », un moi pour moi et un moi pour les autres, un moi privé et un moi public, un être et un paraître. La **question implicite** est : pourquoi ce besoin de paraître ? Pourquoi « nous ne nous contentons pas » de notre être ?

- **La démonstration de la thèse par des exemples** : « [On peut ici sous-entendre "en effet"] Nous travaillons incessamment... » (l. 3). Pascal décrit alors un véritable processus d'aliénation : nous préférons donner aux autres

L'**aliénation** désigne le fait de devenir étranger à soi-même, en dépendant trop des autres. Marx utilise ce mot pour dire, par exemple, que ceux qui adorent l'argent ou la religion sont « aliénés ».

l'apparence de qualités que nous n'avons pas, plutôt que de travailler à les avoir. Nous préférons notre moi imaginaire à notre moi réel. Nous serions même prêts à être le contraire de ce que nous voulons paraître, si cela nous aidait à le faire paraître (exemple : nous serions prêts à être poltron si cela nous permettait de paraître courageux).

- **La conclusion** : « Grande marque du néant de notre être… » (l. 8-9 ; on peut là sous-entendre « donc »). Le besoin de reconnaissance n'est donc pas une condition d'une meilleure connaissance de soi (Pascal défend ici une thèse complètement contraire à celle de Sartre ou du romancier Michel Tournier – voir chap. 00), mais au contraire un appauvrissement : notre dépendance envers l'opinion d'autrui est la preuve de notre néant intérieur.

OBJECTIF BAC

8 *Les titres et les sous-titres servent à mettre en évidence la structure du corrigé, mais ils ne doivent pas figurer sur votre copie.*

Introduction

- Tiré de *Émile ou de l'Éducation,* ce texte porte sur l'éducation morale. Le problème est de savoir comment développer un rapport positif à autrui.
- La thèse de Rousseau est qu'il faut développer la pitié, à savoir le sentiment naturel qui nous permet de « compatir » (littéralement « éprouver avec ») aux souffrances des autres êtres sensibles.
- Cette thèse ouvre le débat sur le rapport à autrui et la sortie hors de soi : comment l'ego dépasse-t-il l'égoïsme primitif ? Comment s'établissent la relation, la comparaison et la compassion entre les ego ? Au fond, c'est la question de l'**origine** à la fois **du lien moral et du lien social** qui est posée.
- L'enjeu sera de savoir s'il est vraiment possible de comprendre autrui ou si les ego sont incommunicables. Mais aussi de savoir si le lien social est de nature rationnelle (calcul et intérêt) ou affective (pitié, compassion et sympathie).
- Nous suivrons les étapes du raisonnement de l'auteur qui commence par établir l'âge où apparaît le sentiment de pitié, puis analyse ce sentiment, et finit sur la meilleure façon d'éduquer ce sentiment.

I. Les étapes de l'argumentation

1. L'apparition de la pitié

- L'auteur envisage d'abord Émile parvenu à un **âge intermédiaire**, assez développé pour s'émouvoir de la souffrance d'autrui, mais pas assez encore pour intellectualiser ses sentiments.
- La pitié, ou sensibilité à la souffrance d'autrui, suppose une capacité intellectuelle de réflexion et de comparaison qui apparaît tardivement.
- C'est à cette condition que l'enfant peut se comparer, se projeter et s'identifier à l'animal qui souffre (« entrailles », l. 2 ; « angoisse », l. 4).
- Plus tard, son intelligence et sa compréhension rationnelle viendront remplacer le sentiment. La pitié est un sentiment confus et obscur, prérationnel, mais qui suppose déjà la capacité de comparer les idées. Ce qui suggère une origine empiriste de ce sentiment, dérivé et non inné. La pitié survient comme un intermédiaire entre « barbarie » et « instruction ».

2. Analyse de la pitié

- Car la pitié est le premier **sentiment *relatif*** qui touche naturellement le cœur humain : c'est-à-dire le premier sentiment grâce auquel nous avons une *relation* à autrui.
- La pitié suppose que nous soyons capables de nous **comparer** à autrui et de nous mettre à la place d'autrui.
- Rousseau **ne sépare pas le sentiment et l'intelligence** : le sentiment de pitié dépend d'une opération intellectuelle (comparer). Nous « sentons » d'autant mieux que nous « jugeons » mieux. Avant de remplacer le sentiment par l'instruction, l'intelligence accompagne le développement du sentiment. Il semble même que jugement, imagination et sentiment collaborent étroitement. Toutes les facultés humaines conspirent au même but naturel.
- La **nature humaine**, chez Rousseau, est harmonieuse et non déchirée entre le cœur et la raison, comme elle l'est chez Pascal, par exemple.

3. Éduquer à la pitié

- Il faut fournir à l'enfant les occasions d'exercer ce sentiment : « exciter et nourrir » la pitié (l. 18).
- Il faut favoriser une « dilatation » du cœur qui le fera sortir de son égoïsme premier, et le fera « **compatir** » avec autrui. La pitié nourrira l'altruisme.
- Il faut encourager la bienfaisance, la bonté et autres sentiments « altruistes », et éloigner de l'enfant les situations propices à l'envie, la haine, et autres

passions égoïstes. Renforcer les sentiments altruistes et **décourager les passions égoïstes**, voilà le ressort d'une éducation morale fondée sur la nature et l'expérience.

- Rousseau retrouve là une tradition issue du stoïcisme, d'Aristote et de Spinoza, qui soutiennent qu'une éducation rationnelle doit exercer la volonté à suivre les passions positives et provoquer le rejet des sentiments négatifs.

- Cela suppose de **distinguer le bien et le mal** : sont « positives » les passions qui enrichissent le moi par le développement des relations humaines ; sont « négatives » les passions égoïstes qui renferment le moi sur lui-même dans un rapport de conflit avec les autres.

II. Discussion

- Dire de la pitié que c'est le premier sentiment « relatif », cela signifie que nous rencontrons autrui d'abord comme être sensible, et non comme être raisonnable, et que nous identifier à lui, c'est nous identifier à sa souffrance. En ce sens, le problème du rapport à autrui déborde largement celui du rapport à d'autres hommes ou à d'autres consciences. Il est significatif que, dans ce texte, Rousseau parle avant tout de l'éducation à la **pitié envers les animaux**.

- Cette importance accordée au sentiment a fait accuser Rousseau de sensiblerie et de niaiserie, un peu comme on se moque aujourd'hui des défenseurs des animaux. Pourtant, étendue à **tous les êtres vivants et sensibles**, cette dimension oblige à dépasser une définition de la morale limitée aux êtres rationnels.

- **Schopenhauer et Nietzsche**, au XIXe siècle, reprendront cette tentative de fonder la morale sur le sentiment de pitié, et non sur le devoir rationnel et l'obéissance à la loi, comme le fait Kant.

Conclusion

- La question centrale posée par le texte est celle de la possibilité pour les hommes de vivre ensemble sans se jalouser, se haïr ou vouloir dominer les autres. Pour Rousseau, la pitié est le sentiment naturel à partir duquel, s'il est correctement développé, peut s'édifier une sociabilité positive. Mais la pitié apparaît ici comme un lien intermédiaire avant le développement de l'instruction et de relations rationnelles. Entre barbarie et civilisation, le sentiment de pitié s'inscrit dans une genèse naturelle des liens moraux et sociaux.

- La question demeure de savoir si le lien moral et social doit être issu du sentiment et de la sensibilité, auquel cas il faudrait l'étendre aux bêtes, ou s'il repose sur une conscience et une connaissance rationnelle de la loi, dont seuls les hommes sont capables.

www.annabac.com

CHAPITRE

5 Le désir (L, ES, S)

Le désir anime l'essentiel d'une vie humaine : désirs amoureux, de conquête, de gloire... Conscients ou inconscients, ils font qu'une vie « vaut la peine d'être vécue ». Sans désirs, nous perdons le goût de vivre, nous sommes condamnés à l'ennui ou à la mort. Pourtant, la raison met en garde contre les désirs fous et leurs illusions, et la morale engage à maîtriser ses désirs pour ne pas devenir leur esclave.

Repères Idéal/Réel • Cause/Fin • Médiat/Immédiat • Objectif/Subjectif

I Besoin, désir et passion

- Le **besoin** est animal (se nourrir, dormir, se reproduire...), car il dépend du **corps** seul et trouve sa satisfaction dans un acte ou un objet précis.
- Le **désir** se déploie dans l'**imagination** ; c'est pourquoi le désir est insatiable, car toujours projeté au-delà de l'objet désiré. Le désir est propre à l'homme comme existence inscrite dans la durée, capable de **se projeter** et de **se représenter** l'objet désiré en son absence. Contrairement au besoin purement physique, le désir est une tendance consciente accompagnée de la représentation de son but. Mais Freud parle aussi de désirs inconscients... (voir chap. 1 et 3).

> Contrairement au besoin animal, **le désir est insatiable** car il est désir de désir. L'acte sexuel, par exemple, satisfait un besoin physique, mais laisse le désir toujours renouvelé.

- La **passion** est un désir excessif, déraisonnable, « pathologique » : soit par l'objet impossible à atteindre (vouloir la lune, désirer l'immortalité), soit par sa force et sa violence qui fait perdre la maîtrise de soi.
- Besoin, désir et passion indiquent également une **passivité** du sujet qui fait que nous les subissons malgré nous. Tous trois imposent une aliénation et une dépendance à l'égard du corps, des objets extérieurs ou de l'imagination.

II Les désirs ou le désir ?

Pour les Anciens, Platon en particulier, les désirs sont **multiples**, et en conséquence sauvages et anarchiques, à l'image de l'**hydre** dont les têtes repoussent au fur et à mesure qu'elles sont coupées. À cette multiplicité essentielle des désirs, s'oppose l'unité du logos (la raison) qui, au moyen de la volonté, soumet ces désirs indociles à une harmonie d'ensemble (*La République*, IV).

Pour les Modernes, au contraire, il convient de parler du **désir** au singulier, en ce qu'il est l'**essence de l'homme**, qui apporte à chacun son énergie vitale afin de « persévérer dans son être ». C'est le cas de Spinoza (le conatus) ou de Freud (la libido). Le désir est même **principe d'individuation**, car c'est par lui que nous différons les uns des autres : nos « goûts et couleurs » préférés définissent notre **subjectivité** face à celles des autres.

Mais, par là aussi, le désir est primitivement **égoïste**, puisqu'il constitue notre ego. Seul un effort de la raison, ou un désir (paradoxal) de générosité universelle peut inverser l'ordre du désir égoïste.

> Chez Spinoza, le **conatus** (du verbe latin *conor*, « s'efforcer » ou « tendre vers ») est « l'effort par lequel toute chose tend à persévérer dans son être ».

III Le désir comme manque et souffrance

Le désir est vécu comme un manque ; sa satisfaction engendre le plaisir. Le désir est donc en lui-même une **souffrance**, celle d'une tension vitale, d'un tourment, d'une agitation qui ne s'achève que provisoirement.

Car le désir renaît toujours de ses satisfactions éphémères, ce qui fait que le plaisir déçoit toujours, incapable de satisfaire définitivement le désir. « Ce n'était pas ce que je croyais ou espérais », est la réaction habituelle aux illusions perdues d'un plaisir toujours en deçà du désir. Aucun objet ne peut combler le désir ; aussi, seul le désir est un objet digne du désir : il faut aimer l'amour, et désirer le désir.

A Se libérer du désir

Mais c'est retrouver la souffrance, dont **Schopenhauer** dit qu'elle est liée à la vie même. De la torture du désir, nous ne sommes libérés que la mort ou par l'**art**. Car, pour Schopenhauer, l'art est un regard esthétique et désintéressé porté sur le monde. Cette pure contemplation suppose d'être délivré du désir d'agir sur le monde, d'en être un acteur.

ZOOM

Les Ailes du désir

▲ ***Les Ailes du désir*, film de Wim Wenders avec Bruno Ganz, 1987.**

▶ Des anges observent les hommes vivre, avec leurs joies, leurs peines et leurs désirs. Mais ces anges, immortels et sans corps sensibles, ne ressentent rien des sentiments humains. L'un d'eux finit par jalouser les hommes et s'éprend d'une femme. Il décide de renoncer à son état d'ange pour devenir un humain et ressentir enfin les affres du désir.

▶ On peut voir dans ce film une **parabole de la condition humaine**. Les hommes sont torturés par le désir, lié à leur corps sensible et mortel. Et parfois ils rêvent d'être des anges. Mais l'ange, lui, préfère devenir un homme. Sa déchéance, sa « chute » devient la condition du véritable bonheur. Accepter le désir, avec la souffrance et la violence qu'il apporte, c'est accepter le sens d'une existence authentique, heureuse et tragique à la fois.

▶ Bien des sagesses (le bouddhisme ou le stoïcisme) recommandent de se libérer des désirs et des passions. Mais, dira Pascal, « qui veut faire l'ange fait la bête », et renoncer au désir revient à renoncer au moteur de la vie même, et à mener une existence vide de sens.

Ce point de vue universel et objectif sur le monde signifie le détachement à l'égard du désir égoïste qui fait de nous un individu actif. Voir la beauté des choses suppose de ne plus les désirer. La fusion avec la nature suppose de dépasser notre subjectivité désirante. Ce que vise aussi le **bouddhisme**, pour qui le désir est synonyme de souffrance : le nirvana est une existence libérée du désir.

> Le **nirvana** (en sanscrit, « apaisement » ou « libération ») renvoie à la libération du désir des sens, du désir de vivre, et du désir de mourir. Il est atteint au terme d'un cycle de réincarnations.

B Le désir mendiant

Du désir comme manque et souffrance, **Platon** donne un tableau pittoresque dans *Le Banquet*. Éros, le désir amoureux, est peint comme un mendiant misérable, contraint de se cacher et de se déguiser pour approcher l'être aimé, de mentir et de ruser pour se rendre acceptable ; sans honte ni scrupules, il va coucher devant les portes pour attendre une aumône.

Platon propose aussi le **mythe des androgynes** pour expliquer l'origine du désir amoureux (voir Zoom p. 61).

IV Maîtriser ses désirs

Le désir est une contrainte vitale. Il s'impose à nous comme une force naturelle qui nous emporte, comme une tyrannie intérieure qui apporte désordre et violence. Il nous rend irresponsables, car nous sommes « **possédés** » par lui.

C'est pourquoi la morale, faute de pouvoir supprimer tout désir (ce serait être mort de son vivant), s'efforce de soumettre les désirs et les passions au contrôle de la **raison**, appuyée par la **volonté**. Car s'ils sont nécessaires à la vie, les désirs ne doivent pas gouverner l'âme.

A Désirs nécessaires et désirs vains

Épicure, dans sa *Lettre à Ménécée*, distingue entre les « désirs naturels et nécessaires » (les besoins, limités et aisés à satisfaire), et les « désirs vains », insatiables et illimités, car causés par les artifices sociaux (gloire, richesse, pouvoir...). La satisfaction des premiers suffit au bonheur ; l'éternelle insatisfaction des seconds nous rend malheureux et esclaves du désir. La sagesse oblige à **limiter ses désirs**, pour ne pas en devenir esclave.

> Contrairement à la légende, **Épicure** n'est pas un débauché, mais un ascète qui recommande de vivre de peu et de limiter ses désirs au strict nécessaire pour atteindre l'**ataraxie**, ou « paix de l'âme ».

ZOOM

Platon et le mythe des androgynes

▲ Œnochoé à figures rouges, scène amoureuse, IVe siècle av. J.-C. Musée du Louvre, Paris.

▶ Par le mythe des androgynes (*Le Banquet*, 189 d-193 d), Platon tente d'expliquer l'**origine du désir amoureux**.

▶ Les dieux ont créé **trois espèces** : les hommes, les femmes, et les androgynes, une espèce mixte. Les individus de chaque espèce avaient deux têtes, quatre bras, quatre jambes. Ils avaient une forme sphérique et se déplaçaient en roulant sur eux-mêmes. Dotés d'une force extraordinaire, ils partirent un jour à l'assaut du ciel et du royaume des dieux. Pour les punir de cette audace, les dieux les coupèrent en deux. Depuis, chaque moitié recherche l'autre. Et chacune étreint l'autre dans l'espoir désespéré de reconstituer l'unité perdue.

▶ Tout désir serait la poursuite d'une unité perdue, rêvée ou idéale, d'une unité impossible qui rend le désir désespérant et nostalgique : « **L'amour recompose l'antique nature**, s'efforce de fondre deux êtres en un seul, et de guérir la nature humaine », conclut Platon.

B Les passions

- Le désir devient passion lorsqu'il est sans limites : l'***hubris***, ou « démesure », est le danger que présente tout désir non maîtrisé. C'est pourquoi, pour **Aristote**, la vertu est dans le juste milieu entre deux passions extrêmes : le courage est un milieu entre lâcheté et audace.

- Les **stoïciens** font de la lutte contre les passions l'exercice moral essentiel, ou ascèse : le sage doit garder sa volonté libre en ne désirant que ce qui dépend de lui, à savoir sa volonté et ses représentations. Désirer ce qui dépend du hasard ou du destin (le corps, l'argent, tous les biens extérieurs) revient à se faire l'esclave des passions (voir chap. 22 et 23).

> L'**ascèse** (du grec *askêsis*, « exercice ») désigne l'exercice quotidien de la volonté pour maîtriser son corps et ses passions.

- Peut-on, alors, comme nous y engage Descartes, **changer « l'ordre de nos désirs »** (*Discours de la méthode*, 3e partie) ? Avons-nous un quelconque pouvoir sur nos désirs, si c'est le désir qui nous fait ce que nous sommes et qui nous donne tout notre pouvoir ? Si je suis désir de part en part, comment pourrais-je choisir ce que je suis ? Il faudrait un autre pouvoir, indépendant et concurrent du désir, qu'on appellera raison ou **volonté**.

C Toute-puissance du désir ?

- Mais vouloir être libre, n'est-ce pas encore un effet du désir ? La philosophie elle-même, « **amour de la sagesse** », n'est-elle pas un désir de sagesse et de vérité ? Socrate montrait déjà combien **la philosophie est « érotique »** (Platon, *Le Banquet, Phèdre*).

- Nietzsche, au XIXe siècle, démasque la **volonté de puissance** cachée derrière l'amour de la vérité. Nul désir n'est désintéressé, pas même la calme passion de philosopher. La raison et le désir de vérité ne sont que des expressions de la volonté de puissance. Tout se ramène donc au désir de puissance, et même l'humilité chrétienne ou l'impartialité scientifique sont des ruses de ce désir.

- **Hume**, au XVIIIe siècle, affirme que la raison n'est finalement que « **l'esclave des passions** » ; car la raison ne désire rien par elle-même, elle est sans force propre, et il faut qu'un désir ou une passion l'anime et la porte.

> Dans la *Généalogie de la morale* (1887), **Nietzsche** fait une critique radicale de la morale ascétique, où il voit le fait des êtres faibles pour empêcher la volonté de puissance de s'exprimer librement.

■ **Freud**, enfin, avance l'hypothèse que notre psychisme conscient est commandé par des **désirs inconscients** (voir chap. 3).

■ On le voit, les philosophes sont partagés sur le fait de savoir si la raison peut gouverner les désirs, ou si ce sont les désirs qui commandent la raison.

RÉCAPITULONS

Définir le désir	→ Le désir n'est pas le besoin	→ Le désir est manque (Platon)	→ Le conatus *est* l'essence de l'homme (Spinoza)
Morale et désir	→ Se limiter aux désirs nécessaires (Épicure)	→ Maîtriser ses désirs par l'ascèse (stoïciens)	→ Rendre ses désirs raisonnables (Spinoza)
Le désir tout-puissant	→ La raison esclave des passions (Hume)	→ La volonté de puissance (Nietzsche)	→ Les désirs inconscients nous commandent (Freud)

« CITATIONS

■ Ce n'est pas par la satisfaction du désir que s'obtient la liberté, mais par la destruction du désir.

Épictète, *Manuel*, Ier siècle.

■ Ne demande point que les choses arrivent comme tu les désires, mais désire qu'elles arrivent comme elles arrivent, et tu prospéreras toujours.

Épictète, *Manuel*, Ier siècle.

■ Ma troisième maxime était de tâcher toujours plutôt à me vaincre que la fortune, et à changer mes désirs que l'ordre du monde.

René Descartes, *Discours de la méthode*, 1637.

■ Nous ne désirons aucune chose parce que nous la jugeons bonne ; mais, au contraire, nous jugeons qu'une chose est bonne parce que [...] nous la désirons.

Spinoza, *Éthique*, 1675.

Rédiger l'introduction d'une explication de texte

LA DÉMARCHE

L'introduction d'une explication de texte doit montrer que l'on a compris le problème philosophique auquel se rattache le texte, la thèse de l'auteur, les enjeux du débat, et les principales étapes de l'argumentation.

- Le **problème philosophique** : vous devez repérer à quelle question répond le texte. Elle se rapporte toujours à l'une des notions du programme.
- La **thèse de l'auteur** est la façon dont il répond à la question : quelle est l'idée centrale ? quel est le but de l'auteur ? à quelle autre thèse s'oppose-t-il ?
- Les **enjeux du débat** : toute question fait l'objet d'un débat. Quelles sont les questions liées à ce débat ? Quelles sont les conséquences de la thèse ?
- Le **repérage des étapes** permet d'annoncer le **plan** de l'explication : celle-ci doit être une **étude ordonnée** du texte, et donc respecter sa suite logique.

L'EXEMPLE COMMENTÉ

Introduction à l'explication du texte suivant.

« Proposition VI : *Chaque chose, autant qu'il est en elle, s'efforce de persévérer dans son être.* […]

Proposition VII : *L'effort par lequel chaque chose s'efforce de persévérer dans son être n'est rien à part l'essence actuelle de cette chose.* […]

Proposition IX, scolie : cet effort, quand on le rapporte à l'Esprit seul, s'appelle Volonté ; mais, quand on le rapporte à la fois à l'Esprit et au Corps, on le nomme Appétit, et il n'est pourtant rien d'autre que l'essence même de l'homme, de la nature de qui suivent nécessairement les actes qui servent à sa conservation ; et par suite l'homme est déterminé à les faire.

Ensuite, entre l'appétit et le désir il n'y a pas de différence, sinon que le désir se rapporte généralement aux hommes en tant qu'ils sont conscients de leurs appétits, et c'est pourquoi on peut le définir ainsi : *le Désir est l'appétit avec la conscience de l'appétit.* Il ressort donc de tout cela que, quand nous nous efforçons à une chose, quand nous la voulons, ou aspirons à elle, ou la désirons, ce n'est jamais parce que nous jugeons qu'elle est bonne ; mais au contraire, si nous jugeons qu'une chose est bonne, c'est précisément parce que nous nous y efforçons, nous la voulons, ou aspirons à elle, ou la désirons.

Spinoza, *Éthique* (1661-1675), IIIe partie, trad. B. Pautrat, Seuil, coll. « Point Essais ».

I Le problème posé par le texte

- Ce texte pose le problème du désir : le désir est-il proprement humain ? En quoi se distingue-t-il du besoin corporel ou « appétit » ? Le désir produit-il des illusions ? Autrement dit, le problème est celui de la nature humaine, partagée entre corps et esprit, désir et raison, illusion et vérité.

II La thèse de l'auteur

- Dans ce passage, Spinoza définit l'essence de l'homme par le désir, précisant à l'occasion les définitions respectives de la volonté, de l'appétit et du désir.
- Il critique ensuite l'illusion qui veut que la cause du désir soit son objet, ce qui revient à inverser la cause et l'effet.

III Les enjeux philosophiques

- Le premier enjeu concerne la définition de l'essence humaine. La réponse de Spinoza est le désir, qu'il nomme aussi conatus, ou « effort pour persévérer dans son être ». En cela, l'homme ne fait pas exception au règne naturel ; seule la conscience qu'il a de cet effort caractérise le désir proprement humain.
- Mais cette conscience produit une illusion, et c'est là le second enjeu : la conscience confond la cause du désir avec son objet, alors que l'objet est l'effet du désir : nous croyons désirer l'être aimé parce qu'il est beau, alors que sa beauté est l'effet subjectif de notre désir. La conséquence de cette thèse est que nos jugements de valeur (bon, beau, juste, etc.) n'ont aucune objectivité ni universalité, mais sont le produit subjectif et relatif de notre désir individuel.

IV Les trois étapes du texte

- Dans un premier temps, l'auteur définit de façon générale l'essence de chaque chose par son effort pour se conserver (propositions VI et VII).
- Le début de la scolie de la proposition IX définit ensuite l'essence humaine et les trois aspects que revêt l'effort à se conserver : la volonté, l'appétit, le désir.
- Enfin, le texte s'achève par la correction de l'illusion finaliste : ce n'est pas parce qu'une chose est bonne que nous la désirons, mais c'est parce que nous la désirons que nous la jugeons bonne.

À ÉVITER

- **Raconter la vie et l'œuvre de l'auteur**. Il faut aller droit au problème précis traité par le texte.
- **Porter des jugements personnels** sur l'intérêt ou la valeur du texte.

SE TESTER QUIZ

1 Pour quel philosophe la raison est-elle l'esclave des passions ?

- ☐ a. Platon
- ☐ b. Hume
- ☐ c. Schopenhauer

2 Selon Spinoza, à quoi le conatus pousse-t-il ?

- ☐ a. Persévérer dans son être
- ☐ b. Se faire des illusions
- ☐ c. Dépasser ses limites

3 Qu'est-ce qu'exprime le mythe des androgynes chez Platon ?

- ☐ a. La recherche de l'égalité des sexes
- ☐ b. Le désir de l'unité perdue
- ☐ c. Le mépris du désir charnel

4 Qu'est-ce que l'ascèse ?

- ☐ a. Un banquet épicurien
- ☐ b. S'exercer à supporter la douleur
- ☐ c. Se retirer du monde

5 Qui a dit que nous ne désirons pas une chose parce qu'elle est bonne, mais que nous la trouvons bonne parce que nous la désirons ?

- ☐ a. Spinoza
- ☐ b. Nietzsche
- ☐ c. Freud

6 Comment se nomme chez Nietzsche le désir qui pousse à vivre ?

- ☐ a. Le conatus
- ☐ b. La pulsion
- ☐ c. La volonté de puissance

S'ENTRAÎNER

7 Rédigez une introduction à l'explication du texte suivant.

« Maintenant, il faut parvenir à penser que, parmi les désirs, certains sont naturels, d'autres sont vains. Parmi les désirs naturels, certains sont nécessaires, d'autres sont simplement naturels. Parmi les désirs nécessaires, les uns sont pour le bonheur, d'autres pour le calme du corps, d'autres enfin simplement pour le fait de vivre. En effet, une vision claire de ces différents désirs permet à chaque fois de choisir ou de refuser quelque chose, en fonction de ce qu'il contribue ou non à la santé du corps et à la sérénité de l'âme, puisque ce sont ces deux éléments qui constituent la vie heureuse dans sa perfection. Car nous n'agissons qu'en vue d'un seul but : écarter de nous la douleur et l'angoisse. Lorsque nous y sommes parvenus, les orages de l'âme se dispersent, puisque l'être vivant ne s'achemine plus vers quelque chose qui lui manque, et ne peut rien rechercher de plus pour le bien de l'âme et du corps. En effet, nous ne sommes en quête du plaisir que lorsque nous souffrons de son absence. Mais quand nous n'en souffrons pas, nous ne ressentons pas le manque de plaisir.

Épicure, *Lettre à Ménécée,* trad. P. Pénisson,
Hatier, « Les classiques de la philosophie », 1999.

POUR VOUS AIDER

- Épicure est un **ascète**, c'est-à-dire tout le contraire d'un débauché.
- Le texte propose une **classification des désirs** afin d'écarter les désirs superflus.
- Le but de la morale d'Épicure est le **plaisir**, qui se réduit pour lui à l'**absence de douleur**.
- Épicure **s'oppose aux Cyrénaïques** pour lesquels le plaisir est un « mouvement doux accompagné de sensation ».

OBJECTIF BAC

Explication de texte

8 Expliquez le texte d'Épicure proposé dans S'entraîner (exercice 7).

SE TESTER

1 Réponse **b.** **2** Réponse **a.** **3** Réponse **b.** **4** Réponse **b.** **5** Réponse **a.**
6 Réponse **c.**

S'ENTRAÎNER

7 Introduction au texte d'Épicure

I. Le problème posé par le texte

Ce texte d'Épicure pose un **problème moral** : faut-il lutter contre tous les désirs ou faut-il distinguer de bons et de mauvais désirs ? Dans le second cas, comment lutter contre les mauvais désirs ?

II. La thèse de l'auteur

- Elle consiste à accepter les désirs naturels, que la nature donne à l'homme les moyens de satisfaire, et à rejeter les désirs vains, produits par l'imagination et la société, et impossibles à satisfaire. Les premiers procurent plaisir et bonheur ; les seconds, souffrance et agitation perpétuelle. Une stricte discipline des désirs est donc la clé du bonheur.

III. Les enjeux philosophiques

- La morale épicurienne soulève **plusieurs débats** : elle amène à opposer un bonheur simple selon la nature au malheur engendré par l'escalade des désirs artificiels liée au « progrès » et à la civilisation.
- Faut-il alors renoncer au progrès, au confort et au luxe, qui seraient autant de facteurs d'aliénation ? La nature peut-elle constituer une norme morale et nous dicter ce que nous devons faire ? Cette définition du plaisir repose sur un ascétisme et un renoncement qui contredisent l'image ordinaire du plaisir.
- Enfin, parmi les désirs naturels, Épicure distingue entre désirs nécessaires et désirs non nécessaires. Or, cette distinction ne va pas de soi face à la force impérieuse de tous les désirs.

IV. Les étapes du texte

- Dans un **premier temps**, Épicure distingue entre les désirs naturels et vains d'abord, puis entre les désirs naturels et nécessaires et non nécessaires, enfin entre les désirs nécessaires et ceux pour le bonheur, ceux pour le calme du corps, et ceux pour le fait de vivre.
- Dans un **deuxième temps**, il donne le critère de cette classification : un désir contribue-t-il ou non à la santé du corps et à la sérénité de l'âme ?
- Enfin, dans un **troisième temps**, il définit le bonheur comme absence de douleur et d'angoisse, et le plaisir comme disparition du manque, c'est-à-dire du désir.

OBJECTIF BAC

8 *Les titres et les sous-titres servent à mettre en évidence la structure du corrigé, mais ils ne doivent pas figurer sur votre copie.*

Introduction

- Ce texte d'Épicure porte sur la question morale de la place des plaisirs dans la recherche du bonheur : être heureux, est-ce réaliser tous ses désirs, n'en satisfaire aucun, ou savoir sélectionner ses désirs.
- C'est cette troisième réponse que soutient l'auteur : il faut satisfaire les désirs naturels et écarter les désirs artificiels. Cela suppose de pouvoir distinguer entre les désirs, donc les classer, puis de pouvoir imposer sa volonté aux désirs. Cette morale épicurienne met en cause le développement des sociétés civilisées, en défendant un retour à la nature contre le luxe. Le bonheur est-il dans le « toujours plus » ou dans une sage limitation ?
- Après avoir classé les désirs, Epicure s'explique sur le critère de sa classification, avant de conclure par une définition du bonheur.

I. Les étapes de l'argumentation

1. Classification des désirs en deux étapes

- La première distinction sépare **désirs naturels et désirs vains**. Les **désirs naturels**, comme la faim ou la soif, sont inévitables et déterminés par le corps. Ils s'apparentent à de simples besoins, dont la satisfaction est limitée : un bout de pain suffit à satisfaire la faim. Les **désirs vains** sont superflus ou inutiles à la vie naturelle : ils sont une création artificielle de la société et de l'imagination, comme le désir de paraître élégant ou riche. Comme ils dépendent de l'imagination et de l'opinion, ils sont toujours en évolution, illimités et donc insatiables. Le plaisir gastronomique ne vise plus à calmer la faim mais à inventer de nouvelles sensations à l'infini. Le désir vain ne sera jamais satisfait, et nous rend donc provisoirement heureux, mais finalement toujours déçus et frustrés. Pour les Grecs, l'humain doit se limiter ; désirer l'infinité ou l'immortalité est signe de folie et d'orgueil, et conduit au malheur. Les désirs vains sont à l'image des tonneaux sans fond des Danaïdes qui se vident au fur et à mesure qu'on les remplit.
- Puis les désirs sont distingués en « **nécessaires** » et « **simplement naturels** ». En effet, tous les désirs naturels ne sont pas nécessaires, c'est-à-dire indispensables à la vie. On ne peut vivre sans boire et manger : la faim et la soif sont des **désirs naturels nécessaires**. Mais on peut vivre sans plaisir sexuel, car le désir sexuel est naturel mais non nécessaire. Cela n'est utile que pour le calme

du corps. De même, le plaisir de philosopher entre amis est naturel **mais non nécessaire**. Ces plaisirs naturels non nécessaires ne sont pas condamnés, on peut s'y livrer sans réserve, mais on ne doit pas en devenir dépendant. Par exemple, le plaisir sexuel ne doit pas déboucher sur une passion amoureuse qui nous fera souffrir.

2. Définition du critère de la classification

- « **En effet** » (l. 5), il faut choisir ou refuser un plaisir selon qu'il « contribue ou non à la santé du corps et à la sérénité de l'âme ».
- La santé du corps n'est pas à comprendre comme la recherche d'un corps d'athlète. La santé est dans les plaisirs simples qui ne corrompent pas le corps par des artifices inutiles comme des bains chauds ou des produits de beauté. Une alimentation saine doit se contenter de peu. La santé du corps doit permettre l'absence de douleur (**aponie**, en grec).
- La sérénité ou paix de l'âme (**ataraxie**, en grec) est également définie négativement par l'absence de troubles et d'angoisse.

3. En conclusion, la définition du bonheur

- « Car » (l. 8), pour être heureux, nous recherchons l'absence de douleur et de troubles.
- Le bonheur naturel consiste à « écarter de nous la douleur et l'angoisse. »
- L'épicurisme est bien un hédonisme, mais sa conception du plaisir est négative, puisque le plaisir n'est que l'absence de douleur.
- Le plaisir est défini comme le comblement du « manque » qu'est le désir. Si le désir est limité, il peut être satisfait et la souffrance du manque disparaît.
- D'où le constat final : nous cherchons le plaisir quand nous désirons, quand il nous manque. Mais, quand le plaisir est là, nous ne le désirons plus.

> L'**hédonisme** est une morale qui fait du plaisir le souverain bien. Mais l'hédonisme d'Épicure définit un plaisir « en repos », alors que l'hédonisme rival des Cyrénaïques définit un plaisir positif « en mouvement ».

II. Discussion

Ce texte prône une morale paradoxale qui cherche le plaisir à travers l'austérité. Cette morale repose sur une confiance en la nature qui donne à l'homme les moyens de satisfaire ses désirs naturels. Mais, au-delà, l'homme s'aliène dans des désirs vains et fabrique son propre malheur.

- Cette thèse amène d'une part à un **débat sur la morale** : la morale consiste-t-elle dans la recherche du bonheur (anciens Grecs) ou dans l'application du devoir (**Kant**) ? Et si l'on admet qu'elle est dans la recherche du bonheur, la question est de savoir si le bonheur est dans le plaisir (**hédonisme**) ou dans une vie juste (eudémonisme d'**Aristote**). Enfin, entre les hédonistes eux-mêmes, on a vu qu'épicuriens et **Cyrénaïques** s'opposent sur la conception du plaisir.

- Elle soulève d'autre part un **débat sur nature et civilisation**, pour savoir si le bonheur est dans une proximité avec la nature (Épicure, Sénèque, Rousseau) ou dans le progrès de la civilisation (Voltaire). Ce qui rejoint des débats de société actuels sur le développement technologique et économique qui paraît échapper à tout contrôle, engendrant aliénation et angoisse.

On retrouve au XVIIIe siècle une querelle semblable entre Rousseau et Voltaire : **Rousseau** voit le malheur de l'humanité dans le progrès ; **Voltaire** se moque de Rousseau qui, selon lui, voudrait que l'on remarche à quatre pattes !...

Conclusion

- Ce texte en appelle à la responsabilité morale et politique de l'homme. C'est à chacun de choisir ses désirs, sa forme de bonheur et de société. Cependant, Épicure met en garde contre un excès et une erreur consistant à croire que la qualité est dans la quantité, et que la limite produit une frustration. Au contraire, c'est dans la connaissance et l'acceptation de ses limites naturelles que l'homme peut trouver le vrai bonheur, et non dans l'illusion de croire qu'il sera toujours plus heureux avec davantage de richesses.
- Loin d'être une incitation à la débauche, l'épicurisme est une morale de la prudence dans le calcul des plaisirs. L'homme doit veiller à ce qu'un plaisir présent ne lui apporte pas de grandes douleurs futures.

CHAPITRE

6 L'existence et le temps (L)

L'existence humaine ne se réduit pas à la vie biologique. Exister, c'est être mis au monde dans une recherche de sens ; exister, c'est assumer une durée limitée par la mort. C'est dans le temps que l'homme existe, objet d'une évolution, sujet d'une histoire et confronté à l'éternité. La conscience de la mort et de sa temporalité donne à l'existence humaine son caractère tragique et sa liberté.

Repères Contingent/Nécessaire/Possible • En acte/En puissance • Absolu/Relatif • Objectif/Subjectif

I Temps objectif et durée subjective

A Temps physique et temps social

▪ Le temps semble insaisissable : la « fuite du temps », « courir après le temps » expriment l'impression d'un temps qui nous échappe. Cette expérience traduit le conflit entre le temps objectif et la durée subjective : le **temps objectif** est celui des montres et des horloges, temps physique réglé sur le mouvement des astres et temps social réglé sur les rythmes collectifs (sommeil, travail, loisirs, etc.).

Le thème de la **fuite du temps** a été traité par des poètes comme Horace ou Ronsard. Il traduit notre expérience d'une impuissance à retenir ou à accélérer le temps qui passe, indifférent à notre désir. Ce qui fait son objectivité.

B Le sentiment de la durée

▪ Mais, à côté de cette marche inexorable du temps, **Bergson** montre que nous avons un **sentiment interne de la durée** qui dépend de notre sensibilité et de nos états d'âme : un travail ennuyeux nous fait trouver le temps long, un jeu passionnant fait qu'on ne voit pas le temps passer…

Notre sentiment de la durée est **subjectif**, relatif à l'activité et à l'intérêt qu'on porte à celle-ci. À la limite, un temps sans aucune activité apporte, soit un profond ennui, une pure sensation de la durée vide, soit le sentiment d'une totale absence de durée, comme après un sommeil profond ou un évanouissement, dont on ne se souvient pas combien de temps il a duré.

C Le sentiment d'exister

Ce pur sentiment de la durée est décrit par **Rousseau** dans les *Rêveries du promeneur solitaire*, où il coïncide d'ailleurs avec le pur sentiment d'exister : « Mais s'il est un état où l'âme trouve une assiette assez solide pour s'y reposer tout entière et rassembler là tout son être, sans avoir besoin de rappeler le passé ni d'enjamber sur l'avenir ; où le temps ne soit rien pour elle, où le présent dure toujours sans néanmoins marquer sa durée et sans aucune trace de succession, sans aucun autre sentiment de privation ni de jouissance, de plaisir ni de peine, de désir ni de crainte que celui seul de notre existence, et que ce sentiment seul puisse la remplir tout entière ; tant que cet état dure celui qui s'y trouve peut s'appeler heureux [...] » (*Cinquième Promenade, à l'île de Saint-Pierre*).

II Devenir et éternité

A L'écoulement du temps

Dès l'Antiquité, certains privilégient le devenir, comme Héraclite pour qui « tout s'écoule », d'où le fait qu'« on ne se baigne jamais deux fois dans le même fleuve ».

Ce **mobilisme** universel qui affirme l'instabilité de toutes choses, s'oppose à la conception de Parménide, qui identifie l'être et l'éternité : seul est vraiment ce qui reste immuable éternellement ; ce qui change dans la durée n'est qu'apparence fugace et irréelle.

Héraclite et **Parménide** (VIe siècle av. J.-C.) sont appelés « présocratiques » car ils sont les premiers philosophes avant Socrate (Ve siècle av. J.-C.). Leurs visions opposées du temps sont réunies par Platon qui distingue durée sensible et Idées éternelles.

B L'éternité

Ce primat de l'être éternel se retrouve dans les Idées de **Platon**, opposées aux apparences sensibles changeantes. Ce qui l'amène à affirmer que le temps est l'« **image mobile de l'éternité** », c'est-à-dire que les apparences changeantes dans le temps ne sont qu'un reflet de la vraie réalité éternelle des Idées.

- La question est de savoir si le temps n'est que la façon humaine, relative et limitée, de percevoir l'**éternité divine** (stoïciens, Plotin, saint Augustin), ou si l'éternité n'est qu'une illusion métaphysique née du caractère illimité du temps (Épicure, Hume).
- Si l'éternité est un temps qui ne passe pas, toujours identique à lui-même, ce n'est plus vraiment du temps, mais son contraire.

C Temps limité ou temps illimité

- Le temps est-il **limité ou illimité** ? Soit il est illimité (ce qui ne se confond pas avec l'éternité, car dans un temps illimité les choses passent et changent), et il reste à savoir s'il est illimité dans le passé et dans le futur, ou seulement dans le passé (s'il doit y avoir une fin des temps), ou seulement dans le futur (si le temps a été créé avec le monde, mais ne finira jamais).
- On le voit, l'idée d'un temps limité suppose une création et/ou une fin du monde, et donc un Dieu lui-même éternel à l'origine du temps. Car comment admettre qu'il n'y a rien avant le temps ou après le temps ? Seule une pensée religieuse de l'éternité le peut. Une conception athée ou sceptique, au contraire, doit admettre un temps illimité pour un univers infini.
- Cependant, ce sont là des hypothèses contraires que la raison ne peut trancher, comme le montre Kant dans la première antinomie de la raison pure (*Critique de la raison pure*, « L'antinomie de la raison pure »).

> **Kant appelle « antinomies »** des « illusions » de la raison pure, laquelle dépasse les limites de l'expérience. Or, l'homme existe dans le temps et ne peut en sortir, même par la raison. Il ne peut donc pas savoir si le monde a un commencement ou non, car, pour ce faire, il faudrait se placer avant l'apparition du monde.

III Progrès ou éternel retour ?

A Temps et espace

- La **représentation spatiale du temps** est critiquée par Bergson, parce qu'elle masque la durée concrète de notre conscience, celle que l'art essaie de restituer. Le temps spatialisé exprime notre **volonté de maîtrise** et de puissance sur le monde extérieur : par exemple, « raccourcir les distances » grâce à des transports plus rapides.
- Nous avons deux représentations spatiales du temps : la **ligne** et le **cercle**. Le choix de l'une ou de l'autre a de grandes conséquences.

B La ligne fléchée du progrès

Le temps est souvent représenté par une ligne (temps linéaire), sur laquelle on distingue un segment « passé » et un segment « futur », séparés par l'instant présent, forcément relatif à un point de vue toujours changeant. Le principal avantage d'un temps linéaire est de permettre un **temps orienté** vers le futur, qui permet l'idée de **progrès** : la vision optimiste que suppose la croyance au progrès exige d'aller d'un passé obscur vers des « lendemains qui chantent ».

Le temps linéaire des conceptions « progressistes » de l'histoire a, paradoxalement, une **origine religieuse**, celle qui va de la création à la fin du monde. C'est un **temps créateur**, qui laisse devant lui tous les possibles, et donc tous les espoirs. Mais ce temps linéaire demande aussi à être **finalisé**, dont on attend un sens et un but, une « **fin des temps** » qui débouche sur une apocalypse ou un monde parfait. Le temps linéaire pose aussi le problème de l'**origine du temps**, qui ne peut recevoir que la réponse religieuse d'un Dieu créateur.

C Un temps cyclique

La conception cyclique du temps a une origine naturelle et paysanne : c'est le temps du **retour des saisons,** le temps « des travaux et des jours », selon le poète grec Hésiode. Ce temps cyclique, en boucle, suppose que tout revient régulièrement, et qu'il n'y a « rien de neuf sous le soleil », comme l'indiquent aussi les **révolutions astrales**. Car une « **révolution** », au sens strict, est un retour au point de départ.

Ce temps cyclique interdit tout progrès, toute évolution, tout espoir. Il n'a ni commencement, ni fin. Il conditionne un **pessimisme historique**, qui aligne le temps des hommes sur le temps de la nature : les sociétés naissent et meurent, essor et décadence sont le lot de toute civilisation (**Montesquieu**).

Seul **Hegel** tente de concilier temps cyclique et progrès, en proposant une évolution en « spirale » où toutes choses reviennent, mais à un niveau supérieur.

« À jamais je reviendrai pour cette même et identique vie, dans le plus grand et aussi bien le plus petit, pour à nouveau de toutes choses enseigner le **retour éternel** », écrit Nietzsche dans *Ainsi parlait Zarathoustra* (1884). C'est « la pensée la plus lourde », opposée au nirvana bouddhiste qui cherche à échapper au cycle des réincarnations.

D L'éternel retour

Le temps cyclique demeure conservateur et résigné : toutes choses naissent et meurent, et reviennent une infinité de fois. C'est le thème de l'éternel retour : accepter l'éternel retour est une pensée littéralement

« désespérante » qui ouvre à la sagesse, pour les **stoïciens**, et au surhomme, pour **Nietzsche**.

- Si l'éternel retour paraît stérile (puisque tout revient à l'identique), la pensée de l'éternel retour est créatrice en ce qu'elle produit en nous un changement d'attitude à l'égard du temps, un courage et une force supérieurs.

IV Temps et destin : une causalité nécessaire ou contingente ?

A Le destin

- Le temps cyclique et l'éternel retour comportent l'idée d'un destin, d'une fatalité ou d'une nécessité, où il n'y aucune place pour le hasard et la liberté. Pensée lourde et pénible, qu'il faut pourtant aimer, dit Nietzsche (*amor fati*, « aimer le destin »).
- Il faut distinguer **deux formes de destin**. Dès l'Antiquité, le destin est autant **naturel** que **religieux** : le destin est le sort fixé à chacun par les dieux, auquel ni Œdipe ni aucun autre héros de **tragédie** ne peut échapper.
- Mais le destin est aussi, chez les stoïciens, la **nécessité** qui, dans la nature, lie les causes aux effets et fait que rien n'arrive par hasard. Ainsi, l'enchaînement de toutes les choses est contenu dès l'origine du monde, et chaque instant présent contient tout ce qui est arrivé et tout ce qui arrivera. Les **devins** peuvent lire le futur dans les signes actuels (mantique et divination sont les arts antiques de lire l'avenir).

B La providence

- Le destin prend une forme nettement religieuse avec la **providence** divine : le dieu créateur ordonne le monde selon un but ou un dessein ; il « prévoit » (d'où la « providence ») tout ce qui arrivera jusqu'à la fin des temps. La providence est liée à la toute-puissance divine. Et les **prophètes** annoncent le message divin.
- Mais ce temps déterminé dès la création contredit la liberté humaine. C'est pourquoi Leibniz, dans sa *Théodicée*, tente de concilier providence divine et liberté humaine (voir chapitre 21).

C Les futurs contingents

- Contre le destin implacable, qui peut décourager l'action humaine puisque tout est prévu à l'avance, Aristote soutient les « **futurs contingents** » : dans la nature, les choses ne sont qu'esquissées, imparfaites, provisoires, et il revient à l'action humaine de décider de l'issue des événements. La contingence du futur laisse une place au hasard ; le futur n'est pas déterminé : il dépend de nous que la bataille navale ait lieu ou non demain, mais aujourd'hui les deux hypothèses restent possibles.

« Contingent » et « possible » s'opposent à « nécessaire ». Est **nécessaire** ce dont le contraire est impossible. Est **contingent** ce qui pouvait ne pas arriver, et dont le contraire reste possible (l'existence de la tour Eiffel est contingente). Est **possible** ce qui peut exister, dont le contraire n'est pas nécessaire (il était possible que Napoléon gagne à Waterloo).

- **Hume** ruine le destin et la nécessité, en montrant que la **relation cause à effet** n'est qu'une succession temporelle contingente : ce qu'on appelle « cause » et « effet » ne sont que des événements qui apparaissent avant et après, de façon régulière, dans notre expérience ; nous avons l'habitude d'observer que l'arrivée de nuages précède souvent la pluie, et nous disons donc que les nuages sont cause de la pluie. Mais il arrive que la pluie ne succède pas aux nuages, et l'on peut même imaginer qu'un jour du feu puisse tomber des nuages ; a priori, n'importe quel effet peut succéder à une cause, car la cause ne contient aucun pouvoir de créer l'effet : elle n'est cause que parce qu'elle précède habituellement ce que nous appelons « effet ». Donc **la causalité n'est qu'une succession temporelle régulière**, sans nécessité puisque ses contraires restent toujours possibles.

V L'existence du temps : absolue ou relative ?

A Le temps n'existe pas

- Attentes et **espoirs** font notre rapport au futur ; remords, regrets et **souvenirs** font notre rapport au passé. Mais le passé n'existe plus, et le futur n'existe pas encore : seul existe le présent, **passé et futur n'existent que dans le présent** de notre conscience actuelle, ce que montre saint Augustin : « Le présent du passé, c'est la mémoire ; le présent du présent, c'est la vision directe ; le présent du futur, c'est l'attente » (*Confessions*, livre XI, chap. XX).

- Mais **même le présent n'existe pas** : est-ce une heure ? une minute ? une seconde ou une fraction de seconde ? Chaque instant présent peut être divisé à l'infini, dans chaque instant on peut distinguer un avant et un après, et le présent s'évanouit dans cette divisibilité infinie. C'est ce que montrent les paradoxes de Zénon d'Élée (Ve siècle av. J.-C.) qui rendent le mouvement impossible, puisqu'on peut diviser à l'infini le moment du départ d'un coureur qui, de ce fait, n'avance jamais.

Les **paradoxes de Zénon** sont repris par Paul Valéry : « Zénon ! Cruel Zénon ! Zénon d'Élée ! / M'as-tu percé de cette flèche ailée / Qui vibre, vole et ne vole pas ! » (*Le Cimetière marin*, 1920.)

- **Aristote** récuse ce paradoxe qui confond **temps et espace** : le temps est, selon lui, le « **nombre du mouvement** », ce qui mesure le mouvement. Or, le mouvement existe, donc le temps existe relativement au mouvement. C'est la définition du temps physique, mesurable objectivement d'après le mouvement des astres ou des corps naturels : **existence relative du temps physique**, confirmée par la théorie de la relativité d'Einstein selon laquelle toute horloge est relative à un système de corps célestes et à la place occupée dans ce système. Un temps absolu supposerait un point de vue extérieur à l'univers, celui d'un dieu.

B Le temps est une forme de notre sensibilité

- Le temps est aussi relatif à notre perception sensible des choses : nous percevons les choses dans le temps et l'espace ; ils sont, selon **Kant**, les « **formes a priori de la sensibilité** », c'est-à-dire qu'ils précèdent et permettent notre expérience sensible.
- Plus précisément, « le temps n'est rien d'autre que la forme du **sens interne** » : l'espace ordonne notre perception du monde des objets extérieurs, le temps ordonne nos états subjectifs, comme les émotions ou les idées.
- L'espace traduit notre pouvoir sur le monde extérieur, le temps exprime le rapport intime à nous-mêmes.

VI Le temps de l'existence : tradition ou liberté ?

A Le sens de la vie

- L'existence du temps est donc relative, mais l'existence humaine se déroule dans le temps, entre naissance et mort. La première question est celle du **sens de l'existence**, dont Freud disait qu'elle ne peut recevoir de réponse scientifique. En effet, seule une croyance religieuse ou métaphysique peut dire quel est le but de l'existence humaine, et du temps par la même occasion.
- L'existence humaine se situe-t-elle par rapport au passé, au futur ou au présent ? Comme **rapport au passé**, l'existence est d'abord **mémoire et fidélité aux morts**, comme le voulait Auguste Comte. En ce cas, l'existence est tradi-

tion, recueil et maintien du passé dans le présent ; l'homme existe comme témoin et héritier de toute l'humanité passée, et c'est cette présence du passé qui donne sens à l'existence humaine.

B L'existentialisme

- Comme **rapport au futur**, **l'existence est pro-jet** : la naissance nous jette au monde, pour le faire et nous faire ; par la naissance, nous sommes condamnés à être libres, et le poids du passé, ni rien d'autre, ne peut faire obstacle à cette liberté.
- C'est pourquoi l'**existentialisme de Heidegger et de Sartre** est un athéisme : l'existence humaine n'est prédéterminée par rien (ni Dieu, ni destin, ni nécessité) ; « **l'existence précède l'essence** », affirme Sartre, c'est-à-dire qu'aucune nécessité préalable ne conditionne l'existence. L'homme n'est rien à sa naissance, mais il est liberté absolue de devenir tout ce qu'il veut. Il est responsable de ce qu'il devient, et refuser d'être responsable de son existence équivaut à une « **mauvaise foi** » qui consiste à se chercher des excuses (les parents, l'origine sociale, un handicap physique...). Heidegger, dans *Être et Temps*, distingue l'éternité de ce qui est toujours présent (l'Être) et l'existence de **celui qui sait qu'il va mourir**. Par cette conscience de la mort, d'« **être-pour-la-mort** », seul l'homme existe, seul l'homme est libre. Cette finitude apporte à l'existence une **angoisse et** un « **souci** » profond devant l'ouverture du temps.

C Le *carpe diem*

- La sagesse antique conseille, au contraire, de se libérer de l'emprise du temps, des remords envers le passé et des espoirs envers l'avenir : le bonheur exige de vivre au présent. Les **épicuriens** recommandent de « cueillir le jour présent » (en latin *carpe diem*).
- Les **stoïciens** expliquent qu'une existence plus longue ne rend pas plus heureux : « L'homme chargé d'années et celui qui mourra le plus tôt font la même perte, car c'est du moment présent seul qu'on doit être privé, puisque c'est le seul qu'on possède, et qu'on ne peut perdre ce qu'on n'a pas. » (Marc Aurèle, *Pensées*, livre II, chap. 14.)

> L'expression ***carpe diem*** est tirée d'un vers d'Horace (*Odes*, I, 11, 8), poète latin du Ier siècle av. J.-C. influencé par l'épicurisme. On peut la traduire par : « Cueille le jour présent sans te soucier du lendemain », thème repris par Ronsard : « Cueillez dès aujourd'hui les roses de la vie » (*Sonnets à Hélène*).

Les vanités

▲ **Philippe de Champaigne, *La Vanité ou Allégorie de la vie humaine*, 1644. Musée de Tessé, Le Mans.**

▶ La « vanité » est, en peinture, une variante de la nature morte. Elle tire son nom d'un vers de l'Ecclésiaste : « Vanité des vanités, tout est vanité » (*Vanitas vanitatis omnia vanitas*).

▶ Ce genre de tableau évoque le **caractère éphémère** de la vie humaine, symbolisé par le crâne, le sablier, la fleur qui se fane ou une bougie qui fond. Il souligne le caractère inéluctable de la mort qui rend futile tout plaisir et fugace toute gloire. Ce thème connaît une grande vogue à la Renaissance, surtout en Hollande et dans les milieux protestants.

▶ Les vanités sont la version chrétienne du vieil adage romain : ***Memento mori*** (« Souviens-toi que tu vas mourir ») rabaissant l'orgueil des empereurs qui se croyaient divins.

▶ Philippe de Champaigne, l'auteur du tableau reproduit ci-dessus, est un peintre proche de Port-Royal et de Pascal, dont il partage la vision tragique de l'existence humaine perdue entre les deux infinis.

RÉCAPITULONS

Le temps	→ Le « nombre du mouvement » (Aristote) → Une forme a priori de la sensibilité (Kant)	→ Devenir (Héraclite) ou être (Parménide) ? → Temps et éternité (Platon) → Destin ou futurs contingents ?	→ Temps linéaire et temps cyclique → Progrès ou éternel retour ?
L'existence	→ Seul le présent existe (saint Augustin)	→ Exister vers l'avenir ou vivre au présent	→ Existentialisme ou épicurisme

« CITATIONS

■ Qu'est-ce que le temps ? Si personne ne me le demande, je le sais ; mais que je veuille l'expliquer à la demande, je ne le sais pas !

Saint Augustin, *Confessions*, Ve siècle.

■ Le temps n'est autre chose que la forme du sens interne, c'est-à-dire de l'intuition de nous-mêmes et de notre état intérieur.

Emmanuel Kant, Critique de la raison pure, 1781.

■ Excepté l'homme, aucun être ne s'étonne de sa propre existence [...]. Si notre vie était infinie et sans douleur, il n'arriverait à personne de se demander pourquoi le monde existe.

Arthur Schopenhauer, *Le Monde comme volonté et comme représentation*, 1818.

■ L'irréversibilité constitue pourtant le caractère le plus essentiel du temps, le plus émouvant, et celui qui donne à notre vie tant de gravité et ce fond tragique dont la découverte fait naître en nous une angoisse que l'on considère comme révélatrice de l'existence elle-même.

Louis Lavelle, *Du temps et de l'éternité*, 1945.

■ « Si Dieu n'existe pas, il y a au moins un être chez qui l'existence précède l'essence, un être qui existe avant de pouvoir être défini par aucun concept, et que cet être c'est l'homme.

Jean-Paul Sartre, *L'existentialisme est un humanisme*, 1946.

Dégager la problématique d'un sujet

LA DÉMARCHE

Pour dégager la problématique d'un sujet, vous devez :

- **identifier le domaine** (politique, esthétique, épistémologie…) ;
- **comprendre et reformuler la question centrale** ;
- **donner un sens** à la question à l'aide de questions périphériques (« Pourquoi pose-t-on cette question ? D'où vient-elle ? Quel est son contexte historique ou polémique ? Quelles sont les intentions sous-jacentes ? »…) ;
- **en tirer des enjeux** (« Dans quel débat s'inscrit la question ? Selon la réponse donnée, quelles sont les conséquences ? Quelles sont les positions ou les doctrines philosophiques concernées par la question ? »).

L'EXEMPLE COMMENTÉ

Dégageons la problématique du sujet suivant :

« Peut-on penser le futur ? »

- **Identification du domaine.** Le sujet porte sur le temps, et notre capacité à le penser. Il relève donc à la fois du domaine de la connaissance et de celui de l'existence, puisque notre façon de vivre dépend de notre rapport au futur.

- **Reformulation de la question.** Il ne s'agit pas de penser *au* futur, mais de penser *le* futur, c'est-à-dire d'en faire un objet de réflexion ou un problème pour la raison. Penser le futur pose le problème de l'attitude de la raison devant l'inconnaissable et l'inexistant. Car le futur ne peut être connu, n'existe pas, et est pourtant l'objet de tous nos désirs.

- **Sens de la question.** Penser le futur engage d'abord à une critique des illusions qui veulent prédire l'avenir. Cela conduit ensuite à penser l'existence comme orientée vers le futur, la conscience d'un futur contingent permettant la liberté et la responsabilité. Enfin, cela oblige la raison à poser un idéal, une fin à poursuivre, sans qu'on puisse la connaître vraiment (Kant).

- **Enjeux de la question.** Cette question engage un **débat épistémologique** sur la possibilité de penser ce qui n'existe pas dans l'expérience, et sur le risque d'illusion métaphysique qui en découle. Elle engage aussi un **débat existentiel**, moral et politique, sur l'intérêt de notre rapport au futur : ne vaut-il pas mieux se concentrer sur le présent, et renoncer à ce futur source d'espoirs illusoires et d'angoisses ?

SE TESTER QUIZ

1 Qu'est-ce que l'éternel retour ?

- ☐ **a.** Un regret qui revient toujours
- ☐ **b.** La naissance et la mort du même monde, une infinité de fois
- ☐ **c.** La résurrection de tous les morts

2 Qui soutient que la relation cause-effet se réduit à une pure succession temporelle ?

- ☐ **a.** Hegel
- ☐ **b.** Hume
- ☐ **c.** Aristote

3 Pour les épicuriens, que signifie la formule latine *carpe diem* ?

- ☐ **a.** Pêcher en eaux troubles
- ☐ **b.** Courir après le temps
- ☐ **c.** Cueillir le jour présent

4 Qui a dit que « l'existence précède l'essence » ?

- ☐ **a.** Sartre
- ☐ **b.** Épicure
- ☐ **c.** Saint Augustin

5 Qu'est-ce que le temps pour Kant ?

- ☐ **a.** Le destin de l'existence humaine
- ☐ **b.** Le signe de la création divine
- ☐ **c.** Une forme a priori de notre sensibilité

S'ENTRAÎNER

6 Dégagez la problématique du sujet suivant :
« Le temps est-il notre ennemi ou notre allié ? »

POUR VOUS AIDER

- Les mots « ennemi » et « allié » donnent un tour très **personnel** à la question.
- Il vous faut partir de votre **rapport affectif** au temps, de son rôle dans votre existence.
- Il vous faudra ensuite vous « **décentrer** » et envisager le temps indépendamment de vous.

OBJECTIF BAC

Dissertation

7 Traitez le sujet de dissertation suivant :
« Y a-t-il un commencement du temps ? »

SE TESTER

1 Réponse **b.** **2** Réponse **b.** **3** Réponse **c.** **4** Réponse **a.** **5** Réponse **c.**

S'ENTRAÎNER

6 **Identification du domaine.** La question concerne le rapport du temps à l'existence humaine : le temps nous est-il utile ou néfaste ? Elle relève d'une interrogation **morale et existentielle**.

Reformulation de la question. Il s'agit donc de savoir si le temps influence l'existence humaine, et s'il le fait **à notre avantage ou à notre détriment**. Que le temps structure l'existence, cela paraît évident, puisque c'est à travers le temps que nous avons conscience de nous-mêmes, que nous percevons notre vie interne et nos relations avec le monde, que la conscience de la mort anime nos désirs, nos angoisses et notre liberté.

Sens de la question. La vraie question est de savoir ce qu'est notre avantage, ce qui est **bien ou mal** pour nous. Car la brièveté de la vie sera bonne pour celui qui souffre, mauvaise pour celui qui est heureux. À moins que bien et bonheur soient **indépendants du temps**, que seul le présent compte ou que nous ayons accès à l'éternité. Alors, le temps nous serait indifférent, ou nous deviendrions indifférents aux blessures du temps, ce que vise la sagesse.

Enjeux de la question. Cette question nous conduit à débattre de la **nature du temps**, subjectif ou objectif, mais aussi des **valeurs morales** qui commandent notre rapport au temps : désir, regrets, acceptation, *amor fati* ? Enfin, c'est le statut et le **sens de l'existence** qui est posé à travers notre rapport à la mort et à l'usure du temps.

OBJECTIF BAC

7 *Les titres et sous-titres servent à mettre en évidence la structure du corrigé, mais ne doivent pas figurer sur votre copie.*

Introduction

■ Jusqu'où peut-on remonter dans le passé ? Si toute chose a un commencement et une fin, naît et meurt, où commence et où finit le temps ? Or, le temps, c'est précisément ce qui permet de distinguer un « avant » et un « après » ; donc, imaginer un commencement du temps supposerait d'imaginer un « avant » l'apparition du temps, ce qui est absurde. La **formulation** de la question insiste sur l'existence objective du temps lui-même, non sur la façon de penser le temps.

■ Le **problème** est **double** : est-il possible de traiter le temps comme une chose, de lui attribuer un commencement, alors que tout commencement suppose un cadre temporel préalable ? Le temps est-il fini ou infini ? Le problème est à la fois **logique** (absurdité d'un commencement du temps), **métaphysique** (peut-on penser quelque chose existant hors du temps ?), et **épistémologique** (notre connaissance peut-elle atteindre l'origine du temps ?).

■ Nous défendrons d'abord l'idée qu'affirmer un commencement du temps est absurde, et que le temps doit être infini. Puis, nous envisagerons la difficulté à soutenir l'infinité du temps sans la lier à un univers infini. Enfin, nous avancerons que cette question, d'ordre métaphysique, ne peut recevoir de réponse rationnelle et conduit à adopter un doute sceptique.

I. Affirmer un commencement du temps est absurde

■ Le temps est une forme a priori de notre perception (Kant) qui permet d'ordonner les phénomènes selon l'avant et l'après. Or, supposer un commencement du temps serait supposer un avant sans avant, un commencement absolu. Ce qui est contradictoire avec le temps, puisqu'il faudrait imaginer un « avant le temps » hors du temps, ce qui est impensable.

■ Si le temps est, comme l'espace, une condition de notre expérience (Kant), connaître un commencement du temps demanderait à avoir une expérience précédant le temps, donc une expérience sans le temps. Ce qui est impossible.

II. Mais nier un commencement du temps suppose d'admettre l'éternité

■ En effet, on démontre par l'absurde que, si le temps n'a pas de commencement, il faut qu'il existe de toute éternité, avant même que n'existe le monde et que nous n'existions. Ce serait un temps vide, sans contenu objectif, ce qui est absurde, puisque le temps mesure les phénomènes existants.

- Nier un commencement reviendrait à dissocier l'existence du temps et l'existence du monde. Or, le monde a un commencement, ce qu'affirme aussi bien la science (hypothèse du big bang) que la religion (création divine). Il semble difficile d'affirmer l'existence d'un temps hors du monde, avant le monde.

- D'autant qu'un temps infini supposerait d'admettre son existence aussi après la fin du monde, puisque tout ce qui commence doit finir. Soit l'on admet un temps infini dans lequel il « ne se passerait rien », ce qui est absurde ; soit on admet une éternité du temps, c'est-à-dire un temps immuable et toujours identique, où l'on ne distingue pas un avant et un après, ce qui n'est plus vraiment du temps.

III. La question, métaphysique, ne peut recevoir de réponse rationnelle

- On aboutit à une aporie : on démontre par l'absurde l'impossibilité d'un commencement du temps, comme l'impossibilité d'une absence de commencement.

- Comme le montre Kant, la raison ne peut se prononcer sur cette question qui dépasse les limites de notre expérience : personne ne peut faire l'expérience du commencement du temps ou de l'origine du monde. La raison tourne alors « à vide » et peut démontrer tout et son contraire, ce qu'on appelle une « antinomie » : affirmer à la fois la thèse et l'antithèse.

> On appelle « **aporie** » une impasse du raisonnement, qui laisse irrésolu le problème abordé. Les dialogues socratiques sont « aporétiques » car Socrate n'apporte pas de réponse à ses questions.

- Comment sortir de cet embarras ? La raison peut *penser* la question, mais l'esprit ne peut la *connaître*. En effet, seul le recours à l'expérience peut se prononcer sur ce qui existe ou n'existe pas. A priori, on peut aussi bien *démontrer* que Dieu existe ou que Dieu n'existe pas. C'est la même chose pour le commencement du monde. C'est ce qu'on appelle la « métaphysique ».

Conclusion

Personne n'a jamais vu l'origine du monde, ni le commencement du temps. Aussi ne peut-on pas répondre à la question. On peut *penser* ou *imaginer* un commencement du temps, comme on peut *penser* ou *imaginer* l'infini ou l'éternité, mais on ne peut les connaître, ni en affirmer l'existence en l'absence de toute expérience. Nous avons affaire ici à une question métaphysique à laquelle seules la religion ou la poésie peuvent répondre, et non la science.

La culture

www.annabac.com

CHAPITRE

7 Le langage (L, ES)

Qu'est-ce quc le langage ? La réponse la plus immédiate est : un moyen de communication. Mais il existe des systèmes de communication (dans le monde animal notamment) qui ne sauraient être qualifiés de « langage ». Le langage est en effet le propre de l'homme en ce qu'il témoigne de l'existence de la pensée et en ce qu'il est une condition de la vérité.

Le langage est aussi un pouvoir d'action : lorsque nous parlons, nous ne nous contentons pas de décrire ce qui est, nous cherchons aussi à influencer autrui.

Repères Intuitif/Discursif • Médiat/Immédiat • Persuader/Convaincre

I Langage et communication

■ La **linguistique**, fondée au début du XXe siècle par Ferdinand de Saussure, distingue dans le langage la **langue** de la **parole**. La seconde est individuelle et dépend des intentions du locuteur, la première est sociale : c'est le système de signes que les interlocuteurs ont à leur disposition pour pouvoir parler.

■ La linguistique met en évidence que ce système de signes, à la différence de la communication animale, est conventionnel : le lien qui unit le sens d'un mot (« **signifié** ») à la suite de sons qui le représente (« **signifiant** ») est arbitraire et non naturel. Elle établit également que les signes ne valent pas isolément mais par les relations d'opposition qu'ils entretiennent à l'intérieur d'une langue : par exemple, l'anglais *mutton* (la viande de mouton), en se distinguant de *sheep* (le mouton comme animal), introduit une différence de sens inconnu de la langue française.

« Arbitraire » signifie ici qu'il n'y a pas de rapport interne entre une idée (**signifié**) et la suite de sons (**signifiant**) qui, dans une langue donnée, lui est associée.

II Qu'est-ce que parler ?

A Langage humain et communication animale

■ Entre le langage humain et la communication animale, il n'y a pas seulement une différence de degré (le langage animal serait moins complexe, moins élaboré que le langage humain, mais resterait à part entière du langage), mais une différence de nature : **parler**, c'est avoir l'intention de signifier quelque chose ; **c'est** donc **penser**.

■ Descartes a bien mis en évidence cette caractéristique à la fois essentielle et distinctive du langage humain : certains animaux peuvent réagir à des signaux (on peut dire par exemple que la danse de l'abeille butineuse indique à ses congénères la distance et la direction du butin), mais ces signaux sont limités et les réactions qu'ils suscitent sont stéréotypées.

■ Aucune abeille émettrice n'a jamais pu inventer une signification nouvelle ; aucune abeille réceptrice n'a jamais répondu autrement qu'en reproduisant la danse de l'abeille émettrice et en se dirigeant vers le butin. Aucune, en somme, n'a jamais montré un comportement indiquant une activité intelligente.

> Ne pas confondre **signe et signal**. Un signe est toujours intentionnel. Un signal, ne l'est pas. C'est un fait physique relié à un autre fait physique. Par exemple, la fumée ne signifie pas qu'il y a du feu : elle le signale.

■ La parole humaine, en revanche, le montre constamment puisque nous pouvons à chaque instant inventer des phrases qui n'ont jamais été produites auparavant, être immédiatement compris de nos interlocuteurs, et, comme le dit Descartes, utiliser les mots en les arrangeant « diversement pour répondre au sens de tout ce qui se dira en [notre] présence ». Un perroquet peut bien proférer des paroles, il ne parle pas. Un muet, si, puisque le système de signes qu'il utilise manifeste qu'il pense, c'est-à-dire qu'il crée du sens et sait ce qu'il dit.

B L'homme est un sujet parlant

■ Il ne suffit donc pas, comme le fait la linguistique contemporaine, de décrire le langage comme un système de communication. Le premier intérêt d'une analyse philosophique du langage est de montrer qu'il n'est pas que cela, qu'il est aussi et surtout une activité qui suppose une **conscience**, un sujet pensant.

■ Cela a une conséquence **morale** : sommes-nous toujours responsables de ce que nous disons ? Le lapsus (« ça m'a échappé ») ou le mot d'esprit, pour

ZOOM

Ferdinand de Saussure (1857-1913) : la linguistique structurale

▲ Portrait de Ferdinand de Saussure vers 1910.

▶ Le *Cours de linguistique générale* (1907-1911), publié par Ferdinand de Saussure d'après les notes prises par ses étudiants, marque un tournant dans l'étude du langage. Saussure établit que :

1. les signes linguistiques sont constitués par l'association, non pas entre un mot et une chose, mais entre un contenu de pensée (le **signifié**) et une suite de sons (le **signifiant**) ;

2. cette association est **arbitraire**, c'est-à-dire conventionnelle ;

3. la langue est un système de signes (une **structure**), au sein duquel les signes n'ont pas de valeur isolément mais les uns par rapport aux autres (« valeur différentielle » du signe). Saussure est ainsi le **premier penseur du structuralisme.**

▶ Ces thèses renouvellent profondément l'étude du langage. Au XIXe siècle, le langage était considéré comme un être vivant dont il fallait comprendre l'évolution (d'où la distinction commune des « langues mortes » et des « langues vivantes »). Pour Saussure, au contraire, ce qui importe est la façon dont fonctionne un système linguistique à un moment donné.

▶ Le structuralisme de Saussure a influencé les travaux anthropologiques de Claude Lévi-Strauss sur les systèmes de parenté ou l'organisation des mythes.

la psychanalyse, sont des actes de langage qui échappent à notre contrôle conscient et expriment l'inconscient. Selon cette hypothèse, le langage n'est donc pas toujours l'expression maîtrisée d'un sujet conscient et rationnel.

III Langage et pensée

- Il n'y a donc langage que si les mots qu'on profère témoignent d'une pensée. Est-ce que cela signifie que le langage *exprime* la pensée ? Deux objections, inverses l'une de l'autre, peuvent être opposées à cette idée.

- La première, avancée notamment par Bergson, est que notre vie spirituelle intérieure, qui est singulière, ne peut être qu'imparfaitement traduite par des mots, qui sont généraux. Les formes les plus subtiles et les plus profondes de pensée seraient alors **ineffables**, c'est-à-dire inexprimables par le langage. Elles constitueraient comme un au-delà du langage qui ne peut être saisi que par une intuition non discursive (non susceptible de se mettre en discours).

- La deuxième objection consiste au contraire à souligner combien le langage fait **plus** qu'*exprimer* la pensée : **il la constitue**. Pas de pensée sans langage ; c'est à travers les mots que nous pensons et l'ineffable, comme le dit Hegel, n'est pas le signe de la profondeur de la pensée mais de son évanescence, de sa fugacité, de sa non-distinction.

> Le concept d'**intuition** a plusieurs sens selon les philosophes. Mais ils ont tous en commun de faire de l'intuition une perception immédiate. Ce qui est perçu ou conçu immédiatement ne passe pas par la médiation du langage.

IV Langage et vérité

- La vérité est une propriété, non des choses, mais du langage. On dit parfois un « vrai » ami, de l'or « faux », etc., mais c'est là mal s'exprimer. Ce qui est vrai ou faux, ce n'est pas l'ami mais l'**énoncé** : « X est un ami » ; ce n'est pas l'or mais **l'énoncé** : « Ceci est de l'or ».

- À quelle condition le langage peut-il alors dire la vérité ? À la condition que ses énoncés soient **doués de sens**. Car le sens n'est pas une donnée naturelle du langage. Nous pouvons parler pour ne rien dire, ou dire n'importe quoi… La linguistique, en nous apprenant comment fonctionne la langue, risque de nous entretenir dans l'idée discutable qu'il suffit de s'exprimer dans les cadres d'une langue donnée pour produire du sens.

■ Il faut donc distinguer **communication** et **signification**, c'est-à-dire *parler à* et *parler de*. Pour que nos phrases signifient quelque chose, il ne suffit pas qu'elles puissent être dites, il faut qu'elles représentent ce que Wittgenstein appelle un « état de choses », c'est-à-dire une réalité pensable. Si les langues naturelles sont des instruments formidables de communication, elles ne sont pas nécessairement adaptées pour représenter le monde.

■ D'où l'idée, que bien des philosophes ont eue depuis Leibniz, d'une **langue idéale** : c'est-à-dire, pour parler comme Condillac, l'idée de faire de la science « une langue bien faite », excluant les malentendus, les imprécisions, les équivoques ou les impossibilités logiques.

Pour **Condillac** (1715-1780), toutes nos idées naissent des sensations. Or, les mots représentent des idées. Une langue bien faite est donc une langue dans laquelle n'existerait aucun mot ne représentant pas précisément une idée.

V Le pouvoir des mots

■ Ce qui est un défaut du point de vue de l'exigence de vérité est un atout d'un autre point de vue : c'est par sa richesse, sa complexité, que le langage produit ses doubles sens et ses malentendus. Nous pouvons jouer sur les mots, sous-entendre ce que nous ne voulons pas dire explicitement, etc.

■ Le langage a par ailleurs une force sensible et émotionnelle : « Les mots sont des pistolets chargés », disait le philosophe Brice Parain. Un discours est en tout cas, non seulement une description du monde, mais un acte complexe, qui engage le locuteur et produit des effets sur ceux auxquels il s'adresse. Ce sont ces « **actes de discours** » qu'étudie la **pragmatique**.

■ Ce mot a été introduit en 1938 par le philosophe américain Charles Morris. La pragmatique est une approche du langage qui considère celui-ci, non seulement dans son organisation interne (syntaxe) ou dans sa signification (sémantique), mais aussi comme un **acte de communication** aux effets divers et variés.

■ Cela remet en cause l'idéal d'une « langue bien faite » : du point de vue de la pragmatique, il n'existe pas de règles absolues de la signification dont le langage scientifique serait le prototype.

■ Ainsi Wittgenstein compare-t-il le langage à une **boîte à outils**, pleine d'instruments multiples aux multiples fonctions. Il n'existe pas une manière correcte et d'autres incorrectes de les utiliser : tout dépend des situations et de ce qu'on vise. Tout énoncé est valable qui, dans le « jeu de langage » qui lui est propre, remplit sa fonction de communication, même s'il ne signifie rien de défini (exemple : « Attends-moi à peu près là »).

RÉCAPITULONS

Saussure	→ La linguistique étudie le **système de la langue** et non son évolution
Descartes	→ Le langage humain témoigne de l'**existence de la pensée** et en cela se distingue radicalement des communications animales
Hegel vs Bergson	→ Le langage n'est donc pas un obstacle à la pensée (Bergson), mais au contraire sa condition (Hegel)
Condillac, Wittgenstein	→ Il est aussi une **condition de la vérité**. La vérité est quelque chose qui se dit et une langue approximative ou imparfaite ne saurait la dire
La pragmatique	→ Il est enfin un **pouvoir d'action** sur les autres et sur le monde

« CITATIONS

- La parole ne convient qu'à l'homme seul.

René Descartes, *Lettre au marquis de Newcastle*, 1646.

- Un langage [...] ne peut avoir plus de signes que ceux qui l'instituent n'ont d'idées.

Destutt de Tracy, *Éléments d'idéologie*, 1800.

- C'est dans le mot que nous pensons.

Georg W. F. Hegel, *Philosophie de l'esprit*, 1832 (posthume).

- La langue [...] est comparable à une feuille de papier : la pensée est le recto et le son le verso.

Ferdinand de Saussure, *Cours de linguistique générale*, 1906-1911.

- Les limites de mon langage signifient les limites de mon propre monde.

Ludwig Wittgenstein. *Tractatus logico-philosophicus*, 1921.

- Tout refus du langage est une mort.

Roland Barthes, *Roland Barthes par lui-même*, 1975.

Faire l'étude ordonnée d'un texte (1)

LA DÉMARCHE

- Pour faire l'étude ordonnée d'un texte, il faut à la fois **expliciter** le texte (reformuler l'argumentation avec vos propres mots) et saisir les **enjeux** qui l'inscrivent dans une **discussion** philosophique.
- Vous devez effectuer les opérations suivantes :

1. dégager le **problème** posé par le texte (voir Méthode, chap. 1) ;
2. dégager la **thèse** de l'auteur (voir Méthode, chap. 5) ;
3. dégager les **enjeux** philosophiques (voir Méthode, chap. 9) ;
4. repérer et expliciter les **étapes** de l'argumentation (voir Méthode, chap. 4) ;
5. finir par la **discussion** des enjeux en débat.

L'EXEMPLE COMMENTÉ

« Enfin, pour tout dire, nous ne voyons pas les choses-mêmes ; nous nous bornons, le plus souvent, à lire des étiquettes collées sur elles. Cette tendance, issue du besoin, s'est encore accentuée sous l'influence du langage car les mots (à l'exception des noms propres) désignent tous des genres. Le mot, qui ne note de la chose que sa fonction la plus commune et son aspect banal, s'insinue entre elle et nous […]. Et ce ne sont pas seulement les objets extérieurs, ce sont aussi nos propres états d'âmes qui se dérobent à nous dans ce qu'ils ont d'intime, de personnel, d'originalement vécu. Quand nous éprouvons de l'amour et de la haine, quand nous nous sentons joyeux ou tristes, est-ce bien notre sentiment lui-même qui arrive à notre conscience avec les mille nuances fugitives et les mille résonances profondes qui en font quelque chose d'absolument nôtre ? Nous serions alors tous romanciers, tous poètes, tous musiciens. Mais, le plus souvent, nous n'apercevons de notre état d'âme que son déploiement extérieur. Nous ne saisissons de nos sentiments que leur aspect impersonnel, celui que le langage a pu noter une fois pour toutes parce qu'il est à peu près le même, dans les mêmes conditions, pour tous les hommes. Ainsi, jusque dans notre propre individu, l'individualité nous échappe. Nous nous mouvons parmi des généralités et des symboles […] ; et, fascinés par l'action, attirés par elle, pour notre plus grand bien, sur le terrain qu'elle s'est choisi, nous vivons dans une zone mitoyenne : entre les choses et nous, extérieurement aux choses, extérieurement aussi à nous-mêmes.

Henri Bergson, *Le Rire* (1904).

Le problème posé par le texte est d'ordre épistémologique : à quelles conditions pouvons-nous vraiment connaître la réalité ? Cette question s'applique ici au langage : est-il un outil de connaissance pour connaître le monde et nous connaître nous-mêmes, ou est-il au contraire un obstacle ? Les mots représentent-ils les choses et nos sentiments, ou sont-ils des étiquettes générales qui dissimulent la richesse du réel ?

La thèse de l'auteur : Bergson répond : 1. que le langage est un obstacle, un écran entre nous et le monde extérieur ; 2. qu'il l'est aussi entre nous et nous-mêmes.

Les enjeux philosophiques : le texte soulève la question du rôle et des limites du langage, celle de la finalité utilitaire de la science, et celle de l'art comme accès à l'individuel.

Les étapes de l'argumentation

– De « Enfin, pour tout dire… » (l. 1) jusqu'à « s'insinue entre elle et nous » (l. 6) : le langage ne permet, des choses extérieures, **aucune connaissance directe**, que Bergson présente comme le modèle de la connaissance authentique. Pourquoi ? Parce qu'il est « issu du besoin », c'est-à-dire des nécessités de l'**action**, que Bergson oppose à la **connaissance** (laquelle est conçue comme désintéressée). Le langage est en effet constitué de mots généraux qui, comme des « étiquettes », nous permettent de reconnaître les objets et de nous en servir, mais qui, en ne notant d'eux que leur « fonction commune » et leur « aspect banal », nous empêchent de les saisir en leur individualité propre.

– De « Et ce ne sont pas seulement les objets extérieurs… » (l. 6) jusqu'à « dans les mêmes conditions, pour tous les hommes » (l. 16) : le même argument vaut a fortiori pour la **connaissance intérieure affective** : le langage, parce qu'il est fait de symboles généraux, ne permet aucune saisie du caractère absolument original de tel ou tel sentiment éprouvé. Seul le langage des poètes approcherait d'une telle connaissance.

– De « Ainsi, jusque dans notre propre individu » (l. 16-17) jusqu'à la fin : la conclusion générale est que le langage ne permet de connaître l'individualité ni des choses extérieures, ni de notre moi intime. Celle-ci est donc, au sens propre, **ineffable**, c'est-à-dire « non dicible ». La connaissance vraie est au-delà du langage.

Discussion (voir ci-dessous le corrigé d'Objectif bac, p. 101-102).

SE TESTER QUIZ

1 Quelle distinction Saussure fait-il entre la langue et la parole ?

- ☐ **a.** Aucune : la langue et la parole sont communes à tous les hommes
- ☐ **b.** La langue est abstraite, la parole est concrète
- ☐ **c.** La langue est un système commun à une collectivité alors que la parole est une production individuelle

2 Pourquoi, selon Bergson, le langage n'est-il pas adapté pour exprimer ses sentiments ?

- ☐ **a.** Parce que les mots sont généraux alors que les sentiments sont individuels
- ☐ **b.** Parce que le langage est le propre de l'homme
- ☐ **c.** Parce que le langage exprime la pensée mais ne s'occupe pas des sentiments

3 Que recouvre le projet d'une langue idéale ?

- ☐ **a.** Une même langue pour tous les hommes
- ☐ **b.** Une langue capable de communiquer toutes les pensées
- ☐ **c.** Une langue qui ne contiendrait que des énoncés dont la signification est parfaitement définie

4 En quoi consiste la pragmatique ?

- ☐ **a.** À considérer les discours comme des actions sur le monde et non seulement des descriptions du monde
- ☐ **b.** À considérer qu'il est inutile de parler de ce qui ne sert à rien
- ☐ **c.** À analyser les imprécisions du langage et les ratés de la communication

5 Dire que le signe linguistique est arbitraire, cela signifie-t-il ?

- ☐ **a.** Qu'on peut dire n'importe quoi
- ☐ **b.** Qu'il est conventionnel
- ☐ **c.** Que les mots ont un pouvoir

6 Pourquoi peut-on dire que le langage est le propre de l'homme ?

- ☐ **a.** Parce que les systèmes de communications animales sont instinctifs
- ☐ **b.** Parce qu'il existe des pensées que le langage ne peut exprimer
- ☐ **c.** Parce que plus les hommes sont cultivés, mieux ils parlent

S'ENTRAÎNER

7 Faites l'étude ordonnée du texte suivant.

« Enfin il n'y a aucune de nos actions extérieures qui puisse assurer ceux qui les examinent, que notre corps n'est pas seulement une machine qui se remue de soi-même, mais qu'il y a aussi en lui une âme qui a des pensées, excepté les paroles, ou autres signes faits à propos des sujets qui se présentent, sans se rapporter à aucune passion. Je dis les paroles ou autres signes, parce que les muets se servent de signes en même façon que nous de la voix ; et que ces signes soient à propos, pour exclure le parler des perroquets, sans exclure celui des fous, qui ne laisse pas d'être à propos des sujets qui se présentent, bien qu'il ne suive pas la raison [...]. Or il est, ce me semble, fort remarquable que la parole, étant ainsi définie, ne convient qu'à l'homme seul.

Car, bien que Montaigne et Charron aient dit qu'il y a plus de différences d'homme à homme, que d'homme à bête, il ne s'est toutefois jamais trouvé aucune bête si parfaite, qu'elle ait usé de quelque signe, pour faire entendre à d'autres animaux quelque chose qui n'eût point de rapport à ses passions et il n'y a point d'homme si imparfait, qu'il n'en use ; en sorte que ceux qui sont sourds et muets, inventent des signes particuliers, par lesquels ils expriment leurs pensées. Ce qui me semble un très fort argument pour prouver que ce qui fait que les bêtes ne parlent point comme nous, est qu'elles n'ont aucune pensée, et non point que les organes leur manquent.

Et on ne peut dire qu'elles parlent entre elles, mais que nous ne les entendons pas ; car, comme les chiens et quelques autres animaux nous expriment leurs passions, ils nous exprimeraient aussi bien leurs pensées, s'ils en avaient.

René Descartes, lettre du 23 novembre 1646 au marquis de Newcastle.

POUR VOUS AIDER

- Repérez à quels **auteurs** s'oppose Descartes et pourquoi.
- Soyez très précis sur la **définition** du mot langage, et sur ce qui fait que Descartes refuse d'attribuer un langage aux animaux.
- Repérez en quoi chaque argument de Descartes répond à une **objection implicite**.
- Pour quelle raison Descartes met-il les muets et les fous du côté des hommes et non des animaux ?

OBJECTIF BAC

Explication de texte

8 Faites l'explication du texte de Bergson proposé dans la Méthode (p. 94).

SE TESTER

1 Réponse **c.** **2** Réponse **a.** **3** Réponse **c.** **4** Réponse **a.** **5** Réponse **b.** **6** Réponse **a.**

S'ENTRAÎNER

7 ▪ **Problème posé par le texte.** Qu'est-ce qui distingue l'homme des animaux ? Et pourquoi le langage est-il le propre de l'homme ?

▪ **Thèse de l'auteur.** C'est la **pensée** qui distingue l'homme des animaux, et l'existence de la pensée se montre dans et par l'usage du **langage**. C'est pourquoi les animaux communiquent leurs « passions », nous dirions aujourd'hui leurs sentiments ou leurs instincts, mais non une pensée consciente.

▪ **Enjeux philosophiques.** Ce texte soulève la question du propre de l'homme qui le distingue des animaux, celle de la spécificité du langage par rapport aux autres modes de communication, et celle du rapport entre langage et pensée.

▪ **Étapes de l'argumentation**

a. Notre corps est (comme celui des animaux) une machine automate. Mais il y a aussi en lui (contrairement aux autres animaux) « une âme qui a des pensées », et seul le langage manifeste cette différence.

b. Le langage consiste en paroles et en signes, car même les muets et les fous produisent des signes « à propos des sujets qui se présentent ». Ce qui répond à l'objection selon laquelle certains animaux seraient plus « intelligents » qu'un fou ou un muet.

On parle toujours **en fonction d'une situation déterminée**. Nos paroles ne sont ni programmées ni stéréotypées. C'est en cela qu'elles ont du sens.

c. Les animaux ne parlent pas car ils n'ont que des réflexes instinctifs et ne produisent aucun signe « sans se rapporter à aucune passion ». Ils ont les organes pour parler, comme les perroquets, mais non la pensée détachée des passions et des instincts immédiats.

d. Dernière objection : les animaux parlent entre eux, mais nous ne les comprenons pas. A quoi Descartes répond : pourtant ils nous communiquent bien leurs « passions » (douleur, joie...), pourquoi pas leurs pensées, s'ils en avaient ? Réfutation par l'absurde.

Discussion

– Le langage est-il le propre de l'homme ? D'autres philosophes distinguent l'homme par sa capacité à vivre en société (Aristote) ou par son sens moral (Kant).
– Le langage humain est-il si différent de la communication animale ? C'est peut-être moins une différence de nature que de degré dans la complexité. Et puis, nous savons encore peu de choses sur la communication animale.
– Le langage est-il forcément le signe et la preuve d'une pensée intelligente ? Des fous peuvent parler de façon délirante. À l'inverse, des animaux peuvent développer des stratégies très rusées sans recourir au langage.

OBJECTIF BAC

8 *Les titres et sous-titres servent à mettre en évidence la structure du corrigé, mais ne doivent pas figurer sur votre copie.*

Introduction

Ce texte de Bergson pose la question du langage dans son rapport à la connaissance. Alors que des philosophes rationalistes comme Descartes ou Hegel considèrent que le langage est nécessaire à la pensée et à la connaissance du monde, Bergson soutient que le langage nous empêche de connaître la réalité intime, tant du monde extérieur que de notre monde intérieur.

Selon lui, en effet, le langage ne serait qu'un moyen pour faciliter notre action sur le monde, notre pouvoir technique sur l'utilisation des choses, une aide pratique qui simplifie notre perception pour la rendre plus efficace. Mais ces « étiquettes » bien pratiques sont autant d'obstacles théoriques à la contemplation du réel.

L'auteur commence par avancer cette thèse paradoxale sur la réalité extérieure, puis il la décline sur notre réalité intérieure affective, et conclut sur le caractère ineffable de la réalité individuelle des choses, que seul l'art, peut-être, pourrait exprimer.

I. Les étapes de l'argumentation

1. Le langage colle des étiquettes sur les choses

- Le texte commence par une affirmation générale : « Enfin, pour tout dire, nous ne voyons pas les choses-mêmes ; nous nous bornons, le plus souvent, à lire des **étiquettes** collées sur elles » (l. 1-2). Nous ne pouvons pas connaître les « choses mêmes ». Ce que disait déjà Kant, pour qui nous ne connaissons que les « phénomènes » apparents et non les « **choses en soi** » ou « noumènes ».

- Mais alors que Kant en rendait responsable notre sensibilité limitée aux apparences extérieures, Bergson accuse le langage de faire écran à la réalité intime des choses.

- Les choses sont réduites à des mots qui sont des « étiquettes » à **finalité pratique**. Par exemple, classer les aliments en fruits, légumes, viandes, etc., à utiliser selon nos besoins.

- Le mot « ne note de la chose que **sa fonction** la plus commune » (l. 4-5). Ajoutons que même les noms propres sont encore trop généraux pour exprimer toute la richesse individuelle d'un homme.

- Le langage ne sert qu'à **classer les choses** pour pouvoir les utiliser efficacement et les manipuler. Le langage est au service de l'action et de la technique, non de la connaissance authentique et désintéressée.

> Ainsi, le **mot** « pomme » ne nous donnera jamais la connaissance de la forme de telle pomme, de son odeur particulière, de sa couleur subtile et luisante. Nous verrons la pomme *en général*, bonne à manger, non cette pomme individuelle avec ses détails singuliers.

2. Le langage ne peut dire notre réalité intime

- De même pour la connaissance intérieure de nos **sentiments**. Le mot « amour » est bien trop vague et anonyme pour dire la complexité de la passion que Swann éprouve pour Odette dans le roman de **Proust**. Les mots « haine » ou « ressentiment » sont trop généraux pour dire tout ce que **Kafka** ressent pour son père dans sa *Lettre au père*.

- Chacun a éprouvé cette **impuissance du langage** à dire vraiment ce qu'on éprouve, et sa trahison lorsqu'on tente de le dire : « Je n'arrive pas à trouver les mots »... À travers le langage, « nous ne saisissons de nos sentiments que leur **aspect impersonnel** » (l. 14).

3. L'individuel est indicible

- « Ainsi, jusque dans notre propre individu, l'individualité nous échappe » (l. 16-17). Comble de trahison, le langage nous rend **étranger** à nous-mêmes en nous obligeant à parler de notre intimité avec les mots de tout le monde.

- Car seule importe la communication au service de l'action, « fascinés par l'action » que nous sommes.

- Depuis Descartes nous pensions que la science et la connaissance augmentent notre pouvoir sur le monde. Oui, répond Bergson, mais c'est une **fausse** science, une fausse connaissance, qui simplifie et déforme la réalité, nous empêchant de la connaître vraiment pour elle-même.

II. Discussion

Cette critique radicale du langage soulève plusieurs débats philosophiques.

1. La question de la connaissance

Selon Bergson, la connaissance est intéressée, motivée par le besoin, orientée vers l'action. Même la science, dira-t-on, n'étudie que ce qui est utile à l'industrie, militaire, pharmaceutique, spatiale, etc.

- Est-ce l'action qui commande la connaissance, ou la connaissance précède-t-elle l'action, auquel cas elle pourrait être « pure » et désintéressée ? C'est ce que soutient la philosophie grecque, **Platon et Aristote** principalement, pour qui l'homme n'est pas fait pour travailler à transformer le monde, mais pour le connaître et le contempler avec un pur esprit.

- Car, depuis **Descartes** en particulier, la connaissance est soumise au projet de rendre l'homme « comme maître et possesseur de la nature ». Et **Heidegger** reproche à notre époque de sacrifier la contemplation poétique à la maîtrise technique des objets.

2. La question du langage

Le langage est accusé par Bergson de nous rendre extérieurs au monde et à nous-mêmes. Mais, objecterait **Hegel**, nous ne pouvons penser que dans les mots. Hors du langage, il n'y a que l'obscurité d'une intuition confuse, et le mot « ineffable » reste un mot vide de sens.

- Le langage est-il donc notre allié ou notre ennemi ? Allié pratique et ennemi théorique ? On pourrait objecter à Bergson qu'il est bien obligé de se servir du langage pour critiquer le langage, ce qui est paradoxal…

- Alors, peut-on **échapper au langage** ? Existe-t-il une alternative ? Avons-nous d'autres moyens d'accéder à une réalité que nous dissimulerait le langage ? Certains sages recommandent le **silence** pour communier avec une nature elle-même silencieuse et mieux s'en pénétrer. D'autres invoquent une « **intuition** » qui nous donnerait une perception directe du cœur des choses, de même que les mystiques parlent d'une connaissance de Dieu par-delà le langage, par illumination, révélation ou fusion spirituelle.

Cependant, si cela existe, on ne peut justement pas le traduire en mots ; et comment donc le savoir autrement que par une expérience personnelle ? Une dernière voie serait l'art, comme le suggère Bergson. Nous serions tous romanciers, poètes, musiciens, si nous pouvions exprimer l'indicible en nous.

Mais, pour les romanciers et les poètes, cela passe encore par le langage. Sans doute n'est-ce plus le langage froid et général de la science ; mais l'art demande un travail sur la langue pour la retourner contre son sens général. D'où l'ésotérisme de certains poètes, qui détournent les mots en un sens original. Mais ne reste-t-on pas, malgré tout, prisonniers du langage ?

Pour Bergson comme pour Merleau-Ponty, **l'art** nous donnerait accès à la « chair » sensible des choses, comme chaque peintre traduit sa perception hautement subjective du monde.

3. La question de l'individu, indicible et inconnaissable

Le mot « individu » est lui-même trop général et trahit l'idée qu'il prétend exprimer. Aucun mot, aucun langage, ne peut dire la stricte individualité, irréductible et incomparable.

Conclusion

Philosophes et poètes sont partagés sur la capacité du langage à dire la réalité. Depuis Platon, les philosophes se partagent en « réalistes » qui, comme l'auteur du *Banquet*, pensent que les mots expriment la réalité des choses, et « nominalistes » qui, comme Hobbes, pensent que le langage n'est qu'une convention sociale pour décrire le monde, mais qu'il est sans lien direct avec les choses elles-mêmes. Ce que Saussure appelle « l'arbitraire du signifiant ».

Les poètes eux aussi sont partagés. Francis Ponge, dans *Le Parti pris des choses* (1942), tente de déformer les mots pour atteindre l'originalité des choses, en appelant une fleur « une tasse mal lavée ». À l'inverse, Mallarmé choisit de tourner le dos à la réalité sensible pour faire du mot poétique l'expression de l'idée ou de l'essence des choses : « Je dis : une fleur ! et, hors de l'oubli où ma voix relègue aucun contour, en tant que quelque chose d'autre que les calices sus, musicalement se lève, idée même et suave, l'absente de tous bouquets. » (*Crise de vers*, 1886.)

Peut-être, alors, faut-il revenir à la sagesse d'un Ésope pour qui la langue est la pire et la meilleure des choses. Tout dépend de l'usage qu'on en fait.

www.annabac.com

CHAPITRE

8 L'art (L, ES, S)

L'art représente un domaine de l'activité humaine dont les formes historiques sont diverses, depuis les pyramides d'Égypte jusqu'à l'art abstrait. Il recourt à des outils et des supports eux aussi divers. Pour un esprit rationnel, l'art semble échapper à notre contrôle et dépendre de facteurs mystérieux, comme l'inspiration, le génie ou l'inconscient. Peut-on comprendre l'art ?

Repères Idéal/Réel • Objectif/Subjectif • Formel/Matériel • Abstrait/Concret

I L'art ou les arts ? Art et technique

A Ce que l'homme ajoute à la nature

- Étymologiquement, en grec, art et technique ont la même origine : le mot ***technê*** qui désigne l'habilité, le savoir-faire, aussi bien du peintre que du potier.
- L'art est alors considéré comme tout ce que l'homme ajoute à la nature, par invention ou transformation : on parle ainsi d'« art mécanique » pour désigner la fabrication de machines. L'art est ici synonyme d'**artifice**.

B L'artiste et l'artisan

- Pendant longtemps on ne les a **pas distingués**. Au Moyen Âge encore, le tailleur de pierre est mis sur le même plan que le peintre.
- C'est à partir de la Renaissance que l'artiste va être considéré plutôt comme un créateur intellectuel, et l'artisan comme un travailleur manuel. Aujourd'hui, certains artistes refusent cette distinction et se présentent comme des artisans.

À la **Renaissance**, l'artiste est promu au rang d'intellectuel. On attribue à Léonard de Vinci la phrase : *La pittura è cosa mentale*, « La peinture est une chose mentale ».

C L'art et les arts

On parle tantôt de l'*art* au singulier, tantôt des *arts* au pluriel : les « beaux arts » désignent les arts du beau (peinture, sculpture, musique, poésie...), les « arts plastiques » désignent les arts de la matière dans l'espace (dessin, peinture, sculpture), les « arts et métiers » désignent des professions techniques (comme la mécanique ou l'électronique), les « arts libéraux » désignent des métiers non salariés (médecine, architecture...).

L'art au singulier comprend les beaux arts ou arts « du beau » comme création de belles œuvres ; mais les arts au pluriel sont compris comme métiers ou techniques. Il faut donc distinguer l'**art au sens large**, comme ensemble de compétences **techniques** (l'art du charpentier, l'art du navigateur, l'art du médecin), et l'**art au sens restreint**, comme création d'œuvres esthétiques.

II L'art et la nature

A L'art suppose l'esprit

La première question est de savoir si l'art existe dans la nature ou s'il est une pure création de l'esprit humain. On admire parfois **« l'art » des abeilles** qui construisent la ruche. Mais c'est par analogie avec les œuvres humaines, car l'abeille construit par instinct, alors que l'architecte a une représentation anticipée de son œuvre dans son esprit (Marx).

Kant soutient que **seul l'homme crée par liberté** : « Tout art est une disposition accompagnée de raison, tournée vers la création ».

B L'art doit-il imiter la nature ?

L'art doit imiter la nature. C'est ce qu'affirme **Aristote**, dans sa Poétique (livre IV) : « Nous prenons plaisir à contempler les images les plus exactes des choses dont la vue nous est pénible dans la réalité, comme les formes d'animaux les plus méprisés et des cadavres. »

L'imitation (***mimêsis*** en grec) d'une réalité, même repoussante, apporte un plaisir à l'esprit. Ainsi, l'**art figuratif**, qui s'efforce de donner l'illusion du réel (technique du **trompe-l'œil**), ou courant artistique contemporain de l'hyperréalisme. Déjà dans l'Antiquité, le peintre Zeuxis imitait si parfaitement les raisins que les oiseaux, dit-on, venaient se casser le bec sur sa peinture.

> L'**hyperréalisme**, américain des années 1960, rompt avec la peinture abstraite et cherche à rivaliser avec la photographie dans l'impression de réalité. Cela donne des tableaux « plus vrais que nature », tant la précision du détail est exagérée.

Platon condamne cet art de l'**illusion** : si l'art produit de belles apparences trompeuses, il est moralement condamnable et les artistes doivent être chassés de la cité, « car ces poètes ne créent que des fantômes et non des choses réelles ».

C L'art doit idéaliser la nature

- L'art ne doit pas représenter la réalité telle qu'elle est, mais l'idéaliser pour élever l'âme vers la contemplation des Idées ; l'art doit **conduire à la vérité**, non à l'illusion. Il a un rôle d'**éducation de l'âme**, pour qu'elle s'élève des apparences sensibles aux Idées intellectuelles.
- **Le beau préfigure le vrai**. L'origine idéale de l'art est soutenue aussi par Plotin : « Les arts n'imitent pas directement les objets visibles, mais remontent aux raisons d'où est issu l'objet naturel », c'est-à-dire aux Idées que les objets sensibles imitent, comme les beautés sensibles imitent le beau idéal. Et il ajoute, à propos d'une statue : « Il est clair que la pierre, en tant que l'art a fait entrer la beauté d'une forme, est belle non parce qu'elle est pierre, mais grâce à la forme que l'art y a introduite. »
- Hegel insiste également sur l'art comme **idéalisation de la nature**. L'art saisit l'apparence fugitive et la transforme en œuvre immortelle.
- Ce n'est pas l'art qui imite la nature, mais **la nature qui imite l'art** (Hegel, Oscar Wilde) : quand on admire le chant du rossignol, c'est qu'il nous semble exprimer des sentiments humains ; quand on admire un coucher de soleil, c'est qu'il évoque pour nous une photo ou un tableau. Toute œuvre de l'esprit, même l'invention du clou, est infiniment **supérieure** à la plus habile imitation de la nature.

Plotin est un philosophe romain du IIIe siècle après J.-C. Auteur des *Ennéades*, il fonde le **néoplatonisme** en donnant une interprétation mystique de Platon : l'intelligence humaine doit fusionner avec l'Un divin à travers la contemplation et l'extase.

Hegel (*Esthétique*, 1829) interprète l'histoire de l'art comme la réalisation de l'esprit et de la liberté à travers trois étapes : l'art **symbolique** ou oriental, l'art **classique** ou grec, l'art **romantique** ou chrétien.

III La beauté : objective ou subjective ?

La beauté traduit le sentiment de plaisir que nous avons à contempler une chose. Cette beauté est-elle **dans la chose même ou dans notre façon** de voir et de représenter les choses (alors n'importe quoi peut devenir beau ou laid, selon notre sentiment ou selon la manière de présenter les choses) ?

A Une beauté utile et objective

Dans la conception aristotélicienne, une chose est belle si elle remplit parfaitement son but : un beau cheval de course est fait pour courir vite, un beau couteau est aiguisé pour bien couper, une belle femme est proportionnée pour faire des enfants. La beauté est une **forme adaptée à sa fin**. Cela permet de donner un **critère objectif** de beauté.

Il s'agit là d'une **beauté finalisée**, qui confond choses naturelles et choses artificielles. Or, si les choses artificielles servent à quelque chose, il est moins évident d'assigner une fin objective à un être naturel : quelle est la fin d'un arbre ou d'un ruisseau ? La beauté objective **confond le beau et l'utile**.

B Une beauté formelle et subjective

Une chose n'est pas belle ou laide en soi ; sa beauté ou sa laideur dépendent de notre sensibilité. La preuve en est que nous sommes souvent en désaccord sur le beau. Une chose est **belle « pour nous »**, relativement à notre goût – et le bon sens dit bien que « **des goûts et des couleurs, on ne discute pas** ». La beauté n'est plus une vérité, mais un sentiment subjectif et relatif à chaque individu, à chaque époque ou à chaque culture : un Européen est peu sensible à la musique chinoise...

Kant remarque que lorsque nous jugeons un objet beau, nous nous intéressons à sa forme pure, indépendamment du contenu matériel de cet objet, voire de son existence. **Le jugement esthétique est formel**, non matériel : il exprime une harmonie entre notre esprit et la forme de l'objet qui nous plaît. C'est pourquoi nous trouvons belles des formes abstraites, qui ne représentent rien, comme une arabesque.

L'art n'est pas dans ce qui est représenté (l'objet, le contenu), mais dans la façon de représenter. « L'œuvre d'art n'est pas la représentation d'une belle chose, mais la **belle représentation d'une chose** » (Kant).

> Le mot « **esthétique** » apparaît au XVIIIe siècle dans le titre de l'œuvre de Baumgarten, *Æsthetica* (1750). L'esthétique y est définie comme « science de la connaissance sensible ».

C Une affaire de goût

Le plaisir pris à la forme pure est une **affaire de goût**, non de connaissance. Le goût est relatif à chacun ; nous en sommes plus ou moins dotés à la naissance, mais il se cultive et s'éduque par la pratique artistique ou la fréquentation des œuvres.

ZOOM

Walter Benjamin (1892-1940) et le déclin de l'œuvre d'art

▲ **Andy Warhol, *Autoportrait* (série de 12 portraits), 1966. Andy Warhol (1928-1987), chef de file du pop'art, utilise la sérigraphie pour reproduire à de multiples exemplaires des photographies violemment colorées à l'acrylique. Ses œuvres, qui montrent que l'art n'échappe plus à la banalité du commerce de masse, confirment l'analyse de Benjamin.**

▸ Dans *L'Œuvre d'art à l'ère de la reproductibilité technique*, ouvrage rédigé en 1935 et publié de façon posthume en 1955, Walter Benjamin analyse le déclin de l'œuvre d'art au XXe siècle.

▸ Hegel avait déjà annoncé la « mort de l'art » sous la forme du dépassement de l'art sensible par la raison philosophique. Benjamin considère que les **progrès techniques**, en particulier la photographie, portent un **coup fatal à l'art**.

▸ En effet, l'œuvre d'art avait un caractère sacré en tant qu'original inimitable et unique, signé par l'auteur. Ainsi, *La Joconde* de Léonard de Vinci, un dessin de Picasso tirent leur valeur esthétique et commerciale de leur **unicité**. Bien sûr, il y a eu des copistes, mais le XXe siècle banalise et désacralise l'art en le **reproduisant** sous forme de photos, de posters, de films. Les supports numériques ne font qu'amplifier ce mouvement de dissolution de la notion d'original.

- Le goût porte en lui une exigence d'**accord universel subjectif** : quand je trouve une chose belle, j'exige que les autres la trouvent belle aussi, et ce, sans preuves, ni arguments. D'où des discussions infinies, où l'on n'arrive jamais à se convaincre, mais qui font de l'art le prétexte d'un échange universel permanent exprimant l'accord formel des esprits humains.

IV À quoi sert l'art ?

A L'art est inutile : Kant

- Pour Kant, l'art et le beau doivent être **désintéressés**. Le beau doit être distingué de **l'utile** : on doit distinguer « beauté **libre** » et « beauté **adhérente** » (admirer une voiture de course pour sa belle forme est goûter à la beauté libre ; l'admirer parce qu'elle va vite, c'est juger sa beauté adhérente).
- Le beau doit être distingué de **l'agréable** : le beau procure un plaisir formel (la présentation esthétique d'un plat), l'agréable apporte un plaisir matériel (l'odeur appétissante du même plat).
- Le beau doit être distingué du **vrai**, puisqu'il est affaire de goût, et qu'il n'y a là ni preuve, ni connaissance objective (l'art n'est pas une science).
- Le beau doit être distingué du **bon** : l'art n'est ni moral, ni immoral. Néanmoins son caractère désintéressé en fait une école de **morale**, en nous exerçant à nous détacher des intérêts matériels.

B Le beau et le sublime

- Le beau doit être distingué du sublime : le beau goûte une forme finie et harmonieuse ; le sublime exprime un phénomène monstrueux qui suscite en nous effroi et admiration (la mer déchaînée, la haute montagne).
- Le sublime est l'expérience esthétique qui introduit au **sentiment religieux** de la divinité (Kant).

C De quoi l'art est-il l'expression ?

- De Platon à Hegel et à Marx, une autre conception voit dans l'art l'expression d'une vérité : approche des Idées, pour Platon ; expression de l'esprit d'une époque ou d'un peuple, pour Hegel ; expression des intérêts de classe, pour Marx ; expression de l'inconscient, chez Freud.

> Vouloir faire de l'art une « **expression** » revient à y voir un langage à interpréter, renvoyant à une vérité cachée à traduire. C'est réduire l'art à un moyen utile au lieu d'en faire une activité ayant sa fin en soi.

C'est ce que rejettent Bergson et la phénoménologie de Merleau-Ponty, qui réaffirment la gratuité de l'art : l'art doit être « **perception brute** » et pure présence au monde, dégagée des considérations utilitaires.

V La création artistique : génie ou travail ?

A Inspiration et génie

Dès l'Antiquité, l'artiste est présenté comme un messager des dieux, un être inspiré par les Muses ou un démon, et qui délivre leur message obscur. Cette théorie du **poète inspiré** se trouve déjà dans l'*Ion* de Platon.

Le romantisme, dès la fin du XVIIIe siècle, reprend cette idée en faisant de l'artiste un **génie** : le modèle en est Mozart. Le génie crée des chefs-d'œuvre, mais sans savoir comment, sans pouvoir l'expliquer. On naît génial, mais on ne peut apprendre à l'être.

« Par le génie, la nature donne ses règles à l'art », dit Kant. L'artiste serait le **traducteur** inconscient de puissances naturelles qui le dépassent, et le témoin d'une communion de l'homme avec la nature.

B Un simple travail

Nietzsche critique cette théorie du génie comme effet de la mauvaise foi, de la part de ceux qui ne veulent pas faire l'effort de créer.

Valéry ou Edgar Poe se considèrent comme des artisans capables d'expliquer la fabrication d'un poème. Le débat demeure pour savoir si l'art naît d'un pouvoir mystérieux, ou d'un travail lucide et rationnel.

Dans *La Philosophie de la composition* (1846), **Edgar Poe** explique que son poème « Le corbeau » est fabriqué comme un mécanisme d'horlogerie. La répétition de *nevermore* (« jamais plus ») vise à créer un sentiment d'angoisse chez le lecteur.

RÉCAPITULONS

Art et nature	→ L'art s'ajoute à la nature	→ L'art imite la nature	→ L'art idéalise la nature	
L'esthétique (Kant)	→ L'art est désintéressé	→ Le beau n'est ni vrai, ni agréablc, ni utile, ni bon	→ L'art est la belle représentation d'une chose	
Ce qu'exprime l'art	→ Les Idées (Platon)	→ Le beau (Kant)	→ L'idéal (Hegel)	→ L'inconscient (Freud)
L'artiste	→ La *technê* grecque	→ La *cosa mentale* à la Renaissance	→ Le génie romantique	→ Le travail (Nietzsche)

« CITATIONS

■ L'art d'imiter est donc bien éloigné du vrai, et, s'il peut tout exécuter, c'est, semble-t-il, qu'il ne touche qu'une petite partie de chaque chose, et cette partie n'est qu'un fantôme.

Platon, *La République*, Ve siècle av. J.-C.

■ Lorsqu'en fouillant un marécage on découvre, comme il est arrivé parfois, un morceau de bois taillé, on ne dit pas que c'est un produit de la nature, mais de l'art ; la cause productrice de celui-ci a pensé une fin, à laquelle l'objet doit sa forme.

Emmanuel Kant, *Critique de la faculté de juger*, 1790.

■ Le jugement de goût est seulement contemplatif ; c'est un jugement qui, indifférent à l'existence de l'objet, ne fait que lier sa nature avec le sentiment de plaisir et de peine.

Emmanuel Kant, *Critique de la faculté de juger*, 1790.

■ Ses créations, les œuvres d'art, étaient les satisfactions imaginaires de désirs inconscients, tout comme les rêves, avec lesquels elles avaient d'ailleurs en commun le caractère d'être un compromis, car elles aussi devaient éviter le conflit à découvert avec les puissances de refoulement.

Sigmund Freud, *Ma vie et la psychanalyse*, 1925.

Rédiger l'introduction d'une dissertation

LA DÉMARCHE

Comprendre la question sert à éviter un « hors-sujet ». Pour cela, vous devez :
- analyser les termes du sujet et la forme de la question (voir Méthode, chap. 2) ;
- reformuler la question avec vos propres mots.

Dégager la problématique et les enjeux. Pour cela, vous devez :
- identifier le domaine ou la notion (la liberté ? la conscience ? l'État ?) ;
- donner un sens à la question (« Pourquoi pose-t-on cette question ?) ;
- en tirer des enjeux (dans quels débats la question s'inscrit-elle ?).

Annoncer les grandes étapes du plan (voir Méthode, chap. 11, 14, 17, 21).

L'EXEMPLE COMMENTÉ

Rédigez l'introduction du sujet de dissertation suivant :
« L'art exprime-t-il une réalité sociale ? »

I Comprendre la question

La question est double : l'art est-il expression ? Si oui, « exprime-t-il une réalité sociale » ?

L'art est souvent perçu comme une activité gratuite et désintéressée. La **réalité sociale** renvoie, au contraire, au monde des intérêts et des rapports de pouvoir.

Dire que l'art **exprime** la réalité sociale, c'est dire qu'il la traduit ou la symbolise : l'art serait l'image de la société ; la société serait la cause réelle (« **réalité sociale** »), et l'art l'effet ou le reflet.

II Problématique et enjeux

Si les artistes expriment **volontairement** leur société, soit ils y sont favorables et en font la propagande (artistes militants), soit ils y sont opposés et en font la critique (artistes contestataires). L'art devient alors un message politique.

Si les artistes expriment **involontairement** leur société, l'art est l'idéalisation inconsciente du réel : il devient un **symbole**. L'artiste est alors un « **témoin** » de son temps (Hegel).

La question est donc de savoir si l'art est libre et gratuit. L'autre débat porte sur les causes de la création : l'artiste peut-il échapper à son époque ?

III Annonce du plan

On examinera d'abord en quoi l'art exprime la société, puis la critique qu'on peut faire de cette vision instrumentale, et enfin comment l'art désintéressé lui-même est l'expression d'une réalité sociale.

SE TESTER QUIZ

1 Qu'est-ce que la *mimêsis* ?

☐ **a.** Le fait qu'un artiste copie un maître

☐ **b.** Une technique de dissimulation

☐ **c.** Le fait que l'art copie la nature

2 Pourquoi Platon veut-il chasser les artistes de la cité ?

☐ **a.** Parce qu'ils créent une réalité illusoire

☐ **b.** Parce qu'ils se moquent des philosophes

☐ **c.** Parce qu'ils mènent une vie dissolue

3 Selon Kant, qu'est-ce que la « beauté libre » ?

☐ **a.** La beauté qu'on ne peut acheter

☐ **b.** La beauté sans forme identifiable

☐ **c.** La beauté inutile

4 À quoi le sentiment du sublime correspond-il ?

☐ **a.** Au respect dû aux ancêtres

☐ **b.** À l'effroi devant une nature démesurée

☐ **c.** À l'admiration devant un artiste supérieur

5 Selon Kant, pourquoi le beau est-il désintéressé ?

☐ **a.** Parce que l'art est déconnecté de la réalité

☐ **b.** Parce que les artistes méprisent l'argent

☐ **c.** Parce que l'art ne s'intéresse qu'à la forme de l'objet

6 Pour Hegel, d'où vient la « mort de l'art » ?

☐ **a.** De l'avènement de la société de consommation

☐ **b.** De son remplacement par la philosophie

☐ **c.** De l'appauvrissement des artistes

S'ENTRAÎNER

7 Rédigez une introduction au sujet de dissertation suivant :
« L'art est-il le règne de l'apparence ? »

POUR VOUS AIDER

■ Définissez et analysez les termes d'« **art** » et d'« **apparence** », sans oublier celui de « **règne** » : autrement dit, l'art donne-t-il le pouvoir à l'apparence ?

- Pensez à opposer « l'apparence » à son contraire : l'**être**, l'essence, la vérité, l'authenticité.
- Posez-vous la question de la **valeur de l'apparence** : est-ce « honteux » de privilégier l'apparence ? Les apparences sont-elles forcément trompeuses et superficielles ?

OBJECTIF BAC

Dissertation

8 Traitez le sujet de dissertation suivant :
« Est-il concevable que la laideur puisse être l'objet de l'art ? »

SE TESTER

1 Réponse **c.** **2** Réponse **a.** **3** Réponse **c.** **4** Réponse **b.** **5** Réponse **c.**
6 Réponse **b.**

S'ENTRAÎNER

7 **1.** L'**apparence** est ce qui apparaît, et disparaît... Elle s'oppose donc à ce qui reste et demeure : l'être. L'apparence est souvent assimilée à la surface des choses, voire à l'illusion. Ne dit-on pas que les apparences sont trompeuses ?

L'**art** est perçu comme la sphère des satisfactions sensibles par le jeu des apparences, voire de l'illusion et du trompe-l'œil.

Mais demander si l'art est le « **règne** » de l'apparence, c'est sous-entendre que l'apparence triomphe dans l'art, qu'il ne donne accès qu'à des apparences et qu'il est donc incapable de connaître la vérité. L'art ne serait-il qu'un jeu d'enfant, pareil au spectacle des ombres au fond de la Caverne de Platon ?

2. Pourtant l'apparence est ce que nous percevons des choses, notre premier contact avec le monde : et si cette première impression était la bonne ? Les apparences sont indispensables à notre vie quotidienne, et elles sont surtout l'objet de nos plaisirs : théâtre, photo, cinéma, peinture, mode, etc.

Nous devons donc nous demander s'il faut se méfier des apparences trompeuses, donc de l'art, ou si, au contraire, l'innocence des apparences nous permet un rapport plus authentique au monde ; si l'art des apparences nous cache la réalité, ou s'il nous la révèle. Mais alors, c'est le rapport entre l'art et la science qui est en jeu : faut-il les opposer ? L'art apporte-t-il une connaissance du réel supérieure à celle que fournit la science ?

3. Dans un premier temps, nous examinerons les diverses apparences artistiques plus ou moins trompeuses, puis nous aborderons la prétention de l'art à dépasser les apparences pour atteindre une vérité essentielle, enfin nous envisagerons une vérité profonde des apparences mêmes qui ne rende pas l'art honteux du « règne des apparences ».

L'art et la science s'opposent en principe : la science cherche la vérité du réel, l'art cherche le plaisir des apparences artificielles. Mais n'est-il pas des domaines où l'art nous apporte une connaissance plus profonde, comme celle de nos sentiments, par exemple ?

OBJECTIF BAC

8 *Les titres et sous-titres servent à mettre en évidence la structure du corrigé, mais ne doivent pas figurer sur votre copie.*

Introduction

- La question porte sur la possibilité de prendre la laideur comme objet de l'art : « Est-il **concevable** ? » signifie d'abord « est-ce envisageable, est-ce possible ? », et ensuite « est-ce acceptable, en a-t-on le droit ? » La question présuppose que l'objet habituel de l'art est le beau ; elle présente donc un paradoxe.

- La **laideur**, en effet, produit déplaisir et malaise ; la laideur, dit-on, n'est pas « esthétique ». On parle d'un visage laid parce que difforme. La laideur ne semble donc pas pouvoir être « l'objet de l'art », c'est-à-dire ce que l'art cherche à représenter, ce qu'il veut donner à goûter.

- Pourtant, certains **artistes** représentent des **choses laides** : cadavres, déchets, corps malades... On peut donc se demander si ce sont de mauvais artistes ou s'il existe une manière artistique de présenter des choses laides. Le problème peut être envisagé de trois façons :
– L'art doit-il chercher à représenter le laid au lieu du beau ? Dans ce cas, il ne viserait plus le plaisir, mais le choc, la surprise, l'étrange, voire le malaise.
– L'art peut-il représenter des choses belles ou laides, du moment que la forme est belle ? C'est ce qu'affirment Aristote et Kant.

– L'art n'a pas à représenter des choses laides, mais il doit être laid lui-même, présenter une forme laide et dégoûtante, ce qui serait le plus grand paradoxe sur la nature de l'art.

En somme, l'enjeu est de définir la **fonction possible de l'art**, en dehors de son rôle classique de production d'un sentiment de plaisir par le beau.

Nous verrons d'abord que l'art vise le beau, puis qu'il existe une représentation artistique du laid, et enfin que l'art doit être considéré au-delà de l'opposition du beau et du laid.

I. L'art recherche le beau

La contemplation d'une œuvre d'art doit apporter du plaisir. D'où vient ce plaisir ? Pour Platon, la beauté de l'art doit résider dans sa parenté avec la vérité : le beau artistique conduit l'âme au vrai. Et l'âme apprécie cette beauté vraie et idéale parce qu'elle y trouve sa patrie.

La beauté artistique classique, à partir d'Aristote, recherche une harmonie et une symétrie dans l'œuvre, et trouve son modèle dans les beautés naturelles à imiter : un beau visage, un beau cheval. La proportion et l'unité des parties donnent la mesure du beau, alors que la laideur est difformité et procure malaise et dégoût. La Renaissance illustre parfaitement cet idéal de beauté.

Les œuvres de Michel-Ange, Botticelli, Léonard de Vinci, Raphaël **idéalisent** la beauté humaine et naturelle, grâce à la perspective, au clair-obscur, aux harmonies colorées et à des proportions savamment calculées.

II. L'art peut représenter des choses laides

Pourtant, au XVIIe siècle, Rembrandt peint une carcasse de boucherie, Velasquez une vieille femme pauvre et ridée. La peinture choisit de représenter des choses laides, comme la littérature propose des récits grotesques (Rabelais, Cervantès).

L'art moderne se tourne résolument vers la laideur avec les scènes de guerre de Goya, *Guernica* de Picasso ou les portraits de Francis Bacon et de Julian Freud.

Les horreurs de la guerre, de la vieillesse, de la maladie, de la cruauté, deviennent des sujets de prédilection pour la peinture, la littérature, la photographie et le cinéma.

De fait, l'esthétique moderne abandonne la prétention à une beauté objective. L'art moderne tient compte d'une **relativité du goût** qui rend caduc tout critère objectif de beauté. Dès lors, ce qui paraît beau à l'un sera laid pour l'autre, et inversement. La distinction entre beau et laid devient secondaire.

Le plaisir ne réside plus dans l'objet représenté, mais dans la forme de la représentation.

> Selon Kant, « l'art est la belle **représentation** d'une chose et non la représentation d'une belle chose » (*Critique de la faculté de juger*, I, § 48).

III. L'art par-delà le laid et le beau

- La question posée par le sujet perd tout son sens dans l'art contemporain où le beau n'est plus le critère esthétique, remplacé par la **nouveauté** ou l'originalité. La relativisation du goût comme construction subjective et sociale (Bourdieu) rend le critère du beau et du laid inopérant pour juger une œuvre d'art. La distinction beauté/laideur devient une affaire de goût personnel.
- Cependant, l'art conserve un **rapport au** sentiment de **plaisir**. Le plaisir artistique est aujourd'hui procuré par d'autres facteurs que le beau : on peut prendre plaisir au spectacle de l'intelligence, au spectacle de la déchéance, au spectacle du vice ou de la mort. La totale **liberté anomique** de l'art contemporain l'émancipe, non seulement de la recherche du beau, mais de tout autre critère contraignant.
- Non seulement la laideur peut être l'objet de l'art, mais la distinction même de l'art d'avec son objet est aujourd'hui contestée à travers la critique de la représentation. Un art qui ne représente plus n'a plus d'objet : il est une pure présentation sans objet.

Conclusion

- L'histoire de l'art permet de répondre à la question par l'évolution qui a conduit l'art de la volonté de représenter le beau au souci d'une belle représentation de n'importe quel objet, pour finir par renoncer à l'idée même de représentation. L'histoire de l'art moderne semble signer la mort de la beauté, au profit de la nouveauté comme critère de l'œuvre. Reste néanmoins la question du plaisir esthétique dont on peut se demander s'il ne reste pas tributaire d'une exigence de « beauté », sans doute très relative, mais toujours très présente dans les canons de la mode et des arts populaires.
- La laideur, quant à elle, loin d'avoir disparu, semble au contraire s'être chargée d'une provocation et d'une innovation très en vogue dans l'art contemporain – à moins d'admettre que la distinction même du beau et du laid n'est plus pertinente.

www.annabac.com

CHAPITRE

9 Le travail et la technique (L, ES, S)

Quelle est la valeur du travail humain ? Une activité commandée uniquement par la nécessité (il faut travailler pour vivre) et à laquelle il est légitime d'essayer d'échapper autant qu'on peut ? Ou, au contraire, une activité hautement morale formant la volonté et permettant même, pour peu qu'elle s'exerce dans des conditions satisfaisantes, la réalisation de soi ? Le travail ne renferme-t-il pas aussi la promesse d'une émancipation de l'homme rendu, grâce à la technique, « comme maître et possesseur de la nature » (Descartes) ?

Repères Obligation/Contrainte

I Travail et loisir : les paradoxes contemporains

■ Nous opposons travail et loisir. Le loisir est bien autre chose que le simple repos : nous sommes tenus d'organiser nos loisirs, comme si les loisirs étaient chargés de permettre le véritable épanouissement physique et intellectuel dont l'individu serait **privé dans son travail**.

■ Et pourtant, toutes les analyses du **chômage** le soulignent : ce n'est pas seulement l'absence d'argent qui rend le chômage si pénible, mais l'exclusion sociale qu'il représente. La revendication sociale d'un droit au travail n'est pas simplement celle d'un droit à la consommation.

Le mot **travail** vient du latin *tripalium* qui désigne un instrument de torture constitué de trois pieux. Que le travail est associé à la souffrance est confirmé par le fait qu'une femme qui accouche est dite « en travail ».

■ Plus encore, le travail est reconnu comme l'activité sociale la plus valorisante dès que métier et passion se confondent. Qu'on interroge des « personnalités » sur leur métier : elles avouent ne pas pouvoir se passer de travailler, même pendant les vacances... Et le mot travail est devenu si noble qu'il désigne désormais toutes les activités humaines : le peintre, le savant, l'homme politique, l'acteur, tous « travaillent ».

II Le travail est-il le propre de l'homme ?

A La valeur morale du travail

- La valorisation – malgré tout – de l'activité que représente le travail pourrait être l'indice qu'il ne se réduit pas à la nécessité biologique (il faut travailler pour vivre). Il a d'abord une valeur morale : il oblige à l'effort et à la persévérance. Ainsi, Alain pense que le travail est une éducation de la volonté.

- Le travail est même une **éducation à la liberté**, car nous ne sommes libres que si nous ne subissons pas le monde, et nous ne le subissons pas si nous pouvons le modifier grâce à notre travail. Un monde où tout nous serait donné, où l'on n'aurait pas besoin de travailler, où les fleuves seraient de lait et les rochers en chocolat est un rêve infantile, dit Alain, le rêve de quelqu'un qui ne connaît que ses désirs, qui est incapable de les discipliner en se confrontant à la réalité et qui ne peut donc que se laisser dominer par elle.

Max Weber (1864-1920) a mis en évidence la **valeur morale du travail** en analysant la façon dont la morale protestante a contribué au développement du capitalisme (*L'Éthique protestante et l'esprit du capitalisme*, 1920).

B Le travail est « anthropogène »

- Mais il y a plus : le travail serait anthropogène, c'est-à-dire qu'il permet à l'homme de réaliser son humanité. C'est ce que veut montrer **Hegel** dans sa célèbre **dialectique du maître et de l'esclave** : le maître fait travailler l'esclave pour la satisfaction de ses propres besoins et finit donc par en dépendre, tandis que l'esclave, grâce à son travail, plie la nature à sa propre volonté. L'esclave devient ainsi le maître du maître et le maître l'esclave de l'esclave.

- **Marx** reprendra cette idée générale de Hegel : l'homme se réalise dans et par son travail parce qu'il peut s'y reconnaître.

En ce sens, on peut dire que les **animaux ne travaillent pas**. Leur activité est instinctive, elle n'est pas la réalisation d'un projet.

C L'homme libre travaille-t-il ?

■ En promouvant le travail au rang des activités essentielles de l'homme, Hegel et Marx prennent le contre-pied d'une idée ancienne. Dans la **Grèce antique**, l'activité de production (le travail) est considérée comme l'une des plus animales et des moins nobles. C'est pourquoi on peut la confier à des esclaves, considérés par Aristote comme des « machines animées ».

■ **L'homme libre**, lui, **ne travaille pas**, et il ne viendrait pas à l'idée de Platon ou d'Aristote de décrire les activités intellectuelles (philosophie, sciences) ou l'action politique comme du « travail ».

■ Ainsi Aristote distingue-t-il **trois types de sciences** : les sciences « théorétiques » (la philosophie, les mathématiques ou la physique), les sciences « pratiques », (la politique) et les sciences qu'il appelle « poïétiques » (du grec *poiêsis*, « fabrication »), c'est-à-dire les connaissances dont on a besoin pour fabriquer des objets.

■ Le travail relève à l'évidence de cette troisième sphère. Or, ces sciences sont d'une dignité inégale. Les sciences « théorétiques » sont les plus éminentes, parce que les plus désintéressées (elles cherchent à savoir pour savoir) ; les sciences « poïétiques » sont les plus inférieures, car les plus assujetties au règne de la nécessité. Pour Aristote, l'homme qui philosophe accomplit davantage son humanité que l'homme qui travaille.

> Le mot **école** vient du grec *skôlé*, qui signifie « loisir ». En ce sens, proche de la pensée d'Aristote, **celui qui étudie ne travaille pas**. Au contraire : il peut étudier parce qu'il a le « loisir » de ne pas travailler.

D Œuvre ou produit ?

■ C'est cette hiérarchie des activités humaines que, contre Hegel et Marx, la philosophe américaine **Hannah Arendt** veut réhabiliter en cantonnant le travail dans la sphère biologique (il faut travailler pour vivre) : une **œuvre** explique-t-elle, n'est pas un simple produit.

■ Quelle est donc la véritable signification du travail humain ? Nécessité vitale ou dignité de l'homme ? Cette question est l'une des interrogations centrales de la philosophie contemporaine.

ZOOM

Adam et Ève
et la malédiction du travail

▶ La **Genèse** raconte la vie d'Adam et Ève placés par Dieu dans le jardin d'Éden, puis leur faute originelle et leur punition, c'est-à-dire leur expulsion de l'Éden.

▶ Dieu dit alors à Adam : « Tu travailleras à la sueur de ton front » et à Ève : « Tu enfanteras dans la douleur ». La punition consiste donc dans la **pénibilité du travail**, pour l'homme comme pour la femme (la femme qui accouche est dite « en travail »).

▶ Cela signifie-t-il que l'oisiveté est un état plus heureux que le travail ? Non. Le jardin d'Éden doit être entretenu. Adam y travaille donc, mais en harmonie avec la nature. Il ne lutte pas contre elle, il l'**aménage**.

▶ La punition infligée par Dieu n'est donc pas le travail en lui-même, mais sa pénibilité, c'est-à-dire la **séparation de l'homme et de la nature** : l'aménager ne suffit plus ; il faut la transformer, et c'est cela qui est pénible.

▶ C'est sur ce point que la pensée moderne opère une **rupture** : la transformation de la nature par le travail n'est plus une punition mais au contraire la **promesse d'une maîtrise du monde** (Descartes) ou encore de **réalisation de soi** (Hegel, Marx).

▲ Masaccio, *Adam et Ève chassés du Paradis*, 1424-1428.
Chapelle Brancacci, église Santa Maria del Carmine, Florence.

III L'organisation sociale du travail

A Le travail aliéné

Cependant, la valeur essentielle que Hegel et Marx attribuent au travail n'entre-t-elle pas en contradiction avec la réalité sociale dégradante et aliénante des travaux ? Qu'apporte le travail à l'ouvrier contraint à la répétition des mêmes gestes toute la journée ? Le travail apparaît alors comme un pur gagne-pain et ne laisse au travailleur, à la fin de la journée, que la possibilité de s'occuper à des loisirs de pure consommation.

Le travail serait alors pour l'homme, non pas le formateur de son humanité mais, au contraire, une véritable malédiction, dont l'origine même du mot, *tripalium,* porte la trace.

Dans *Le Capital* (1867), **Marx** montre ainsi que, dans une société capitaliste, le travail est exploité. Comment dès lors concilier cette analyse avec celle, du même Marx, qui attribue au travail une valeur essentielle ? C'est que, pour lui, la malédiction qui s'attache au travail tient non pas à sa nature mais à la façon dont il est socialement organisé.

Dans cette perspective, certaines conditions sociales du travail sont d'autant plus inadmissibles qu'elles trahissent ce que le travail, par essence, promet à l'homme.

L'**exploitation du travail** salarié signifie, pour Marx, qu'une partie du travail accompli par le travailleur ne lui est pas payée : c'est le « surtravail », qui est à l'origine de la plus-value réalisée par le capitaliste.

B Les conditions de travail

La question de l'**organisation du travail** semble en tout cas centrale, quelle que soit la valeur accordée au travail.

En effet, si le travail est considéré par nature comme aliénant et pénible autant qu'inévitable, un souci de justice élémentaire oblige à s'interroger sur sa répartition et sur les moyens d'en améliorer les conditions.

Si le travail est au contraire, comme le pense Marx, une dimension fondamentale de la dignité humaine, il est légitime d'exiger de l'organisation sociale du travail qu'elle permette aux hommes une réalisation effective d'eux-mêmes.

IV Le problème de la technique

A La promesse prométhéenne de la domination de la nature

Dans la mythologie grecque, **Prométhée** dérobe le feu aux dieux pour le donner aux hommes. Il apparaît ainsi comme le **symbole** de l'émancipation humaine grâce aux progrès techniques.

- Travailler exige la maîtrise technique du geste. Il n'y a pas de travail sans technique, et les progrès mêmes de la technique sont comme une promesse pour le travail lui-même : d'une part parce qu'ils augmentent sa productivité ; d'autre part parce qu'ils nous rendent, ainsi que le dit Descartes, « comme maîtres et possesseurs de la nature » ; enfin parce qu'ils délivrent le travailleur des tâches les plus ingrates et les plus pénibles.
- Pourtant, n'y a-t-il pas dans ces promesses un leurre, voire un **danger** ? Le progrès technique ne risque-t-il pas de rendre la terre de moins en moins habitable ?
- En outre, la technique est-elle aussi libératrice qu'on pourrait le penser en ce qui concerne le travail ? Dans *Les Temps modernes*, Charles Chaplin nous montre au contraire un monde du travail dont la technicité grandissante aliène encore davantage l'individu.
- Certes, le geste technique est en lui-même un signe de l'intelligence humaine, et l'outil le plus simple matérialise une pensée. Mais le **paradoxe** est que le développement même des techniques rend l'activité technique de plus en plus aveugle et opaque, car l'objet technologique moderne, en concentrant en lui un savoir sophistiqué, dépossède de plus en plus celui qui l'utilise de ce savoir : nous sommes entourés de conducteurs d'automobiles qui ne connaissent rien à la mécanique, ou d'utilisateurs d'Internet qui ignorent tout de l'informatique.
- **La technique ne pense pas**, dit Heidegger. Il faudrait plutôt dire que, plus il y a de pensée dans les objets techniques, moins leurs utilisateurs ordinaires sont en état de réfléchir sur leur fonctionnement.

B Le mythe du retour à la nature

- D'où, peut-être, aujourd'hui, le succès d'un **discours « technophobe »** sur les dangers d'un développement non maîtrisé des technologies nouvelles. Dans la pensée contemporaine, ce discours est théorisé par le philosophe allemand **Hans Jonas** dans son livre *Le Principe de responsabilité* (1979).

Pourtant, il ne faudrait pas, au nom des risques que fait courir le développement technique contemporain, en revenir au mythe d'une nature originaire et pure, idéal perdu dont il faudrait avoir la nostalgie.

RÉCAPITULONS

Dévalorisation du travail	→ Le travail est uniquement commandé par la nécessité. L'homme libre ne travaille pas → Le travail comme châtiment du péché originel	→ Pensée grecque → Texte biblique (la Genèse)
Valorisation du travail	→ Valeur morale du travail → Le travail comme promesse de réalisation de soi	→ Éthique protestante → Hegel, Marx
Le problème de la technique	→ Émancipation des hommes rendus « comme maîtres et possesseurs de la nature » ? → Ou menace pour l'avenir de l'humanité ?	→ Descartes → Hans Jonas

« CITATIONS

Le travail éloigne de trois grands maux : l'ennui, le vice et le besoin.
Voltaire, *Candide*, 1753.

Le travail est désir réfréné, disparition retardée. Le travail forme.
Georg W. F. Hegel, *Phénoménologie de l'esprit*, 1807.

Ce qui distingue dès l'abord le plus mauvais architecte de l'abeille la plus experte, c'est qu'il a construit la cellule dans sa tête avant de la construire dans la ruche.
Karl Marx, *Le Capital*, 1883.

Dégager les enjeux philosophiques d'un texte

LA DÉMARCHE

Après avoir défini le problème traité par le texte et la thèse de l'auteur, vous devez le mettre en perspective et éclairer ce qui en fait l'intérêt philosophique (voir Méthode, chap. 1 et 5). Dégager les enjeux philosophiques fait partie du travail de compréhension et d'introduction. (Toutes les étapes suivantes ne sont pas forcément nécessaires ou pertinentes : tout dépend du texte proposé.)

- Précisez le **contexte** pouvant éclairer le texte :
  - contexte politique ou religieux (révolution, crise) ;
  - contexte scientifique ou artistique (découverte, invention).
- Cernez le **débat** philosophique dans lequel s'inscrit le texte :
  - L'auteur prend parti dans un débat contemporain ou un débat plus ancien.
  - Cela suppose de dégager les diverses positions en présence et d'y situer l'auteur.
- Cherchez les **tenants et** les **aboutissants** :
  - D'où vient la question ? Qu'est-ce qui la motive ?
  - Quelles sont ses retombées, ses conséquences dans l'évolution du débat ?

L'EXEMPLE COMMENTÉ

« Notre point de départ c'est le travail sous une forme qui appartient exclusivement à l'homme. Une araignée fait des opérations qui ressemblent à celles du tisserand, et l'abeille confond par la structure de ses cellules de cire l'habileté de plus d'un architecte. Mais ce qui distingue dès l'abord le plus mauvais architecte de l'abeille la plus experte, c'est qu'il a construit la cellule dans sa tête avant de la construire dans la ruche. Le résultat auquel le travail aboutit, préexiste idéalement dans l'imagination du travailleur. Ce n'est pas qu'il opère seulement un changement de forme dans les matières naturelles ; il y réalise du même coup son propre but, dont il a conscience, qui détermine comme loi son mode d'action, et auquel il doit subordonner sa volonté. Et cette subordination n'est pas momentanée. L'œuvre exige pendant toute sa durée, outre l'effort des organes qui agissent, une attention soutenue, laquelle ne peut elle-même résulter que d'une tension constante de la volonté.

Karl Marx, *Le Capital* (1867), I, 3e section, chap. 7, trad. J. Roy (1867), Éditions sociales, 1967, p. 180.

I Le contexte

- Le XIXe siècle voit se développer la révolution industrielle et le machinisme.
- Marx intervient par sa critique du capitalisme et son projet communiste.
- Au même moment, Darwin assimile l'humanité à une espèce animale.

II Le débat philosophique

- Le débat ancien porte sur le propre de l'homme, ce qui le distingue de l'animal.
- L'homme est un « animal politique » pour Aristote, et le seul animal doué de langage pour Descartes.
- Darwin et les matérialistes du XVIIIe siècle avant lui assimilent l'homme à un animal ou à une machine, c'est-à-dire à un simple corps.
- Hegel et Marx font du travail le propre de l'homme, car le travail témoigne d'une intelligence supérieure.

III Les tenants et les aboutissants

- Le travail avait jadis une valeur négative : les Grecs le réservaient aux esclaves ; la Bible en a fait le signe de la malédiction divine.
- Avec le protestantisme, le capitalisme et le progrès technique, le travail devient une valeur positive qui illustre la volonté, l'intelligence et la liberté (Kant, Hegel, Marx, Weber).

SE TESTER QUIZ

1 Dans la Bible, le travail est :

- ☐ **a.** réservé aux hommes mariés
- ☐ **b.** une punition divine
- ☐ **c.** le signe de la grâce divine

2 En affirmant que le travail permet à l'homme de se réaliser, de quel philosophe Marx s'inspire-t-il ?

- ☐ **a.** Aristote
- ☐ **b.** Hannah Arendt
- ☐ **c.** Hegel

3 Qu'est-ce que Marx appelle le « surtravail » ?

- ☐ **a.** L'obligation imposée par les patrons aux ouvriers de faire des heures supplémentaires
- ☐ **b.** La partie du travail qui n'est pas payée au travailleur
- ☐ **c.** La répétition mécanique des mêmes gestes

4 Quel philosophe contemporain met en garde contre le danger des développements de la technique ?

- ☐ **a.** Hannah Arendt
- ☐ **b.** Hans Jonas
- ☐ **c.** Alain

5 Pour la pensée grecque :

- ☐ **a.** Le philosophe ne travaille pas car l'activité contemplative n'est pas la vie active
- ☐ **b.** La philosophie est un travail comme un autre
- ☐ **c.** Le philosophe ne travaille pas parce qu'il vit hors du monde réel

6 Quelle distinction peut-on faire entre œuvre et produit ?

- ☐ **a.** L'œuvre est une réalisation individuelle et originale, le produit une réalisation collective et ordinaire
- ☐ **b.** Le produit est fait pour être consommé, donc détruit, alors que l'œuvre résiste au temps
- ☐ **c.** Il n'y a pas de différence : l'œuvre est elle aussi un produit de l'activité humaine

S'ENTRAÎNER

7 Dégagez les enjeux philosophiques du texte suivant.

« Je crois utile de distinguer les travaux et les œuvres. La loi du travail semble être en même temps l'usage et l'oubli. Qui pense à la récolte de l'autre année ?

La charrue trace les sillons ; le blé les recouvre ; le chaume offre encore un autre visage ; mais cet aspect même est effacé par d'autres travaux et par d'autres cultures. Le chariot, la machine, l'usine sont en usure ; on en jette les débris, sans aucun respect ; on reprend ces débris pour d'autres travaux. Rien n'est plus laid qu'un outil brisé et jeté sur un tas ; rien n'est plus laid qu'une machine rouillée, une roue brisée au bord de la route. Les choses du travail n'ont de sens que dans le mouvement qui les emporte ou les entoure, ou bien dans leur court repos, quand tout marque que l'homme va revenir. C'est pourquoi les signes de l'abandon, les herbes non foulées, les arbustes se mêlant aux outils et aux constructions industrielles, font tout autre chose que des ruines vénérables. [...]

Par opposition on comprend que l'œuvre est une chose qui reste étrangère à ce mouvement. Cette résistance [...] est sans doute le propre des œuvres d'art, et passe même bien avant l'expression, car un tas de débris exprime beaucoup. Aussi voyons-nous qu'un aqueduc ou un rempart, par la seule masse, sont monuments. Et l'on peut décider qu'il n'y a point de forme belle, si elle ne résiste.

Alain, *Les Idées et les Âges* (1927), IV, chap. 2,
© Gallimard, Bibliothèque de la Pléiade, 1960, tome III, p. 105.

POUR VOUS AIDER

- En fonction des exemples, précisez le **contexte historique**.
- Réfléchissez aux divers usages du mot « **œuvre** ».
- Le texte **oppose** travail et œuvre, production et création : sur quel **critère** l'opposition se fait-elle ?

OBJECTIF BAC

Explication de texte

8 Faites l'explication du texte suivant.

« Dans la glorification du "travail", dans les infatigables discours sur la "bénédiction du travail", je vois la même arrière-pensée que dans les louanges adressées aux actes impersonnels et utiles à tous : à savoir la peur de tout ce qui est individuel. Au fond, on sent aujourd'hui, à la vue du travail – on vise toujours sous ce nom le dur labeur du matin au soir – qu'un tel travail constitue la meilleure des polices, qu'il tient chacun en bride et s'entend à entraver le développement de la raison, des désirs, du goût de l'indépendance. Car il consume une extraordinaire quantité de force nerveuse et la soustrait à la réflexion, à la méditation, à la rêverie, aux soucis, à l'amour et à la haine, il présente constamment à la vie un but mesquin et assure des satisfactions faciles et régulières. Ainsi, une société où l'on travaille dur en permanence aura davantage de sécurité : et l'on adore aujourd'hui la sécurité comme la divinité suprême – Et puis ! Épouvante ! Le "travailleur", justement, est devenu dangereux ! Le monde fourmille d'"individus dangereux" ! Et derrière eux, le danger des dangers – l'*individuum* !

Friedrich Nietzsche, *Aurore* (1880), livre III, traduction J. Hervier,

SE TESTER

1 Réponse **b.** **2** Réponse **c.** **3** Réponse **b.** **4** Réponse **b.** **5** Réponse **a.**

6 Réponse **b.**

S'ENTRAÎNER

7 **1. Le contexte.** Au début du XXe siècle, le machinisme et l'industrie déshumanisent le travail. L'ouvrier est **aliéné** et perd de vue le produit de son travail du fait de l'intervention croissante de la technique qui le dépossède.

- C'est aussi l'époque de la Grande Guerre, de la révolution russe et des avant-gardes artistiques, comme Dada et le surréalisme.

2. Le débat philosophique. Dans l'Antiquité et à la Renaissance, on distingue l'**artiste et l'ouvrier**, l'activité de création et le travail de production : l'art est-il un travail ? Qu'est-ce qui fait la spécificité de l'œuvre d'art ?

- Les œuvres d'art traversent le temps et sont toujours admirées, alors que les objets techniques sont détruits ou abandonnés à l'**oubli**. Pourquoi une telle différence de traitement ?

■ Ce texte s'inscrit dans une perspective inverse de celle du texte de Marx (voir Méthode, p. 124). Le travail est certes un **critère** d'humanité (seuls les hommes travaillent), mais il ne peut être le lieu d'accomplissement de l'**essence** de l'humanité.

3. Les tenants et les aboutissants. Une distinction se fait du point de vue de la **durée**. Dans son rapport au temps, l'homme peut-il prétendre à l'éternité ou est-il condamné à l'éphémère ?

■ Reste à savoir si une œuvre d'art résiste au temps parce qu'elle est belle, ou si nous la trouvons belle parce qu'elle a, pour d'autres raisons, mieux résisté au temps.

■ Aujourd'hui, la création de musées des techniques tend à promouvoir les outils de travail comme des œuvres. Va-t-on vers un effacement de la distinction entre art et technique ? La tour Eiffel relève-t-elle de l'art ou de la technique ?

■ La multiplication actuelle des musées conduit à s'interroger sur **ce qui mérite d'être conservé**, et selon quel critère. Cela engage notre rapport à la mémoire et à l'histoire.

Les **musées des techniques** se multiplient au XXe siècle : Musée des arts et métiers, Musée des arts et traditions populaires, à Paris par exemple ; musées ethnographiques qui conservent les outils agricoles, les habitats paysans, voire les premiers ordinateurs...

OBJECTIF BAC

8 *Les titres et sous-titres servent à mettre en évidence la structure du corrigé, mais ne doivent pas figurer sur votre copie.*

Introduction

■ Ce texte pose la question de la valeur morale du travail : celui-ci est-il une vertu ? Mérite-t-il d'être glorifié ?

■ Le texte de Nietzsche se livre à une critique en règle de la glorification du travail. La « valeur travail » est interprétée comme une réduction de la vie individuelle par souci de sécurisation de la société.

■ Outre sa valeur morale, ce texte interroge la standardisation du travail qui aliène l'individu, la diffusion de normes sociales qui assure une police des esprits et des mœurs. Contrairement à ce que prétend l'individualisme libéral, on peut se demander si la société industrielle ne conduit pas à une collectivisation uniforme, au nom de l'égalité, de l'efficacité et de la sécurité.

- Le texte s'ouvre sur l'énoncé de la thèse de l'auteur, suivi par sa démonstration qui débouche sur la cause trouvée dans le besoin de sécurité. Enfin, le texte s'achève sur un retournement paradoxal qui présente l'ouvrier comme un « individu dangereux ».

Par « **individu dangereux** », Nietzsche fait allusion aux « classes dangereuses » qui, au XIXe siècle, désignent les ouvriers, souvent perçus comme des ivrognes débauchés et subversifs, menaçant l'ordre social et moral (relisez *Germinal* de Zola).

I. Les étapes de l'argumentation

1. Le travail contre l'individu

- Une **critique** de la morale. Les valeurs morales ont toutes le même but : la dévalorisation de l'individu et la glorification de l'impersonnel et du collectif.
- La morale cache des « **arrière-pensées** ». Cela signifie que cette glorification s'appuie sur d'autres arguments : le travail forme, il permet la maîtrise de la nature et de soi, etc. En parlant « d'arrière-pensée », Nietzsche adopte vis-à-vis de tels discours une attitude de *soupçon*. La morale doit être interprétée pour démasquer les intentions honteuses derrière les beaux discours.
- Pour Nietzsche, la morale est une façon pour les faibles de désarmer les forts ; elle sert la « volonté de puissance » des plus faibles. C'est pourquoi elle condamne la force et l'égoïsme.

Chez Nietzsche, la « **volonté de puissance** » est une force naturelle qui pousse à la vie en favorisant la force, la ruse, l'égoïsme, la cruauté, en somme tout ce que condamne la morale. C'est pourquoi Nietzsche juge la morale comme étant contre-nature.

- Le travail comme **valeur**. Le texte s'appuie sur un argument unique, conjugué de plusieurs manières : la valorisation du travail a la même origine que les autres discours moraux, à savoir la **dépréciation de l'individu**.
- Le texte s'ouvre et se ferme sur cette idée, qu'on trouve énoncée dès la première phrase et répétée à la dernière.

2. La fonction répressive du travail

- Le travail **soumet l'individu à la collectivité**. Il signifie « oubli de soi », soumission à un rythme imposé, intégration à une collectivité.
- Il n'y a plus de temps pour la solitude (« le goût de l'indépendance », l. 18), pour la méditation personnelle.
- Le travail **réprime les passions**. Absorbant toute l'énergie de l'individu, il le détourne de ses passions (« l'amour », « la haine », l. 20).

3. Le travail comme sécurité sociale

- L'**individu** en tant que tel est **dangereux pour la société** car il n'a pas pour but l'intérêt général, l'utilité commune, mais seulement lui-même. Il menace la survie du « troupeau ».
- Il est du plus grand intérêt pour la société que les hommes oublient qu'ils sont des individus pour se percevoir comme des membres de la collectivité. Le travail est à cette fin un excellent moyen (« la **meilleure des polices** », l. 17).
- Mais il n'est pas le seul au demeurant : la famille, l'école ou la religion, par exemple, concourent au même but.

II. Discussion

1. Le travail aliéné

L'**aliénation** désigne le fait d'être rendu « étranger » à soi-même. Marx critique le travail aliénant de l'ouvrier exploité, dans la mesure où celui-ci est dépossédé du produit de son travail et ne peut ni s'y identifier ni s'y épanouir.

- Le « travail » dont il est question dans le texte de Nietzsche ne doit pas être confondu avec une quelconque activité créatrice. Ce n'est évidemment pas le travail individuel et créateur de l'artisan, encore moins celui de l'artiste.
- Ce n'est pas non plus le travail intellectuel (puisqu'il s'agit d'un travail qui empêche « la méditation », l. 20), celui de l'écrivain ou du philosophe.
- C'est tout au contraire le travail dans son caractère à la fois **social et contraint**, illustré de façon exemplaire à l'époque de Nietzsche (fin du XIXe siècle) par le travail des prolétaires (« le dur labeur du matin au soir », l. 16 ; travailler « dur et en permanence », l. 22).

2. Améliorer ou supprimer le travail ?

- À l'**opposé du marxisme**, la réalité sociale du travail est critiquée par Nietzsche au nom de l'individu. Son point de vue est un point de vue **individualiste et** même **élitiste** : il oppose le travail « labeur » ou « gagne-pain » à l'activité individuelle qui peut être celle du penseur ou de l'artiste.
- Le travail est-il libre et épanouissant (Marx) ou réservé aux esclaves (Aristote, Nietzsche) ?
- On peut cependant soumettre ce point de vue à un certain nombre de critiques. D'une part, le travail n'est pas réductible au labeur : il est possible de trouver une véritable satisfaction à l'exercice d'un métier. D'autre part, on peut trouver contestable le fait d'opposer l'intérêt personnel et l'intérêt collectif au profit du premier.

3. Le travail moralisateur ?

Kant et Hegel soutiennent que le travail éduque à la liberté et à l'autonomie : il moralise. L'analyse par **Max Weber** de l'éthique protestante confirme le facteur de la « valeur travail » dans le développement du capitalisme.

On peut retourner la **critique contre Nietzsche** : son œuvre n'est-elle pas le produit d'un travail acharné ? D'autre part, défendre un idéal de « volonté de puissance » au profit d'individus « supérieurs », est-ce une conception de l'humanité que l'on peut partager ?

Néanmoins, on peut s'inquiéter des risques d'uniformisation et de collectivisation que fait peser sur l'humanité la société industrielle et de consommation de masse.

Les **risques d'uniformisation** se sont déplacés : Nietzsche dénonçait l'uniformisation par le travail industriel. Aujourd'hui, certains dénoncent l'uniformisation par des normes de consommation mondialisées (vêtements, alimentation, communication, etc.).

Conclusion

Le travail libère-t-il ou asservit-il ? Alors que l'Antiquité réservait le travail aux esclaves, la société capitaliste industrielle en a fait une valeur essentielle de l'essor économique et social. Kant, Hegel, Marx lui confèrent une valeur morale propice à la libération et à l'épanouissement de l'individu, même si Marx critique le caractère aliéné du travail dans le régime capitaliste.

Contre la positivité moderne du travail, Nietzsche rejoint l'Antiquité dans sa condamnation du travail : activité d'esclave, le travail sacrifie l'individu aux contraintes collectives. En faire une valeur serait vouloir réduire tous les individus à l'esclavage.

Ce débat reste actuel pour savoir si le travail est un **moyen ou** une **fin en soi**, s'il relève de la production matérielle ou de l'épanouissement moral. Cela dépend des formes et de la définition du travail, lequel, pour l'artiste par exemple, rejoint la réalisation de soi, mais, pour l'ouvrier d'usine, représente encore un asservissement.

Le progrès technique atténue la pénibilité physique du travail, mais il en augmente le stress psychique. Il semble donc que, malgré l'amélioration des conditions de travail, l'attrait des loisirs chez le plus grand nombre traduise l'idée que le travail reste une malédiction et une aliénation.

www.annabac.com

CHAPITRE

10 La religion (L, ES, S)

La religion est un phénomène remarquable par sa diversité, la multiplicité des croyances et des pratiques religieuses, et par son universalité : il n'y a pas de société humaine sans religion. Comment, philosophiquement, comprendre cette universalité ? L'expérience religieuse est celle du rapport à une transcendance, à un « tout autre » qui nous dépasse. Elle est née du sentiment qu'a l'homme de sa finitude. Est-elle, alors, un renoncement à la raison ? Et un monde sans religion est-il possible ?

Repères Absolu/Relatif • Croire/Savoir • Transcendant/Immanent

I Qu'est-ce qu'une religion ?

A Une étymologie ambiguë

On peut rattacher le mot « religion » à deux verbes latins : *religare,* « relier » (ce qui relie les hommes entre eux, ou à Dieu), ou *religere,* « recueillir », qui renvoie à l'idée d'observance, de scrupule. Ces deux pistes étymologiques révèlent en tout cas le **double aspect de la religion** : l'aspect individuel (la piété, la foi), et l'aspect social (les pratiques rituelles).

B Le sacré et le profane

La religion est un phénomène remarquable à la fois par sa **diversité** (les formes de religions sont multiples) **et** son **universalité**. Les manifestations de la vie religieuse existent en effet dans toutes les sociétés, et toutes divisent le monde en deux domaines opposés, le sacré et le profane.

Le sociologue **Émile Durkheim** (1858-1917), le premier, a soutenu que la division du monde entre **réalités sacrées** et **réalités profanes** constitue le dénominateur commun de toutes les religions (*Les Formes élémentaires de la vie religieuse*, 1912).

Le sacré est fait d'êtres, de choses, de lieux ou de moments dans lesquels l'homme religieux voit la manifestation d'une puissance supérieure, à la fois maléfique et bénéfique, terrifiante et adorable, qui ne peut être abordée qu'avec précaution, c'est-à-dire **rituellement**. Le sacré est donc une dimension fondamentale de la vie religieuse, mais aucune religion ne sacralise la totalité du monde. Le caractère exceptionnel du sacré ne peut apparaître que sur fond du monde ordinaire : le profane.

C L'expérience de la transcendance

C'est en considérant la religion comme un phénomène social et collectif que Durkheim la définit par l'opposition du sacré et du profane. Mais que nous dit cette opposition sur le contenu individuel de l'expérience religieuse ? Si l'homme religieux isole un domaine sacré du reste du monde profane, c'est qu'en ce sacré se révèle une **transcendance**, un « tout autre », à la fois terrible et fascinant.

C'est ce « tout autre » que le théologien Rudolf Otto appelle le « **numineux** » (du latin *numen,* « la divinité »), pour ne pas le réduire au Dieu des religions monothéistes.

Toute religion naît ainsi du sentiment qu'a l'homme de sa finitude et de sa dépendance à l'égard d'une puissance qui le dépasse. L'attitude religieuse par excellence est alors la **foi**.

La **finitude** désigne l'expérience que l'homme fait de sa condition d'être mortel. « Un peu de terre sur la tête, écrit Pascal dans ses *Pensées*, et c'en est fini pour jamais. »

II La foi et la raison

Comme son étymologie (du latin *fides*) l'indique, la foi est « confiance » : le fidèle (littéralement « celui qui a la foi ») s'en remet à Dieu parce qu'il se sait borné, fini, et que Dieu est une puissance infinie. La foi est alors une conviction qui engage tout l'individu, une **adhésion totale** à ce qui reste pour lui un mystère indéchiffrable et qui peut être vécue, comme l'a montré Kierkegaard, dans l'**angoisse**.

Se pose alors le problème des **rapports entre la foi et la raison**, c'est-à-dire entre la religion et la philosophie. L'acte de foi a rapport à des vérités jugées essentielles, mais mystérieuses, situées au-delà de ce que la raison

Opposé au christianisme officiel, **Søren Kierkegaard** (1813-1855) pense la foi comme un engagement absolu et angoissant. Ainsi, dans la Bible, Abraham, au-delà de toute raison, obéit à Dieu quand celui-ci lui demande de sacrifier Isaac, son fils unique.

ZOOM

La philosophie au service de la théologie : les preuves de l'existence de Dieu

▲ Michel-Ange, *La Création d'Adam*, 1508-1512. Plafond de la chapelle Sixtine, Vatican.

▶ Pour les théologiens du Moyen Âge, mettre la philosophie au service de la religion signifie essentiellement **prouver l'existence de Dieu** et montrer ainsi que la foi en Dieu peut être une **foi éclairée**.

▶ Au XVIIIe siècle, **Kant** distingue **trois** grands types de **preuves** de l'existence de Dieu :

1. La preuve « **physico-théologique** », qui prétend démontrer Dieu à partir de l'ordre et de l'harmonie existant dans le monde.

2. La preuve « **cosmologique** », qui affirme que seul un être qui est à lui-même sa propre raison d'exister (Dieu) peut être la raison suffisante du monde (si le monde existe, alors Dieu existe).

3. La preuve « **ontologique** », qui prétend déduire l'existence de Dieu de la nature de Dieu (Dieu étant par définition un être parfait, il ne peut lui manquer l'existence).

▶ Pour Kant, aucune de ces preuves n'est concluante : il est **impossible de démontrer l'existence de Dieu par la raison**. Dieu n'est pas un objet de connaissance.

peut saisir, et qui sont l'objet d'une **révélation** et non d'une compréhension. Ce que Pascal appelait, pour les distinguer des vérités de raison, des « **vérités du cœur** ».

Est-ce à dire que les deux domaines de la foi et de la raison sont totalement séparés ? Les rapports entre la philosophie et la religion ont toujours été complexes. Dès le Moyen Âge, certains philosophes théologiens (Anselme de Canterbury, Thomas d'Aquin...) ont affirmé le principe d'une **collaboration** entre la foi et la raison en cherchant à mettre la philosophie « au service de la théologie ».

Au XIIe siècle, dans sa *Somme théologique*, **Thomas d'Aquin** tente de concilier la philosophie d'Aristote et la Bible.

Mais il reste que, du point de vue religieux, c'est incontestablement sur la faiblesse de la raison que se fonde la nécessité de la foi. Les religieux peuvent ainsi voir un risque de profanation dans la prétention de la philosophie à discourir sur Dieu, sur l'origine du monde ou sur l'âme, qui relèvent des mystères de la révélation.

Inversement, la philosophie a eu à secouer le joug que les siècles religieux du Moyen Âge ont fait peser sur elle, et à revendiquer son **autonomie**, c'est-à-dire le droit de la raison à réfléchir librement, sans être limitée ni contrainte par les dogmes religieux.

III Les critiques de la religion

A La philosophie des Lumières

En revendiquant son autonomie vis-à-vis de la religion, la raison ne va-t-elle pas s'orienter vers une attitude critique ?

C'est en tout cas cette critique qui se fait jour au XVIIIe siècle chez de nombreux philosophes contestant à la fois l'absurdité de certains dogmes et, sur un plan politique, l'intolérance, l'oppression et la domination auxquelles concourt l'obscurantisme religieux.

Diderot, Voltaire, Condorcet ont été des illustrations exemplaires de cette attitude critique. Celle-ci n'était pas nécessairement athée. Elle s'est même faite souvent au nom de l'idéal d'une **religion naturelle** débarrassée de ce que les rites ont d'inutile et les croyances d'absurde.

B L'illusion religieuse

■ Lorsque Marx, au XIXe siècle, dira de la religion qu'elle est « l'**opium du peuple** » (formule qu'il n'a d'ailleurs pas inventée), il déplace la critique en la radicalisant. En effet, pour le siècle des Lumières, les préjugés religieux naissent de l'ignorance, et il suffirait de développer la raison pour les faire disparaître. Alors que Marx, lui, voit dans la religion non seulement une erreur, mais une **illusion**.

■ Car il ne suffit pas de dissiper une illusion pour qu'elle cesse. L'illusion traduit un **manque**, un désir non assouvi. Elle ne peut cesser que si disparaît, ou se réalise effectivement, le désir qui lui a donné naissance.

■ Pour Marx, la religion est la réalisation rêvée de l'homme dans un **au-delà imaginaire**, parce que la société dans laquelle il vit ne lui permet pas de réalisation effective. Par conséquent, seule la transformation réelle de la société permettra de dissiper l'illusion religieuse.

C Les philosophies du soupçon

■ Il est possible de rapprocher l'analyse marxiste de la religion des analyses qu'en font aussi, à la même époque que **Marx**, **Nietzsche** puis, au début du XXe siècle, **Freud**. Tous trois « philosophes du soupçon », ils cherchent à démystifier l'illusion religieuse en en faisant le symptôme d'autre chose, c'est-à-dire en la ramenant aux conditions réelles qui l'ont produite.

C'est au philosophe français **Michel Foucault** (1926-1984) qu'on doit d'avoir caractérisé les philosophies de Marx, Nietzsche et Feud de « **pensées du soupçon** ».

■ Pour **Marx**, la religion est une idéologie consolatrice de la misère réelle des hommes. Pour **Nietzsche**, elle est l'expression d'une volonté qui se réfugie dans les « arrière-mondes » faute d'être assez forte pour affirmer la vie, le propre de l'homme « réactif » qui cherche à l'existence un sens extérieur et une consolation. Pour **Freud** aussi, qui consacre un livre à l'analyse de la religion (*L'Avenir d'une illusion*, 1927), la religion est une illusion qui s'explique par une situation psychologique originaire : Freud voit en elle une « névrose obsessionnelle de l'humanité » née du sentiment de culpabilité engendré par le « meurtre originel » du père de la horde humaine primitive.

■ Toutes ces analyses sont similaires, puisqu'elles cherchent à réduire la religion à **autre chose qu'elle-même**, à voir dans l'homme, dans ses conditions sociales ou psychologiques, la clé des croyances religieuses. Mais elles sont en même temps incompatibles, puisque chacun de ces « philosophes du soupçon » ne soupçonne pas la même chose dans la religion.

On voit ainsi que toute analyse réductrice de la religion est exclusive des autres et que, par là, elle est peut-être simplificatrice : ne passe-t-elle pas à côté de la complexité du phénomène religieux ?

IV Un monde sans religion est-il possible ?

Une autre objection peut être faite aux critiques radicales de la religion que sont les philosophies de Marx, de Nietzsche ou de Freud. Ces philosophies pensent en effet qu'une humanité sans religion serait une humanité plus accomplie, plus forte ou plus libre.

Mais est-il seulement possible de penser un monde sans religion ? L'**universalité** du fait religieux ne montre-t-elle pas, au contraire, que le sentiment religieux est naturel à l'homme, né de l'expérience de sa finitude ?

Les sociétés modernes occidentales sont, de ce point de vue, remarquables au plan historique parce que ce sont des sociétés **sécularisées**, c'est-à-dire des sociétés que le philosophe contemporain Marcel Gauchet dit être en train de sortir de la religion : celle-ci devient un libre choix individuel, elle ne rythme plus la vie sociale et ne détermine plus l'existence collective.

> Le livre de **Marcel Gauchet** où cette thèse est développée est *Le Désenchantement du monde* (1985).

L'homme moderne, dit l'anthropologue Mircea Eliade, est un homme **a-religieux**. Mais Eliade remarque également que certaines de nos pratiques sociales les plus ordinaires sont encore, à leur insu, tout imprégnées de religiosité : pendre la crémaillère rappelle un temps où la maison était un lieu sacré, et un match de football ou une commémoration nationale gardent des allures de communion. La difficulté est d'interpréter le phénomène. Est-ce que ce sont là de simples traces fossiles du passé religieux de l'humanité, ou bien l'indice que la modernité la plus sécularisée ne peut parvenir à s'affranchir complètement de toute religiosité ?

RÉCAPITULONS

L'universalité du phénomène religieux	→ Le sacré et le profane	→ Durkheim
L'expérience de la transcendance	→ La foi au-delà de la raison ? → La raison au service de la foi ?	→ Pascal → Anselme de Cantorbury, Thomas d'Aquin
Les critiques de la religion	→ La critique rationaliste : une religion naturelle « dans les limites de la simple raison » (Kant) → La religion comme illusion	→ La philosophie des Lumières (XVIIIe siècle) → Les philosophies du soupçon : Marx, Nietzsche, Freud

« CITATIONS

- La dernière démarche de la raison est de reconnaître qu'il y a une infinité de choses qui la surpassent.

Pascal, *Pensées*, 1669 (posthume).

- L'ignorance, la peur, voilà les deux pivots de toute religion.

Baron d'Holbach, *Système de la nature*, 1770.

- La religion sans la conscience morale n'est qu'un culte superstitieux.

Emmanuel Kant, *Réflexions sur l'éducation*, 1776.

- De toutes les tyrannies qui frappent l'humanité, la pire est la tyrannie en matière de religion.

Thomas Paine, *The Age of Reason*, 1793.

- La religion est le sens et le goût de l'infini.

Friedrich Schleiermacher, *Discours sur la religion*, 1795.

- Religion : est nécessaire pour le peuple. Cependant, pas trop n'en faut.

Gustave Flaubert, *Dictionnaire des idées reçues*, 1913 (posthume).

Dégager l'argumentation d'un texte

LA DÉMARCHE

Un texte philosophique est en principe **argumentatif**. L'auteur s'adresse à la raison du lecteur pour le convaincre de la justesse de sa thèse. Les arguments sont de plusieurs types : objection, réfutation, preuve, exemple, etc. Ils s'appuient, soit sur la **logique** (démontrer que l'adversaire se contredit), soit sur les **faits** (preuve ou témoignage). Il faut donc, lorsqu'on veut expliquer un texte, bien s'attacher à mettre en évidence l'**enchaînement** des arguments.

- Vous devez d'abord repérer les **connecteurs logiques** qui introduisent un argument (*mais, or, donc, en effet, puisque, ainsi, par contre*...). Un argument n'est pas toujours forcément précédé d'un connecteur.
- Puis il vous faut distinguer le **type d'argument** (réfutation, affirmation, condition, objection, preuve...).
- Vous devez enfin dégager les **étapes de l'enchaînement** argumentatif. Souvent, il recoupe les étapes du texte, mais pas nécessairement.

(Voir aussi Méthode, chap. 1, 4, 5, 7.)

L'EXEMPLE COMMENTÉ

« Ce qu'il y a de plus important dans l'éducation, ce n'est pas d'apprendre plus ou moins de latin et de grec, ni même de géométrie ou de physique, c'est de former une âme capable de grandes actions, c'est de donner des principes qui résistent aux passions de la jeunesse et aux intérêts de l'âge mûr, c'est de faire aimer la gloire et la patrie. Examinons de ce point de vue ce que les enfants gagnent à être élevés par des prêtres dans les principes de la morale chrétienne.

En supposant qu'une religion soit utile, ce sera sans doute celle qui promet le ciel aux grandes actions, qui ouvre un enfer pour le crime, mais laisse à la raison et à la conscience de chacun à juger du juste et de l'injuste. S'il existait une religion qui promît le ciel aux bonnes actions, qui prodiguât des supplices éternels pour les mauvaises, mais dont les prêtres fussent juges de la conscience, on ne peut nier qu'une telle religion ne soit plus propre à former des esclaves pour les prêtres que des hommes pour la patrie. Or, telle est la religion chrétienne.

Condorcet, *Examen des effets de l'éducation sacerdotale* (sans date),
in Pierre Kahn, *Condorcet. L'école de la raison*, Paris, Hachette, 2001, p. 96.

Sans la Révolution, **Condorcet** fonde l'instruction publique et laïque. C'est pourquoi il se demande si la religion est compatible avec l'éducation morale.

- Ce texte est une argumentation en faveur d'une thèse énoncée dans la conclusion. Il importe donc de bien comprendre le mouvement du raisonnement de Condorcet jusqu'à la conclusion finale, de bien en repérer les étapes et de mettre en évidence ses articulations logiques.

- Le texte commence par l'énoncé d'un **principe général**. C'est la définition du but général de l'éducation : former « une âme capable de grandes actions » (l. 3). Énoncé scandé par la répétition de « c'est de… » (l. 2-5). En logique, cela s'appelle **la majeure** d'un syllogisme.

- Puis, le texte formule une **hypothèse** sous la forme d'une question : la religion chrétienne permet-elle d'élever les enfants dans ce but ? On vérifie si un cas particulier obéit au principe général : c'est **la mineure** d'un syllogisme.

- Pour répondre à la question posée, on définit à quelles conditions une religion est **utile** à l'éducation, pour former « une âme capable de grandes actions » (l. 3). À deux conditions, inséparables : promettre le ciel aux bonnes actions et l'enfer aux mauvaises, et laisser la **conscience libre** de juger du juste et de l'injuste.

- À quelles conditions une religion est-elle **nuisible** ? Quand elle remplit la première condition (promettre le ciel ou l'enfer), mais non la seconde, en confiant aux prêtres le pouvoir de juger la conscience de chacun. Une telle religion forme des « esclaves pour les prêtres » (l. 12-13), non des citoyens libres.

- **Conclusion** du syllogisme : « **Or** » (l. 13) la religion chrétienne confie l'examen de conscience aux prêtres (la confession)… Complétons : **donc** elle est une religion nuisible pour l'éducation. CQFD (*ce qu'il fallait démontrer*).

SE TESTER QUIZ

1 Quelle est la forme commune à toute religion ?

- ☐ a. La croyance en Dieu
- ☐ b. L'existence d'un clergé
- ☐ c. L'opposition d'un domaine sacré et d'un domaine profane

2 Dire de la philosophie qu'elle est « au service de la théologie », signifie que :

- ☐ a. la philosophie doit s'effacer devant la croyance aux dogmes religieux
- ☐ b. de la philosophie dépend l'acceptation des vérités de la religion
- ☐ c. la philosophie peut aider à montrer la valeur de la religion, mais sans en contredire les dogmes

3 La religion naturelle implique :

- ☐ a. une religion sans dogmes
- ☐ b. une religion sans Dieu
- ☐ c. que chaque individu ait ses propres croyances

4 Quel philosophe, d'après vous, distingue entre une « religion de simple culte » et une « religion morale » ?

- ☐ a. Kant
- ☐ b. Pascal
- ☐ c. Nietzsche

5 Pour ce philosophe, pourquoi la religion morale est-elle supérieure ?

- ☐ a. Parce qu'elle ne se contente pas de l'observance extérieure des rituels religieux
- ☐ b. Parce qu'elle peut se démontrer par la raison
- ☐ c. Elle n'est pas supérieure : elle n'est qu'une forme de religiosité parmi d'autres

6 Pourquoi Marx voit-il la religion comme une illusion ?

- ☐ a. Parce que Dieu n'existe pas
- ☐ b. Parce qu'elle projette dans un au-delà imaginaire la solution aux problèmes du monde réel
- ☐ c. Parce que la foi est irrationnelle

OBJECTIF BAC

L'explication de texte

7 Faites l'explication du texte suivant.

« Je considérais cette diversité de sectes [religions] qui règnent sur la terre et qui s'accusent mutuellement de mensonge et d'erreur ; je demandais : Quelle est la bonne ? Chacun me répondait : c'est la mienne ; chacun disait : moi seul et mes partisans pensons juste ; tous les autres sont dans l'erreur ; Et comment savez-vous que votre secte est la bonne ? Parce que Dieu l'a dit [...].

Dieu a parlé ! Voilà certes un grand mot. Pourquoi donc n'en ai-je rien entendu ? Il a chargé d'autres hommes de vous rendre sa parole. J'entends ! Ce sont des hommes qui vont me dire ce que Dieu a dit. J'aimerais mieux avoir entendu Dieu lui-même ; il ne lui en aurait pas coûté davantage, et j'aurais été à l'abri de la séduction. Il vous en garantit en manifestant la mission de ses envoyés. Comment cela ? Par des prodiges. Et où sont ces prodiges ? Dans les livres. Et qui a fait ces livres ? Des hommes. Et qui a vu ces prodiges ? Des hommes qui les attestent. Quoi ! toujours des témoignages humains ! toujours des hommes qui me rapportent ce que d'autres hommes ont rapporté ! que d'hommes entre Dieu et moi ! [...]

Voilà le scepticisme involontaire où je suis resté ; mais ce scepticisme ne m'est nullement pénible, parce qu'il ne s'étend pas aux points essentiels à la pratique et que je suis bien décidé sur les principes de tous mes devoirs. Je sers Dieu dans la simplicité de mon cœur. Je ne cherche pas à savoir ce qui importe à ma conduite. Quant aux dogmes qui n'influent ni sur les actions ni sur la morale, et dont tant de gens se tourmentent, je ne m'en mets nullement en peine. Je regarde toutes les religions particulières comme autant d'institutions salutaires qui prescrivent dans chaque pays une manière uniforme d'honorer Dieu par un culte public, et qui peuvent toutes avoir leurs raisons dans le climat, dans le gouvernement, dans le génie du peuple, ou dans quelque cause locale qui rend l'une préférable à l'autre. Je les crois toutes bonnes quand on y sert Dieu convenablement. Le culte essentiel est celui du cœur. Dieu n'en rejette point l'hommage, quand il est sincère, sous quelque forme qu'il lui soit offert.

Rousseau, *Émile ou de l'Éducation* (1762), livre IV,
Flammarion, coll. GF, 1996, p. 384-386.

1 Réponse **c.** **2** Réponse **c.** **3** Réponse **a.** **4** Réponse **a.** **5** Réponse **a.**
6 Réponse **b.**

OBJECTIF BAC

7 *Les titres et sous-titres servent à mettre en évidence la structure du corrigé, mais ne doivent pas figurer sur votre copie.*

Introduction

- Ce texte pose le problème de ce qui est essentiel dans une religion et de ce qui en fait la valeur. Devant la multiplicité des religions, comment reconnaître et choisir la bonne religion ?
- Pour l'auteur, les religions valent moins par la vérité à laquelle elles prétendent que par la **moralité des actes** qu'elles peuvent inspirer. La religion a une fonction pratique, et non pas théorique ; elle se juge d'après les actes, non d'après les dogmes.

On appelle **dogmes** les articles de foi regardés comme une vérité fondamentale. Par exemple, dans la religion catholique : les dogmes de la Trinité, de l'Immaculée Conception, de la Transsubstantiation.

- Rousseau part d'un doute et d'une perplexité devant la diversité des croyances religieuses pour conclure à la valeur pratique d'une religion conforme à la morale. Ce qui est pour lui le cas de la « religion naturelle », opposée aux religions révélées de la Bible.

I. Les étapes de l'argumentation

1. La diversité des religions et la révélation

- Rousseau part d'un **double constat** : il y a une diversité de religions et chacune prétend être la seule vraie.
- La première question est donc : comment chaque religion justifie-t-elle cette prétention à être la **seule vraie** ?
- La réponse que toutes les religions donnent à cette question est la **révélation** : « Je suis la religion qui émane directement de Dieu. »
- **Donc** les autres religions sont fausses.

2. Critique des insuffisances de la révélation

- Rousseau va alors se livrer à une critique de cette réponse. Son objection est que, dans aucune religion, Dieu **ne parle directement** aux hommes.

- La révélation ne vient pas directement de Dieu, mais d'intermédiaires : « Ce sont des hommes qui vont me dire ce que Dieu a dit » (l. 7-8) ; « que d'hommes entre Dieu et moi » (l. 14-15).
- Prophéties et miracles (les « prodiges », (l. 11) sont encore des témoignages humains ; la Bible a été écrite par des hommes.
- Rousseau conclut cette partie de son argumentation en avouant donc son « **scepticisme** » (l. 16) vis-à-vis de toutes les religions. Les religions se réfutent réciproquement. D'où le doute.
- « **Mais** » (l. 16) ce doute théorique sur les dogmes ne remet pas en cause la dimension pratique et morale de la religion.

3. La religion au service de la morale

- C'est en **faisant son devoir**, par la moralité de nos actions qu'on sert Dieu.
- Autrement dit, ce n'est pas le respect de l'observance rituelle qui compte, mais la **pureté de l'intention morale** qui préside au culte.
- Le **cœur contre la raison** : la simplicité du cœur suffit à nous dicter notre devoir ; c'est un « instinct divin ».
- La raison complique inutilement la connaissance des intentions de Dieu et nous égare.
- Les religions s'opposent par la **différence** de leurs dogmes, de leurs rites et de leurs cultes.
- Mais elles peuvent s'accorder en servant la **même morale**.
- C'est pourquoi toutes les religions particulières sont bonnes si elles aident, à travers leurs rites singuliers, au « culte du cœur ».

> On appelle **rites** les cérémonies religieuses qui composent le **culte** propre à une religion. Par exemple, le baptême, la communion, le mariage ou l'onction des malades, sont les principaux rites sacrés du culte catholique.

II. Discussion

1. Une critique du fanatisme religieux

- Du point de vue de la raison, les religions se réfutent réciproquement et paraissent toutes fausses ou douteuses.
- Aucune ne peut se réclamer de Dieu, puisque toutes reposent sur des témoignages humains.
- Il faut donc renoncer à chercher une religion « vraie », mais chercher une religion « bonne ». La théologie doit faire place à la morale.

2. Choisir sa religion : le cœur ou la raison ?

- Rousseau considère que chacun peut choisir librement sa religion. Mais l'enfant ne choisit pas et est éduqué dans une religion ou dans l'absence de religion.
- L'individu choisit-il sa religion ou accepte-t-il celle de son peuple et de sa famille ?
- **Paradoxe de Rousseau** : il argumente contre les religions révélées et en faveur de la religion naturelle, alors qu'il fait appel au cœur contre la raison dans le choix d'une religion.

3. Laïcité et tolérance

- Aucune religion ne peut prétendre à l'exclusivité ou au monopole. Ce texte justifie le **pluralisme religieux**.
- Celui-ci n'est pas fondé sur un relativisme (à chacun sa croyance, puisqu'on ne sait pas laquelle est la vraie), mais sur l'idée d'une **égale valeur morale** des religions. Il ne s'agit pas d'accepter de façon indifférente toutes les religions.
- Les raisons qui justifient la **tolérance religieuse** sont ici, en même temps, celles qui définissent les limites de cette tolérance : à savoir l'interdiction d'une religion qui n'accepterait pas le pluralisme religieux.

Conclusion

- En somme, ce n'est pas la question de la vérité des religions qu'il faut se poser (ce qui conduirait inévitablement à en choisir une au détriment des autres), mais celle de leur moralité (ce qui conduit à accepter la diversité des religions).
- Rousseau fonde ici ce qui deviendra la tolérance religieuse, défendue également par Voltaire et les autres philosophes des Lumières, ainsi que la laïcité théorisée par Condorcet sous la Révolution française.
- Le débat demeure actuel de savoir si les religions s'excluent mutuellement ou si elles convergent dans un même idéal moral. Dans le premier cas, on aboutit aux persécutions et aux guerres de religions ; dans le second, à un « œcuménisme » qui mettrait au second plan les différences théologiques, au profit d'une source morale commune qu'on retrouverait dans les dix commandements bibliques et tous les textes des autres religions.
- Mais alors, cela ne reviendrait-il pas à dissoudre les religions dans une **morale universelle**, comme le souhaitaient Rousseau et Kant, et les stoïciens bien avant eux ?

L'**œcuménisme** est un mouvement d'inspiration chrétienne visant à réunir les Églises et les religions par-delà leurs différences. Grâce au dialogue entre religions, on pourrait aboutir à une religion universelle.

www.annabac.com

CHAPITRE

11 L'histoire (L, ES)

L'histoire est née dans l'Antiquité grecque, avec des historiens comme Hérodote ou Thucydide. Mais c'est avec le XIXe siècle et l'entrée dans la modernité qu'elle devient une science majeure. Les révolutions et le progrès industriel rendent l'homme conscient des événements et le temps s'accélère. De plus, l'esprit scientifique remplace le point de vue religieux, et bouleverse la connaissance du passé de l'humanité. Aujourd'hui, tout est objet historique et l'histoire est devenue une passion populaire, avec des excès critiquables, comme le relativisme ou l'obsession de la conservation du passé.

Repères Absolu/Relatif • En fait/En droit • Idéal/Réel • Universel/Général/Particulier/Singulier

I Les deux sens du mot

■ Le mot « histoire » a, au moins, un **double sens** : il désigne, soit l'histoire qu'on raconte ou qu'on étudie, celle de l'historien (par exemple l'histoire de France), soit l'histoire des événements vécus, celle de l'homme d'action qui « fait l'histoire ».

■ La langue allemande utilise deux mots différents : *Geschichte* pour l'**histoire effective** (de *geschehen*, « se produire, avoir lieu »), et *Historie* pour l'étude et la **connaissance du passé** (du grec *historia*, « recherche, enquête »).

II Pourquoi l'histoire ?

■ D'où vient notre passion pour l'histoire ? L'époque contemporaine privilégie le **sens historique** : l'économie, l'art, les mentalités, les sciences, la philosophie, la morale, la religion, tout devient objet d'histoire. Il existe même une histoire de l'histoire (ou « historiographie »), où l'on étudie l'évolution des études historiques. Même la nature, pourtant symbole d'éternel recommencement, est désormais conçue sous l'angle d'une « histoire naturelle » (depuis Buffon au XVIIIe siècle).

L'***Histoire naturelle*** de Buffon (à partir de 1749) culmine avec la publication des *Époques de la nature* (1778), qui récuse l'idée d'une nature immuable. La découverte de fossiles oblige en effet à supposer des espèces disparues, donc des mutations dans la nature.

■ Cet engouement pour le sens historique installe **précarité et relativité** en toutes choses : tout est critiquable, puisque éphémère ; plus rien n'est sacré, puisque tout est mortel : les Égyptiens n'adoraient-ils pas les chats ? La vérité elle-même devient historiquement relative aux yeux de certains historiens (ce qui pose de sérieux problèmes examinés plus loin).

A Le besoin d'histoire

■ Le besoin d'histoire prolonge des fonctions anciennes : d'abord, garder la **mémoire du passé**. Pourquoi ? Pour **fonder une identité** : appartenir à un peuple, c'est partager une mémoire commune. C'est pourquoi l'école enseigne l'histoire du pays pour former le **citoyen**.

■ Tacite, le plus grand des historiens latins, assigne à l'histoire une tâche d'**édification morale** : « C'est la tâche principale de l'annaliste [celui qui rapporte l'histoire année par année] de ne pas passer sous silence les vertus, et d'inspirer aux paroles et aux actions perverses la crainte de l'infamie réservée pour la postérité. »

Les *Annales* de **Tacite** racontent la décadence de l'Empire romain à partir de la mort d'Auguste et la perte de liberté qui s'en est suivie. Le récit suit l'ordre des années, d'où son titre d'*Annales*.

■ L'historien se fait le juge moral de son époque. Longtemps, d'ailleurs, les *Vies parallèles* de **Plutarque**, qui rapporte les vies exemplaires des grands Anciens, a servi de référence morale à des jeunes comme Rousseau.

■ **Bossuet**, au contraire, met en garde contre une curiosité malsaine qui serait attirée par le spectacle des folies païennes : l'histoire serait cause d'immoralité et de blasphème, et il y a de la vanité à vouloir ressusciter ce qui est mort.

■ L'histoire peut aussi répondre à un besoin de piété envers les morts. Selon Auguste **Comte**, l'histoire est un **culte des ancêtres** qui fonde l'unité sociale, et le progrès ne peut s'ancrer que dans la reconnaissance de la dette envers les morts (contre l'idée de révolution et de « table rase » du passé, le progrès suppose la tradition).

B Histoire et expérience

- Bossuet admet cependant que, pour un prince, l'histoire sert à **se situer dans le temps** (importance de la **chronologie**) et à sortir de son époque, pour adopter un point de vue universel.
- L'histoire « **étend notre expérience** à tous les siècles passés », selon **David Hume** : elle instruit en divertissant, car elle permet à l'individu de s'approprier les connaissances accumulées par l'humanité avant lui. Sans l'histoire, chaque génération devrait tout recommencer à zéro, et il n'y aurait aucun progrès : « Un homme versé dans l'histoire peut être regardé comme ayant vécu depuis le commencement du monde », dit Hume.
- Cette idée d'une transmission de l'expérience se retrouve dans l'image selon laquelle « nous sommes des nains assis sur des épaules de géants » (Bernard de Chartres, XIIe siècle) : c'est grâce à l'accumulation des connaissances de nos ancêtres que nous pouvons voir plus loin qu'eux et progresser.

C Mythe et histoire

- Le rapport au passé peut prendre d'autres formes, tel le **mythe** dans les sociétés anciennes. Le mythe rappelle l'origine, sans l'épaisseur du temps, pour éterniser l'état présent (justifier la famille royale en place, par exemple).
- L'histoire cherche dans le passé les raisons des changements futurs. Le besoin moderne d'histoire répond à un **besoin de rationalité**. Car l'histoire suppose un désenchantement du monde, l'élimination des facteurs surnaturels.
- L'histoire doit **expliquer l'action humaine à partir de causes immanentes** (= ne faisant pas appel à l'intervention du ciel), physiques et morales (voir « les causes de la Première Guerre mondiale »), ou au moyen de lois de l'histoire qui ordonnent le chaos apparent des faits.
- C'est par cette recherche des lois que l'histoire se distingue de la **chronique**, qui se contente de narrer la chronologie des faits. C'est ainsi que Montesquieu élabore *L'Esprit des lois*, que Hegel voit dans l'histoire la loi de la raison, et Marx la loi de la lutte des classes.

> Établir des **lois** fonde la scientificité **de l'histoire**, mais expose au risque de l'illusion rétrospective (interpréter le passé à partir des préjugés actuels) et du déterminisme (l'homme est le jouet d'une histoire changée en destin.

III L'histoire est-elle une science ?

Cette question pose celle de l'**objectivité** de l'histoire. L'histoire ne peut être une science exacte ou expérimentale comme la physique. Car elle ne se répète pas et on ne peut y reproduire une expérience comme en sciences naturelles.

Elle est donc une science « morale » ou « humaine », qui repose sur le travail de l'historien. C'est la déontologie de l'historien qui fonde la valeur scientifique de l'histoire.

La **déontologie de l'historien** l'oblige à recouper des témoignages différents sur un même événement, à vérifier l'authenticité et les sources d'un document, ou encore à se garder d'interpréter le passé selon ses préférences politiques.

IV L'histoire a-t-elle un sens ?

A Temps cyclique ou temps linéaire

Remarquons d'abord que la conception de l'histoire dépend de la représentation du temps, selon qu'elle est linéaire ou cyclique (voir chap. 6). La conception moderne et optimiste de l'histoire comme progrès suppose un **temps linéaire**, orienté ou finalisé.

Au contraire, la **représentation cyclique** du temps, inspirée du rythme des saisons, induit plutôt un fatalisme et un pessimisme historiques, où prédomine l'idée d'une décadence et d'une mort des civilisations (Montesquieu).

B L'événement

Chercher un sens à l'histoire, c'est d'abord vouloir lui donner une unité rationnelle, par-delà le désordre apparent des événements. Pour cela, on doit pouvoir **distinguer l'essentiel de l'accidentel**.

On dira qu'un événement **historique** est celui qui va dans le sens de l'histoire ou marque une étape importante dans le cours de l'histoire. Ainsi l'assassinat d'un seul homme peut avoir une importance historique (l'attentat de Sarajevo, en juin 1914, est à l'origine de la Première Guerre mondiale), alors que des famines ou des guerres peuvent n'avoir aucune incidence historique.

L'importance morale ou humanitaire ne doit pas être confondue avec l'importance historique ou politique.

La place de l'**événement** partage les historiens. L'histoire « événementielle » privilégie le récit chronologique. L'**école des Annales** de Lucien Febvre et Marc Bloch (1930), elle, défend une histoire de la longue durée, centrée sur la démographie et l'économie.

C La fin de l'histoire

■ Les grandes **philosophies de l'histoire**, celles de **Kant** ou de **Hegel** (*La Raison dans l'histoire*), considèrent que la liberté est la « fin de l'histoire » : une fois qu'une société libre est réalisée, l'histoire est « finie ». Non que le temps s'arrête, mais aucun nouveau progrès n'est possible.

■ Pour **Marx**, la fin de l'histoire est une société sans classes (communisme), le « moteur » de l'histoire étant la **lutte des classes**. Alors que Hegel développe un idéalisme historique (l'histoire universelle est la réalisation de l'idée de liberté), Marx défend un « **matérialisme historique** », selon lequel les conditions matérielles de production déterminent chaque époque historique.

L'Américain Francis **Fukuyama** reprend cette thèse dans *La Fin de l'Histoire et le dernier homme* (1992), soutenant que la chute du communisme marque la victoire définitive de la démocratie, donc la **fin de l'histoire** au sens hégélien.

V Avantages et dangers de l'histoire

A Le relativisme

■ Le principal avantage et le principal inconvénient de l'histoire est le relativisme qu'elle induit, c'est-à-dire le sentiment que **rien n'est stable**, et que ce qui vaut aujourd'hui, ne valait rien hier, et ne vaudra rien demain.

■ Le relativisme historique présente le risque d'un **doute radical concernant la vérité** : certains historiens réduisent en effet la vérité à un système de croyances propre à chaque société et à chaque époque : ainsi, la vérité des Grecs n'est pas celle des Égyptiens, ni celle des Chinois. À chacun sa vérité...

■ L'histoire elle-même devient une science relative à son époque... Cela conduit à un scepticisme, voire à un **nihilisme** : si tout peut être vrai à telle ou telle époque, rien n'est vrai, et tout se vaut ! Cet historicisme conduit à la perte des valeurs.

■ Néanmoins, l'avantage du relativisme historique est qu'il **nous libère des préjugés** de notre temps, en nous ouvrant à d'autres époques. L'histoire nous rend **plus curieux et plus tolérants** envers ce qui est différent ; elle contribue à effacer les incompréhensions entre les époques, mais aussi entre les peuples.

L'**« historicisme »** repose sur l'idée que tout est historique et donc relatif. Dès lors, les valeurs sont relatives, y compris la conception de la vérité.

ZOOM

Hegel et la « ruse de la raison »

▲ Jacob Schlesinger, *Portrait de Hegel*, 1831. Alte Nationalgalerie, Berlin.

▶ Georg Wilhelm Friedrich Hegel (1770-1831) est le plus grand philosophe de l'histoire. À la lumière de Kant et de la Révolution française, il interprète l'histoire comme **progrès de la raison et de la liberté** : « L'histoire universelle est le progrès dans la conscience de la liberté. » Les grandes étapes de ce progrès sont l'Empire perse, la Cité grecque, la République romaine, enfin l'État germanique (l'État de droit).

▶ Le philosophe a pour fonction de comprendre ce **sens rationnel**, souvent **caché** sous la confusion des événements. Hegel considère donc qu'on ne peut comprendre le sens d'une époque qu'après coup : « L'oiseau de Minerve prend toujours son envol au crépuscule. » C'est pourquoi la chouette est le symbole du philosophe.

▶ Cette interprétation rationnelle est rendue nécessaire par la « **ruse de la raison** » : la raison se réalise à travers les passions humaines. Car « rien de grand ne s'est accompli dans le monde sans passion », et les personnages historiques comme César ou Napoléon ont, par leur ambition égoïste, involontairement servi le progrès historique de la liberté.

▶ Hegel a fortement **inspiré Marx**, mais a été **contesté par Schopenhauer** pour qui l'histoire n'est qu'un éternel recommencement : *Semper eadem sed aliter* (« C'est toujours pareil, mais autrement »).

B Les leçons de l'histoire

■ On dit souvent aussi que la connaissance de l'histoire permet de ne pas refaire les mêmes erreurs : on parle alors de « **tirer les leçons de l'histoire** » (“plus jamais ça”).

■ Mais Hegel rappelle que l'histoire ne se répète **jamais à l'identique**, et qu'il est illusoire de vouloir tirer des leçons du passé, puisque les circonstances ne se représenteront jamais de la même façon.

■ De fait, l'histoire réserve souvent des **surprises**, même aux meilleurs historiens (bien peu avaient prévu la chute rapide de l'URSS et du mur de Berlin). **L'histoire reste imprévisible**, et les leçons du passé ne doivent pas empêcher de rester prudent dans ses pronostics.

RÉCAPITULONS

Pourquoi l'histoire ?	Une science de l'histoire ?	Une philosophie de l'histoire
→ Pour accroître son expérience → Pour fonder l'identité → Pour l'édification morale	→ Des lois rationnelles → Une déontologie → Le risque du relativisme	→ Sens et fin de l'histoire ? → Progrès ou temps cyclique ? → La « ruse de la raison »

« CITATIONS

■ On peut appeler “ruse de la raison” le fait que celle-ci laisse agir à sa place les passions, en sorte que c'est seulement le moyen par lequel elle parvient à l'existence qui éprouve des pertes et subit des dommages.

G. W. F. Hegel, *La Raison dans l'Histoire*, 1828.

■ Les hommes font leur histoire eux-mêmes ; mais ils ne la font pas arbitrairement, dans des conditions choisies par eux : ils la font dans des conditions données, directement héritées du passé.

Karl Marx, *Le 18 Brumaire de Louis Bonaparte*, 1852.

■ La tendance des historiens est de considérer tout à la fois que le passé a été fatal et que l'avenir est indéterminé. Or ces deux propositions sont contradictoires.

Raymond Aron, *Étapes de la sociologie*, 1967.

Construire le plan d'une dissertation (1)

LA DÉMARCHE

Le plan d'une dissertation comprend généralement **trois parties**.

- La **première partie** répond à la question en adoptant le point de vue du sens commun, la réponse qui paraît **la plus évidente**.
- La **deuxième partie** présente des **objections ou** des **réserves**, et tente une réponse plus réfléchie. **Attention** ! Cette deuxième partie ne doit pas se limiter à la contradiction sans démontrer pourquoi la thèse est fausse.
- La **troisième partie** tente une synthèse qui tient compte des arguments opposés, en **tranchant** de la façon la plus rationnelle possible, ou en **déplaçant** le sens de la question. **Attention** ! Cette troisième partie ne doit pas paraître « couper la poire en deux », en donnant un peu raison à tout le monde.
- Chaque partie doit intégrer des **sous-parties** (deux ou trois) que vous remplirez avec un ou deux arguments ou exemples.

L'EXEMPLE COMMENTÉ

Faites le plan du sujet de dissertation suivant :
« Peut-on modifier le cours de l'histoire ? »

I Ce sont les hommes qui font l'histoire

- Les hommes changent le cours de l'histoire par les guerres ou les révolutions.
- Même sous une dictature, l'action des résistants change le cours de l'histoire.

II Mais l'histoire obéit à des lois nécessaires

- Des causes profondes déterminent le cours de l'histoire, qui échappent à la volonté humaine : la démographie, les mentalités, le milieu naturel.

b. Selon les philosophies de l'histoire, l'histoire a un sens et poursuit une fin (la liberté, l'égalité).

III Les hommes font l'histoire et en sont les produits

- La nécessité des lois historiques n'est pas une fatalité : elles enregistrent la régularité de l'action humaine après coup, mais n'empêchent pas l'action libre.
- L'histoire est faite surtout de surprises et d'imprévus, qui laissent libre cours à l'action. C'est le travail de l'historien qui organise **après coup** le passé selon des lois.

SE TESTER QUIZ

1 Que désigne l'expression la « fin de l'histoire » ?

- ☐ **a.** La fin des temps
- ☐ **b.** Le but que l'histoire tend à réaliser
- ☐ **c.** La mort des civilisations

2 À quelles conditions l'histoire peut-elle être une science ?

- ☐ **a.** Par le sérieux déontologique de l'historien
- ☐ **b.** Par la possibilité de faire des expériences
- ☐ **c.** Par le contrôle de l'État

3 Quel philosophe soutient que l'histoire réalise la raison ?

- ☐ **a.** Hegel
- ☐ **b.** Aristote
- ☐ **c.** Hume

4 Que soutient le « matérialisme historique » de Marx ?

- ☐ **a.** C'est la production matérielle qui détermine l'organisation d'une société
- ☐ **b.** L'histoire suit l'évolution de la nature
- ☐ **c.** L'histoire est soumise à une fatalité

5 Que soutient l'historicisme ?

- ☐ **a.** L'histoire s'accélère
- ☐ **b.** Tout est historique
- ☐ **c.** L'histoire est une suite de crises

6 La « ruse de la raison » chez Hegel signifie que :

- ☐ **a.** la raison dans l'histoire se réalise au moyen des passions
- ☐ **b.** l'apparence rationnelle de l'histoire est trompeuse
- ☐ **c.** l'histoire défie les lois de la raison

OBJECTIF BAC

Dissertation

7 Traitez le sujet de dissertation suivant :
« L'histoire est-elle tragique ? »

SE TESTER

1 Réponse **b.** **2** Réponse **a.** **3** Réponse **a.** **4** Réponse **a.** **5** Réponse **b.**
6 Réponse **a.**

OBJECTIF BAC

7 *Les titres et sous-titres servent à mettre en évidence la structure du corrigé, mais ne doivent pas figurer sur votre copie.*

Introduction

- L'histoire offre souvent le spectacle de tragédies sanglantes et cruelles, de peuples soumis à des guerres, des massacres, des persécutions. Elle semble progresser à l'ombre du malheur, laissant penser que « les peuples heureux n'ont pas d'histoire ».
- La question, pourtant, ne porte pas sur le spectacle de l'histoire, mais sur son sens. En effet, l'histoire serait tragique si ces conflits interminables n'avaient pas de sens et étaient sans issue. C'est donc la **question du sens et de la fin de l'histoire** qui est posée : les tourments de l'histoire sont-ils justifiés par une logique de progrès vers le bonheur et la liberté ? S'ils ne le sont pas, l'histoire est tragique.
- Nous examinerons d'abord ce qui fait le caractère tragique de l'histoire, puis ce qui peut donner un sens à sa violence.

I. « Tragédies » de l'histoire et histoire tragique

1. Les « tragédies » de l'histoire
Génocide, guerre civile, invasion…, les « tragédies » de l'histoire apportent de grandes souffrances et paraissent absurdes.

2. L'histoire est-elle tragique ?
La question est plutôt de savoir si l'histoire est **en elle-même** tragique. C'est-à-dire si, dans son ensemble, l'histoire est une tragédie qui apporte toujours le malheur à l'humanité, sans espoir.

3. Une violence insensée
L'histoire est une tragédie, si on considère qu'elle est faite de guerres et de massacres, et si on l'envisage comme une suite de conflits sanglants et insolubles : l'histoire serait alors cruelle et absurde.

II. L'histoire n'est pas tragique car elle a un sens

1. Replacer l'événement dans son contexte

Si un événement peut paraître tragique pris isolément, il prend un sens si on le replace dans le cours de l'histoire **où il apparaît utile**. Par exemple, les massacres de la Révolution française trouvent leur sens dans la conquête de la liberté et de la démocratie ; les guerres de Napoléon ont permis le progrès du droit en Europe.

2. La « ruse de la raison »

Ces tragédies ponctuelles apparaissent alors comme des « ruses de la raison » (Hegel) : **un malheur produit un bonheur**, l'ambition et l'égoïsme (de Napoléon) accouchent de la liberté et de l'égalité (en Europe). Ce que Hegel appelle la « **dialectique** » (une chose produit son contraire).

3. Des sacrifices nécessaires

Les « tragédies » de l'histoire sont le moyen nécessaire à l'avènement d'un monde meilleur.

> Le bon sens le dit bien : « On ne fait pas d'omelette sans casser des œufs. »

III. Pessimisme au plan théorique et optimisme au plan pratique

1. L'illusion du progrès

La croyance au progrès devient une illusion si on ne croit pas au sens de l'histoire. Cette croyance au progrès n'est-elle pas une version laïque de la providence divine ? Vouloir trouver un sens à l'histoire n'est-ce pas l'effet du besoin d'espérer ?

2. Un sens incertain et obscur

Il n'est pas sûr que notre monde soit « meilleur » que celui des Grecs ou des Égyptiens (cela dépend de quel point de vue). L'histoire fait preuve autant de progrès que de régressions, et semble plutôt une **alternance d'avancées et de reculs**, qu'un progrès continu. Soit il n'y a pas de sens de l'histoire, soit il nous reste obscur.

3. Connaissance tragique

On peut avoir une vision pessimiste de l'histoire quand on observe la bêtise, l'égoïsme, et la cruauté humaine, le règne de la force partout, la trahison des idéaux.

4. Optimisme pratique

Mais cela n'empêche pas de rester optimiste en pratique, d'agir par courage et volonté, pour faire triompher ses valeurs.

Conclusion

- Si le spectacle historique est souvent tragique en raison de sa violence, la connaissance tente d'y échapper en trouvant un sens à l'histoire, ce qui transforme ces tragédies en sacrifices nécessaires à la bonne cause. Mais l'action historique aussi peut échapper au tragique, même dans les périodes les plus sombres, grâce au courage et à la volonté de chacun

> Ainsi de l'engagement des membres de la Résistance qui, pendant la Seconde Guerre mondiale, se sont opposés à l'occupant nazi.

- Cependant, le plus tragique est sans doute le **décalage** entre l'optimisme inlassable de l'action humaine et le spectacle désespérant des tragédies toujours renouvelées de l'histoire.

La raison et le réel

CHAPITRE

12 Théorie et expérience (L)

Les théories doivent-elles, pour être validées, se mesurer à l'expérience ? Cela semble la règle la plus élémentaire de la méthode des sciences dites, précisément, « expérimentales ». Mais l'expérience elle-même résulte d'une activité de l'esprit, de sorte que, s'il n'y a pas de théorie scientifique sans confirmation expérimentale, il n'y pas non plus d'expérimentation sans théorie qui la guide.

Repères En théorie/En pratique • Universel/Général/Particulier/Singulier

I L'expérience, juge de la théorie ?

A La théorie : une vue de l'esprit ?

- Tiré directement du grec *theôria*, le mot « théorie » signifie chez Platon « **vue de l'esprit** », « contemplation ».
- Le langage courant reprend volontiers ce sens, mais en lui donnant une coloration **négative** qu'il ne possède pas chez Platon : une vue de l'esprit manque de réalité tant qu'elle n'a pas été confrontée à l'expérience, et c'est le plus souvent avec méfiance qu'on qualifie de « théoriques » des idées trop éloignées des faits ou du vécu.

B L'empirisme

- L'expérience n'apparaît-elle pas alors comme le juge de toute théorie ? Il semble de bon sens de répondre par l'affirmative à cette question, mais une telle réponse engage en fait une philosophie particulière, l'**empirisme**, dont l'*Essai sur l'entendement humain*, de l'Anglais John Locke (1690), peut être présenté comme le manifeste.

ZOOM

L'allégorie de la caverne : l'expérience comme illusion

▲ René Magritte, *La Condition humaine*, 1935. Museum and Art Gallery, Norwich Castle.

▶ Au livre VII de *La République*, Platon recourt à l'**allégorie** suivante. Imaginons, dit-il, une caverne profonde et obscure ouverte d'un seul côté sur la lumière du jour. Adossés à un muret de pierre et enchaînés depuis leur enfance, des hommes ne peuvent regarder que devant eux, vers la paroi du fond de la caverne. Derrière eux, un sentier étroit et escarpé, bordé d'un muret, monte vers la lumière du jour. Derrière le muret, passent des hommes portant des figurines d'hommes et d'animaux. Comme leurs chaînes les empêchent de tourner la tête, les prisonniers ne les voient pas, mais voient leurs ombres, projetées sur la paroi du fond de la caverne. Ils croient donc que ces ombres sont les objets eux-mêmes. Ces prisonniers, dit Platon, nous ressemblent et le monde de la caverne est pareil à celui dans lequel nous vivons.

▶ La leçon de cette allégorie est que **le monde de l'expérience sensible n'est qu'une illusion** (nous prenons les ombres des objets pour les objets eux-mêmes). La connaissance vraie commence donc par l'arrachement aux apparences, pour apprendre à se tourner vers les véritables réalités qui, elles, sont purement **intelligibles**.

L'esprit, dit Locke, est d'abord une page blanche, une « **table rase** ». « L'expérience est le fondement de toutes nos connaissances, c'est de là qu'elles tirent leur première origine. »

À cette philosophie empiriste, d'autres ont pu s'opposer. Ainsi, Leibniz fait à Locke l'objection suivante : il est vrai que rien n'est dans l'intelligence qui ne soit d'abord dans les sens, sauf... l'intelligence elle-même.

Les *Nouveaux Essais sur l'entendement* de **Leibniz** (1704) se présentent comme une tentative de réfutation de l'empirisme de Locke.

De même, pour Kant, toute notre connaissance « **débute** » **avec** l'expérience. Mais cela ne signifie pas qu'elle en « **dérive** ». Ne faut-il pas, pour qu'il y ait connaissance, l'action du pouvoir propre de l'esprit afin que soit organisé le matériau sensible ?

La connaissance n'est pas faite seulement d'un ensemble de données disparates et sans ordre ; elle nous permet l'accès à un monde organisé où peuvent se repérer des **lois**. Or, ces lois ne peuvent être dérivées de l'expérience, puisqu'elles sont universelles et nécessaires, et que l'expérience ne nous informe que d'événements particuliers.

Nous connaissons donc a priori, c'est-à-dire indépendamment de l'expérience, quelque chose de la nature : non son contenu, mais sa **forme** de loi. Par exemple, bien que l'expérience soit nécessaire pour savoir quel effet donné dérive de telle cause donnée, nous savons cependant *a priori* que tout effet a une cause.

Une connaissance est dite **a priori** quand elle est indépendante de l'expérience. Elle est dite **a posteriori** lorsqu'elle dépend de l'expérience.

II La méthode expérimentale

A Triomphe de l'empirisme ?

La science expérimentale moderne semble avoir tranché la question des rapports entre théorie et expérience dans un sens **favorable à l'empirisme**. La qualifier d'« expérimentale » ne signifie-t-il pas que les théories scientifiques sont acceptées seulement si elles sont confirmées par l'expérience ?

Pourtant, une analyse plus approfondie de la méthode expérimentale rend moins évidente la vérité de l'empirisme. Celui-ci tend en effet à réduire les théories à n'être que des synthèses des faits observables.

Mais les concepts d'une théorie scientifique ne sont pas seulement des **descriptions** du monde ; ils veulent en être aussi des explications.
Si une théorie doit bien entendu rendre compte des données de l'expérience, les concepts qu'elle utilise pour le faire sont des **constructions** de l'esprit.

L'évolution, par exemple, n'est pas un fait d'expérience (personne n'a jamais vu une espèce en train d'évoluer), c'est un concept permettant d'expliquer certaines observations (la relation entre espèces actuelles et espèces fossiles, la distribution géographique d'espèces reliées par des ressemblances anatomiques ou morphologiques, etc.).

D'où la distinction entre un **fait et** une **loi**. Un fait est un événement singulier qui se produit en un temps et en un lieu donné. Une loi est une relation constante entre des faits qui **explique** que si l'un se produit, l'autre se produit aussi.

B Observation et expérience

L'analyse de la méthode des sciences expérimentales modernes semble donc en définitive donner raison à Kant contre l'empirisme : la nature est **muette**. Le monde de l'expérience n'est pas un livre ouvert qu'il suffirait de lire.

Il faut, avec Claude Bernard, **distinguer l'expérience de l'observation**. L'expérience est toujours guidée par des hypothèses (en science, dit Claude Bernard, on ne fait pas « d'expériences pour voir »). Elle est la réponse à un problème. La nature ne répond qu'aux questions que nous lui posons, et ces réponses ne sont pas compréhensibles en dehors du langage théorique dans lequel les scientifiques ont posé leurs questions.

Physiologiste, **Claude Bernard** (1813-1878) est l'auteur de l'*Introduction à l'étude de la médecine expérimentale* (1865), où il expose les règles de la méthode des sciences expérimentales.

Les faits sont toujours analysés à partir des catégories de la **théorie** qui les analyse. Par exemple, les atomes et les molécules n'ont aucune réalité observable indépendamment de la théorie atomique, et un « observateur » ignorant de cette théorie n'observerait en réalité rien du tout.

La théorie permet donc la **construction intellectuelle** des faits. Mais elle en permet aussi, comme l'a montré le philosophe des sciences Gaston Bachelard, la **production matérielle** : les faits ne sont observables que grâce à des instruments qui sont eux-mêmes des « théories matérialisées ». Il en sort, écrit Bachelard « des phénomènes qui portent de toutes parts la marque théorique ».

III Le problème de la vérification des théories

A La vérifiabilité des théories scientifiques

■ Le propre des théories scientifiques est cependant de pouvoir être **vérifiées par l'expérience**. Entre deux théories contraires, quel autre critère permettrait de trancher ? La possibilité d'un contrôle expérimental semble même ce qui permet de reconnaître le caractère scientifique d'une théorie, et de la distinguer d'une théorie non scientifique.

■ Selon ce critère, le propre d'une théorie scientifique n'est pas d'être vérifiée mais d'être **vérifiable**, c'est-à-dire de pouvoir être expérimentalement vérifiée ou infirmée, et le propre d'une théorie non scientifique n'est pas d'être démentie par l'expérience mais de ne pas être susceptible de se soumettre à un contrôle expérimental.

■ Professer, par exemple, que les planètes s'attirent entre elles parce qu'elles s'aiment est non scientifique, non parce que cette proposition est fausse, mais parce qu'il n'existe aucune expérience permettant de savoir si elle est vraie ou si elle est fausse.

■ Ce serait donc à la **vérifiabilité** de ses théories que la science doit d'être un modèle d'objectivité de la connaissance. Si l'accord existe entre les scientifiques (alors que les philosophes peuvent s'opposer indéfiniment les uns aux autres), c'est que les théories scientifiques renvoient à des faits expérimentaux publiquement observables qui sont propres à les confirmer ou à les démentir.

■ Ainsi, si l'empirisme a tort de faire de l'expérience l'**origine** de nos idées, il n'a pas nécessairement tort d'en faire la **justification**.

B La réfutabilité des théories scientifiques

■ L'idée d'une vérifiabilité des théories scientifiques se heurte néanmoins à certaines difficultés. En effet, une expérimentation ne décide pas de façon symétrique si une théorie est vraie ou fausse.

■ La raison en est que les théories sont toujours **générales** et les faits expérimentaux toujours **singuliers**. Si un fait singulier est contraire à une théorie générale, il en prouve la fausseté ; mais s'il est conforme à cette théorie, il n'en prouve pas de façon absolue la vérité, car il n'exclut pas que d'autres faits puissent la démentir.

■ C'est pourquoi le philosophe contemporain Karl **Popper** préfère parler de « **falsifiabilité** » des théories scientifiques plutôt que de leur vérifiabilité.

Si, par exemple, on suppose que « tous les corbeaux sont noirs » est une loi de la zoologie, il est certain que cet énoncé sera définitivement démenti par la découverte d'une famille de corbeaux blancs, même si elle avait été jusqu'alors confirmée.

- Il en résulte qu'une théorie « irréfutable » est, paradoxalement, non une théorie indiscutablement vraie mais au contraire une **théorie non scientifique**, une théorie qui échappe à l'examen des faits, c'est-à-dire au risque de sa réfutation. Il est donc juste de penser qu'une vérité scientifique n'est vraie que jusqu'à preuve du contraire.

- Mais il ne faut pas comprendre cette idée comme une autorisation à remettre en cause les théories acceptées par la science. Si une confirmation n'est pas au sens strict une vérification, elle demeure néanmoins, en l'absence de démenti expérimental, une raison d'accepter une théorie, même si cette raison est (peut-être) provisoire. En ce sens, l'expérience reste bien le critère de toute l'objectivité dont les théories scientifiques sont capables.

IV Les limites morales de l'expérience

- Il existe un domaine autre que celui de la connaissance scientifique, dans lequel l'expérience ne saurait être le juge des théories : c'est celui de la **morale**. L'expérience est-elle le critère de la validité des théories morales ? La réponse est **non**. Dans ce domaine, l'expérience tend même facilement à devenir l'alibi du renoncement.

- Certes, agir moralement se heurte souvent à des conditions qui rendent l'action difficile. Par exemple, je dois toujours secourir quelqu'un que je sais être en danger, mais je ne le peux pas toujours. Est-ce une raison pour ne pas vouloir agir ? Il est clair que l'invocation des circonstances est facilement un prétexte à l'inaction.

- Telle est la position de **Kant** : l'impossibilité matérielle d'être constamment moral et de faire toujours son devoir ne nous dispense jamais de **vouloir** toujours le faire. Et jamais on ne réfutera une idée morale en disant que c'est une utopie. Si l'expérience nous instruit de ce qui est, elle ne peut en aucun cas nous instruire de ce qui doit être, ni donc déterminer la maxime de notre action.

> Le terme est créé par Thomas More au XVIe siècle, à partir du grec *ou* (privatif) et *topos* (« lieu ») : **utopie** signifie donc « qui n'est d'aucun lieu », d'où, par extension, « idée chimérique, projet irréalisable ».

RÉCAPITULONS

Platon	→ Refus de l'expérience sensible. La connaissance du monde sensible est une connaissance illusoire
Empirisme	→ Toutes nos connaissances dérivent de l'expérience et se justifient par elle
Claude Bernard	→ L'expérience scientifique suppose des hypothèses qui la guident. Elle se distingue de l'observation
Karl Popper	→ L'expérience peut réfuter une théorie, mais elle ne peut pas, au sens propre du terme, la vérifier (c'est-à-dire établir sa vérité)
Kant	→ L'expérience n'est pas un critère de validité des théories morales

« CITATIONS

■ Il faut nécessairement expérimenter avec une idée préconçue.

Claude Bernard, *Introduction à l'étude de la médecine expérimentale*, 1865.

■ L'accord avec l'expérience est pour une théorie physique l'unique critérium de vérité.

Pierre Duhem, *La Théorie physique, son objet sa structure*, 1914.

■ L'observation scientifique est toujours une observation polémique ; elle confirme ou infirme une thèse antérieure.

Gaston Bachelard, *Le Nouvel Esprit scientifique*, 1934.

■ Il ne suffit pas de "voir" un objet jusque-là invisible pour le transformer en objet d'analyse. Il faut encore qu'une théorie soit prête à l'accueillir.

François Jacob, *La Logique du vivant*, 1970.

■ Pour les théories, l'irréfutabilité n'est pas (comme on l'imagine souvent) vertu mais défaut.

Karl Popper, *Conjectures et réfutations*, 1985 (pour la traduction française).

Repérer les étapes d'un texte (2)

LA DÉMARCHE

- Repérez les **connecteurs logiques** : *mais, cependant, donc, car, en effet, par conséquent, ainsi...*
- **Méfiez-vous** : un connecteur peut se trouver au milieu d'une phrase sans que cela signifie qu'on passe à l'étape suivante. En revanche, « premièrement », « deuxièmement » ou « enfin » peuvent être aussi des indications (voir L'exemple commenté ci-dessous).
- Repérez l'**ordre logique** : thèse, hypothèse, objection, réponse, exemple, généralisation, conclusion... Il doit y avoir une suite logique entre les étapes. Mais ces moments ne sont pas tous forcément présents dans un même texte.
- Le **nombre d'étapes** est variable : le plus souvent, on peut distinguer deux, trois ou quatre étapes. Mais certains textes peuvent en comporter davantage.
- La **longueur des étapes** est variable : elle peut aller de deux ou trois phrases à un ou deux paragraphes. L'important est qu'il y ait une **unité** du passage.

(Voir aussi Méthode, chap. 4.)

L'EXEMPLE COMMENTÉ

Ce texte vise à distinguer les connaissances qui dépendent de l'expérience et celles qui n'en dépendent pas. Il distingue deux types de vérités.
(Les connecteurs sont surlignés en rose dans le texte.)

« Tous les objets de la raison humaine ou de nos recherches peuvent se diviser en deux genres, à savoir les relations d'idées et les faits. Du premier genre sont les sciences de la géométrie, de l'algèbre et de l'arithmétique et, en bref, toute affirmation qui est intuitivement ou démonstrativement certaine. Le carré de l'hypoténuse est égal au carré des deux côtés, cette proposition exprime une relation entre ces figures. Trois fois cinq est égal à la moitié de trente exprime une relation entre ces nombres. Les propositions de ce genre, on peut les découvrir par la seule opération de la pensée, sans dépendre de rien de ce qui existe dans l'univers.

Les faits, qui sont les seconds objets de la raison humaine, on ne les établit pas de la même manière ; et l'évidence de leur vérité, aussi grande qu'elle soit, n'est pas d'une nature semblable à la précédente. Le contraire d'un fait quelconque est toujours possible, car il n'implique pas contradiction et l'esprit le conçoit aussi distinctement que s'il concordait avec la réalité. Le soleil ne se lèvera pas demain, cette proposition n'est pas moins intelligible et elle n'implique pas plus de contradiction que l'affirmation : il se lèvera. Nous tenterions en vain d'en démontrer la fausseté. Si elle était démonstrativement fausse, elle impliquerait contradiction et l'esprit ne pourrait jamais la concevoir distinctement.

David Hume, *Enquête sur l'entendement humain* (1748), section IV,
trad. fr. André Leroy, © Flammarion, coll. « GF », 1983.

La thèse (« à savoir ») : nos connaissances se divisent en relations d'idées et en faits.

Les « relations d'idées » (« Du premier genre »)

- Elles relèvent du domaine mathématique.
- Leurs vérités sont établies par intuition (axiomes, postulats) ou démonstration.
- L'auteur propose deux exemples : une égalité géométrique et une égalité arithmétique.
- Les relations d'idées sont vraies **nécessairement** et **a priori**, c'est-à-dire indépendamment de l'observation et de l'expérience : elles ne dépendent pas de l'existence du monde extérieur.

Les « faits » (« les seconds objets »)

- Les vérités portant sur les faits sont **contingentes** : « Le contraire d'un fait [...] n'implique pas contradiction », autrement dit un fait est toujours concevable, et donc possible - même s'il ne se produit jamais.
- L'auteur avance l'exemple de la connaissance contingente du lever du soleil : on ne peut pas être certain que le soleil se lèvera demain.
- La certitude portant sur des faits ne pourra jamais être aussi parfaite que la certitude d'une « relation d'idées », puisqu'un fait n'obéit à aucune nécessité logique, mais doit toujours être vérifié par notre expérience, limitée.

SE TESTER QUIZ

1 Quelle différence Claude Bernard fait-il entre « observation » et « expérience » ?

- ☐ **a.** Aucune
- ☐ **b.** Une expérience ne peut être faite que par des scientifiques professionnels, alors que l'observation est à la portée de tous
- ☐ **c.** L'expérience est une observation provoquée et guidée par une hypothèse

2 Que reproche Leibniz à l'empirisme de Locke ?

- ☐ **a.** De considérer que l'esprit est une page blanche qui reçoit passivement les connaissances
- ☐ **b.** De refuser la possibilité de connaître des réalités supra-sensibles
- ☐ **c.** D'affirmer l'existence de connaissances a priori

3 Pourquoi, selon Popper, une théorie irréfutable ne peut-elle être une théorie scientifique ?

- ☐ **a.** Parce que toutes les théories sont réfutables
- ☐ **b.** Parce qu'elle se protège des contrôles expérimentaux qui permettraient éventuellement de la démentir
- ☐ **c.** Parce que seules les mathématiques sont irréfutables et que les mathématiques ne sont pas une science expérimentale

4 Que toute connaissance commence avec l'expérience ne signifie pas nécessairement qu'elle dérive toute de l'expérience. Qui a écrit cela ?

- ☐ **a.** Kant
- ☐ **b.** Platon
- ☐ **c.** Locke

5 Dire d'une théorie scientifique qu'elle est falsifiable, cela signifie :

- ☐ **a.** qu'on n'a pas de moyens fiables pour savoir si cette théorie peut être acceptée
- ☐ **b.** qu'elle doit être exposée à des faits susceptibles de la démentir
- ☐ **c.** qu'elle réfute des théories concurrentes

6 Pourquoi, pour Kant, l'expérience ne peut-elle pas décider de la valeur de nos idées morales ?

- ☐ **a.** Parce que les idées morales sont variables selon les individus, les sociétés et les époques
- ☐ **b.** Parce que l'expérience informe de ce qui est mais ne dit pas ce qui doit être
- ☐ **c.** Parce qu'il est impossible pour des individus de se comporter toujours moralement

OBJECTIF BAC

Explication de texte

7 Faites l'explication du texte suivant.

« Tous les bons esprits répètent depuis Bacon, qu'il n'y a de connaissances réelles que celles qui reposent sur des faits observés. Cette maxime fondamentale est évidemment incontestable, si on l'applique, comme il convient, à l'état viril de notre intelligence. Mais, en se reportant à la formation de nos connaissances, il n'en est pas moins certain que l'esprit humain, dans son état primitif, ne pouvait ni ne devait penser ainsi. Car si, d'un côté, toute théorie positive doit nécessairement être fondée sur des observations, il est également sensible, d'un autre côté, que, pour se livrer à des observations, notre esprit a besoin d'une théorie quelconque. Si, en contemplant les phénomènes, nous ne les rattachions point immédiatement à quelques principes, non seulement il nous serait impossible de combiner ces observations isolées, et, par conséquent, d'en tirer aucun fruit, mais nous serions même entièrement incapables de les retenir ; et, le plus souvent, les faits resteraient inaperçus sous nos yeux.

Ainsi, pressés entre la nécessité d'observer pour se former des théories réelles, et la nécessité non moins impérieuse de se créer des théories quelconques pour se livrer à des observations suivies, l'esprit humain, à sa naissance, se trouverait enfermé dans un cercle vicieux dont il n'aurait jamais eu aucun moyen de sortir, s'il ne se fût heureusement ouvert une issue naturelle par le développement spontané des conceptions théologiques, qui ont présenté un point de ralliement à ses efforts, et fourni un aliment à son activité.

Auguste Comte, *Cours de philosophie positive* (1830- 1842), 1re leçon, t. 1, Hermann, 1998, p. 23.

SE TESTER

1 Réponse **c.** **2** Réponse **a.** **3** Réponse **b.** **4** Réponse **a.** **5** Réponse **b.** **6** Réponse **b.**

OBJECTIF BAC

7 *Les titres et sous-titres servent à mettre en évidence la structure du corrigé, mais ne doivent pas figurer sur votre copie.*

Introduction

- La question est : est-ce l'observation qui fonde la théorie ou la théorie précède-t-elle l'observation ?
- Auguste Comte soutient que les connaissances scientifiques sont nécessairement fondées sur des observations. Mais si, dans l'ordre de la science faite, l'observation doit précéder la théorie, dans l'ordre (historique) de la science en train de se construire il a fallu au contraire que certaines théories guident nos premières observations et donc les précèdent.
- Ce texte ouvre le débat sur la place de l'expérience et de l'observation dans la démarche scientifique.
- Suivant l'ordre du texte, nous examinerons d'abord en quoi l'observation fonde la vérité d'une science ; ensuite nous verrons que la théorie doit précéder l'observation ; enfin nous examinerons comment l'histoire des sciences sort du « cercle » entre observation et théorie.

I. Les étapes de l'argumentation

1. La vérité scientifique se fonde sur l'observation

- Le point de départ du texte est l'**affirmation** qu'« il n'y a de connaissances réelles que celles qui reposent sur l'observation » (l. 1-2). C'est la thèse reprise à Francis Bacon, pionnier de la science expérimentale au XVIIe siècle.
- « Réelles » signifie ici « objectives », ou « scientifiques ». Dans le texte, des expressions comme « connaissances réelles » (l. 1), « théories positives » (l. 6) « théories réelles » (l. 14-15) sont synonymes et peuvent être traduites par « connaissances (ou théories) scientifiques ou objectives ».
- Ce qu'énonce la phrase de départ est donc : une théorie est scientifique si elle repose sur des observations. En science, la théorie **suit** l'observation.

2. Mais, dans la formation des sciences, la théorie précède l'observation

- « Dans son état primitif » (l. 5), le rapport entre « théorie » et « observation » s'inverse.
- Il a fallu d'abord partir d'une « théorie quelconque » (l. 9) et de « quelques principes » (l. 10) pour coordonner les observations et les fixer de façon stable. La théorie guide l'observation.

Du point de vue de l'**histoire** des connaissances, l'esprit scientifique (ou « positif ») est donc sorti des conceptions religieuses (ou « théologiques »).

Pour Comte, l'histoire de l'esprit passe par **trois** âges ou **états** : l'âge théologique, l'âge métaphysique, l'âge **positif** ou scientifique, étape finale de l'évolution intellectuelle.

II. Discussion

1. La place de l'expérience et de l'observation dans la démarche scientifique

La réponse donnée par Comte est **classique** en philosophie des sciences : c'est la confrontation des théories à l'expérience qui leur confère un caractère scientifique. Par exemple, l'idée de la création du monde n'est pas scientifique parce qu'elle n'est fondée sur aucune observation.

On doit distinguer l'**observation**, qui se contente d'être spectatrice d'un phénomène naturel, **et** l'**expérience** qui suppose une démarche artificielle qui va des hypothèses à l'interprétation des résultats.

L'expérience **vérifie** l'hypothèse. Ce qui, en principe, permet de reconnaître une vraie science par rapport à une fausse science. Mais une théorie peut n'être ni vraie ni fausse, si elle n'est pas vérifiable dans les faits : ce qu'on appelle la « **métaphysique** ». Enfin, une théorie peut aussi être reconnue comme scientifique tant que ses hypothèses n'ont pas été réfutées, même si on n'a pas pu encore les vérifier. C'est le cas de la théorie darwinienne de l'évolution.

2. L'origine non scientifique des sciences

Comment les sciences se sont-elles progressivement constituées ? Comment est-on passé d'un âge non scientifique de l'humanité (qui était son âge primitif) à son âge scientifique ?

C'est du point de vue de cette question que Comte **inverse** les rapports entre théorie et expérience. L'esprit humain n'est pas né « scientifique » ou « positif ». La science est le **résultat d'une histoire** qui n'est pas simplement une accumulation de connaissances.

Le paradoxe semble être que la science achevée doit être capable de reconnaître son origine non scientifique. Cela signifie aussi qu'il n'y a pas de séparation nette entre science et croyance, et qu'une théorie est plus ou moins scientifique.

CHAPITRE

13 La démonstration (L, ES, S)

Qu'est-ce qu'une démonstration ? Répondre à cette question revient d'abord à faire une distinction essentielle entre la validité formelle d'un raisonnement et la vérité matérielle des propositions qu'il enchaîne. Il faut donc aussi distinguer entre une démonstration et une vérification expérimentale. Enfin, si la démonstration représente un modèle parfait de raisonnement, il ne s'ensuit pas que tout discours argumenté mais non démonstratif est sans valeur : une argumentation n'est pas nécessairement une démonstration.

Repères Contingent/Nécessaire/Possible • Formel/Matériel • Intuitif/Discursif • Médiat/Immédiat • Persuader/ Convaincre

I La logique, science de la démonstration

A Le syllogisme

■ La démonstration est un raisonnement dont la conclusion est nécessaire et, comme le disait Leibniz, immanquable : si nous admettons les points de départ ou prémisses, nous ne pouvons pas ne pas aboutir à la conclusion.

■ Aristote a fait du **syllogisme** (le mot grec *sullogismos* signifie « démonstration ») le modèle du raisonnement démonstratif : de ce que « tous les hommes sont mortels » (prémisse majeure) et « tous les philosophes sont des hommes » (prémisse mineure), il s'ensuit nécessairement que « tous les philosophes sont mortels ».

B Vérité matérielle et validité formelle

■ C'est l'objet propre de la **logique** d'établir les conditions du raisonnement démonstratif. La logique est ainsi la science des inférences valides. Elle fournit les règles

L'**inférence** est l'opération de l'esprit par laquelle on conclut d'une idée à une autre.

en vertu desquelles on peut raisonner correctement et éviter les sophismes et les paralogismes.

Sophismes et **paralogismes** : raisonnements qui ont l'apparence de la validité, mais qui ne sont pas valides.

En ce sens, la logique est purement **formelle** : elle ne s'occupe pas de la **vérité matérielle** des propositions, mais seulement de la **validité** du raisonnement qui les enchaîne et qui rend la conclusion nécessaire. Pour le logicien, il n'importe pas que les hommes soient ou non en vérité mortels, que les philosophes soient ou non en vérité des hommes, etc. Le syllogisme aurait eu la même rigueur démonstrative s'il avait porté sur des propositions « matériellement » fausses.

La distinction entre « vérité matérielle » et « validité formelle » est fondamentale. Ce n'est pas parce qu'un raisonnement porte sur des propositions vraies que ce raisonnement est correct ; et ce n'est pas parce que ce raisonnement est correct qu'il énonce des vérités.

C Un raisonnement hypothétique

Pour mettre en évidence la nécessité de séparer la forme d'une démonstration de son contenu, il est donc préférable de s'exprimer de façon hypothétique : ainsi, on ne dira pas « tous les hommes sont mortels, les philosophes sont des hommes, donc les philosophes sont mortels », mais : « **Si** les philosophes sont des hommes et **si** les philosophes sont mortels, **alors** tous les philosophes sont mortels ». C'est une façon de signifier qu'on peut faire attention à la forme d'un raisonnement sans se poser la question de la vérité de son contenu.

Un **raisonnement hypothétique** est un raisonnement dont on demande d'accepter par hypothèse les points de départ, sans que la vérité de ceux-ci soit établie.

Un moyen encore plus radical est de remplacer les termes descriptifs (dans l'exemple précédent : « hommes », « philosophes » et « mortels ») par des **variables** : dès lors, la forme de la démonstration apparaît indépendamment, non seulement de la vérité de chaque proposition, mais même de leur sens.

Un syllogisme comme celui que nous avons pris en exemple est valide, non seulement indépendamment de la question de savoir si en vérité les hommes sont mortels, si les philosophes sont des hommes…, mais aussi indépendamment de la question de savoir ce que signifie « hommes », « philosophes » et « mortels ».

II Le modèle mathématique

A Un moyen universel d'accéder à la vérité

Mathématicien grec (IVe-IIIe siècle av. J.-C.), **Euclide** est le premier à mettre en œuvre, dans ses *Éléments de géométrie*, une conception des mathématiques comme science déductive.

■ À partir du XVIIe siècle s'impose pour toutes les branches de la connaissance un idéal de rationalité dont le modèle est mathématique. Les mathématiques proposent en effet, à l'exemple de la géométrie d'Euclide, un ordre des raisons qui passe pour applicable quels que soient les objets de connaissance et qui est tel qu'il peut conduire l'esprit, par déduction de proche en proche, à toutes les vérités.

■ Telle est l'idée de **Descartes** d'une « **mathématique universelle** ». La démonstration n'est plus alors considérée simplement comme une formalisation du raisonnement rigoureux mais comme un moyen de découvrir des vérités nouvelles.

■ Mais pour être sûr de l'efficacité de ce moyen, il ne suffit pas qu'une proposition soit correctement démontrée à partir de propositions antérieures. Encore faut-il que celles-ci l'aient été par d'autres plus fondamentales encore, jusqu'à ce qu'on remonte à des propositions premières indémontrables. Mais comment saura-t-on que celles-ci sont vraies ?

■ La réponse de Descartes est qu'elles sont connues de façon immédiate par l'esprit. À la base de toute démonstration, il faut, dit Descartes, qu'existent des idées dont la vérité se voit d'elle-même et qui pour cette raison n'ont pas besoin d'être démontrées : c'est-à-dire des **évidences** (ce que Descartes appelle encore « intuitions »).

B Les géométries non euclidiennes

■ Mais l'évolution même des mathématiques et notamment le développement, au XIXe siècle, des géométries non euclidiennes, aboutit à la **remise en cause** de la notion d'évidence. En effet, dans la géométrie d'Euclide, il est postulé que « par un point extérieur à une droite on ne peut faire passer qu'une parallèle à cette droite ».

■ Les géométries non euclidiennes partent d'un **postulat inverse** : par un point extérieur à une droite on peut faire passer une infinité de parallèles (géométrie de Lobatchevski) ou aucune (géométrie de Riemann). La possibilité d'enchaîner de façon rigoureuse la démonstration de théorèmes à partir de tels postulats montre que la valeur d'un système déductif tient à sa seule forme, indépendamment de l'évidence intuitive du contenu de ses propositions.

C L'axiomatique

En d'autres termes, s'il est possible de construire des géométries formellement rigoureuses sur des bases non euclidiennes, c'est que les points de départ de ces systèmes déductifs ne sont donc pas des vérités évidentes par elles-mêmes (en langage d'Euclide des « axiomes »), mais de simples **postulats**, sur la vérité desquels on ne se prononce pas et auxquels on demande seulement de permettre le développement de conséquences non contradictoires.

Le projet propre aux mathématiques contemporaines de construire des **axiomatiques**, c'est-à-dire des systèmes déductifs entièrement formalisés à propos desquels on ne pose pas le problème de la vérité ni même du sens des propositions qui le constituent, confirme cette orientation. Le philosophe et logicien Robert Blanché suggère d'ailleurs de remplacer le terme « axiomatique » par celui de « postulatique ».

III Les limites de la démonstration

Peut-on faire de la démonstration une voie d'accès universelle à la vérité ? Plusieurs objections peuvent être opposées à cette idée.

La **première objection** est liée à l'essor progressif, au XVIIe siècle et plus encore au XVIIIe siècle, de la méthode expérimentale. Il y a un domaine où la démonstration ne semble pas s'appliquer de façon pertinente, c'est celui des sciences de la nature, dans lesquelles les vérités se découvrent par l'expérience, et non par la démonstration.

Ainsi, Diderot se moque d'une physique trop raisonneuse et pas assez expérimentale qui « démontre » par des raisons apparemment sans appel que la lumière ne se décompose pas... jusqu'à ce que Newton observe, grâce au prisme, la décomposition de la lumière.

Deuxième objection : les entités métaphysiques sont-elles démontrables ? Pour Descartes ou Spinoza, la démonstration peut s'appliquer au domaine métaphysique : il serait possible de démontrer l'existence de Dieu ou l'immatérialité de l'âme.

On doit à Hume et à Kant, au XVIIIe siècle, d'avoir établi l'impossibilité de telles « preuves », en montrant que l'esprit humain ne pouvait rien connaître en dehors de l'expérience. Il est donc illusoire de vouloir transformer toutes les idées de la raison en objets d'une connaissance démonstrative.

Étymologiquement, **métaphysique** signifie « au-delà de la physique ». La métaphysique veut donc être la « science » des questions relatives à des entités non physiques : Dieu, l'âme, l'origine du monde, la destinée de l'homme...

ZOOM

Théorème, axiome, postulat

▶ Un **théorème** est une proposition démontrée à partir de propositions antérieures. Or, il faut nécessairement que les propositions de base d'un système déductif soient non démontrées (car elles ne pourraient l'être que par des propositions antérieurement établies ou admises et ne seraient donc plus les propositions de base).

▶ Ces propositions premières non démontrées sont, soit des **axiomes**, soit des **postulats**.

▶ La distinction entre axiomes et postulats remonte aux *Éléments* d'Euclide :

– un **axiome** est une proposition non démontrée en raison de l'évidence de sa vérité ;

– un **postulat** est une proposition qu'on demande d'admettre, sans se prononcer sur sa vérité.

▲Raphaël, *L'École d'Athènes*, 1508-1511 (détail : Euclide expliquant la figure géométrique qu'il a dessinée sur l'ardoise). Chambre de la Signature, Vatican.

▶ Avec le développement des géométries non euclidiennes au XIXe siècle, s'est imposée l'idée qu'un système déductif mathématique ne valait que par la validité de ses démonstrations, indépendamment de la vérité des propositions. Autrement dit, un système mathématique est en réalité un système **hypothético-déductif**.

▶ Cela a conduit à rendre la distinction entre axiomes et postulats de moins en moins pertinente : ce que les mathématiciens appellent encore aujourd'hui un « axiome » n'est en fait qu'un postulat, et ils l'acceptent non en raison de son évidence, mais uniquement s'il permet des démonstrations rigoureuses et cohérentes.

Troisième objection : tous les raisonnements ne sont pas démonstratifs. Dans la vie quotidienne, nous raisonnons constamment, mais nous usons peu fréquemment de démonstration. Il existe des modes de rationalité irréductibles à la logique démonstrative.

Tel est notamment le cas des décisions morales ou politiques : ce n'est pas parce qu'il est impossible de démontrer la justesse d'une décision morale qu'il est impossible de la justifier rationnellement.

Soit, par exemple, un débat moral sur le droit à l'interruption volontaire de grossesse : celui qui est favorable à ce droit ne pourra jamais démontrer la « vérité » de sa position. Celle-ci n'en est pas pour autant nécessairement arbitraire et il peut l'argumenter (en évoquant, par exemple, le droit de disposer de son propre corps). De même, la position inverse a aussi des arguments à faire valoir (respect de la vie…).

Ainsi, dans le domaine moral, l'impossibilité de démontrer n'est jamais l'impossibilité de discuter et d'argumenter, ni même l'impossibilité de hiérarchiser les arguments (il y en a qui valent mieux que d'autres). Les procédures de décision morale (ou politique) ne sont donc pas démonstratives mais, dans la mesure où ce sont des procédures et où les choix ne se font pas à l'aveuglette, elles restent parfaitement rationnelles, ou en tout cas rationalisables.

Il faut donc distinguer « **démontrer** » et « **argumenter** ». Certes, un argument, pour être valable, doit respecter les règles de la logique. Mais il est loin de se réduire à une démonstration. D'abord, une démonstration peut toujours, en principe, se faire de façon solitaire, alors que l'argumentation suppose au contraire le rapport à autrui, un dialogue. Ensuite, la démonstration aboutit (si elle est valide) à des conclusions certaines, alors que l'argumentation recherche plutôt un consensus.

RÉCAPITULONS

- **Aristote** : théorie du syllogisme. Inventeur de la **logique formelle**.
- Distinction entre la **validité formelle** d'un raisonnement et la **vérité matérielle** des propositions de ce raisonnement.
- Les **mathématiques** : modèle d'une science purement déductive.
- L'**argumentation** : un discours rationnel valide mais non démonstratif.

« CITATIONS

Les mathématiques sont une gymnastique de l'esprit et une préparation à la philosophie.

Isocrate, *Antidosis*, v^{e}-ive siècle av. J.-C.

Ceux qui sont naturellement doués pour le calcul ont pour ainsi dire l'esprit agile dans toutes les autres sciences.

Platon, *La République*, VII, ive siècle av. J.-C.

On peut, sur les vérités de fait, se passer de la démonstration si l'on sait se servir de l'expérience.

Roger Bacon, *Opus majus*, 1266.

Les premiers principes ne peuvent être connus que par intuition ; et au contraire les conséquences éloignées ne peuvent l'être que par déduction.

René Descartes, *Règles pour la direction de l'esprit*, 1628.

Combien il est contraire au dessein de Dieu que la vérité de sa religion soit aussi évidente et claire pour tous les hommes qu'une démonstration mathématique.

Isaac Newton, *Écrits sur la religion*, début du xviiie siècle (édition française 1996).

L'évidence paralyse la démonstration.

Pierre Reverdy, *Le Gant de crin*, 1927.

Il est toujours aisé d'être logique. Il est presque impossible d'être logique jusqu'au bout.

Albert Camus, *Le Mythe de Sisyphe*, 1942.

Les principes de logique et de mathématiques sont vrais universellement simplement parce que nous ne leur permettons jamais d'être autre chose.

Alfred J. Ayer, *Langage, vérité et logique*, 1956.

Poser des questions à un texte

LA DÉMARCHE

- Il est très utile de savoir poser des questions à un texte pour en saisir le sens et orienter sa réflexion.
- Un texte répond souvent à des **questions implicites** qu'il faut expliciter. Cela permet de mieux dégager les enjeux et le débat.
- Les **principales questions** peuvent porter sur : la forme du texte ; le domaine philosophique ; le contexte historique ; la question traitée ; l'adversaire visé ; la nature du débat ; les exemples, références ou allusions.

Voir aussi chapitres 1, 5, 9, 10.

L'EXEMPLE COMMENTÉ

« PHILALÈTHE. – [...] J'avais cru autrefois que le syllogisme[1] était nécessaire, au moins pour se garder des sophismes déguisés sous des discours fleuris ; mais, après un plus sévère examen, j'ai trouvé qu'on n'a qu'à démêler les idées dont dépend la conséquence de celles qui sont superflues, et les ranger dans un ordre naturel pour en montrer l'incohérence. J'ai connu un homme, à qui les règles du syllogisme étaient entièrement inconnues, qui apercevait d'abord la faiblesse et les faux raisonnements d'un long discours artificieux et plausible, auquel d'autres gens exercés à toute la finesse de la logique se sont laissé attraper [...].

THÉOPHILE. – Votre raisonnement sur le peu d'usage des syllogismes est plein de quantité de remarques solides et belles [...]. Et cependant, le croiriez-vous ? je tiens que l'invention de la forme des syllogismes est une des plus belles de l'esprit humain, et même des plus considérables. C'est une espèce de *mathématique universelle* dont l'importance n'est pas assez connue ; et l'on peut dire qu'un *art d'infaillibilité* y est contenu, pourvu qu'on sache et qu'on puisse s'en servir, ce qui n'est pas toujours permis. Or, il faut savoir que par les *arguments de forme*, je n'entends pas seulement cette manière scolastique d'argumenter dont on se sert dans les collèges, mais tout raisonnement qui conclut par la force de la forme [...] en sorte qu'on est sûr de ne s'y point tromper.

Gottfried Wilhelm Leibniz, *Nouveaux Essais sur l'entendement humain,* 1765, chap. 17, Flammarion, coll. « GF », 1966, p. 424-425.

1. Le syllogisme donne les règles auxquelles un raisonnement doit se conformer pour être sûr de conclure correctement. Il comporte une majeure, une mineure et une conclusion. Exemple : tous les hommes sont mortels ; Socrate est un homme ; donc Socrate est mortel.

I Quelle est la forme du texte ?

- Pourquoi avoir choisi la forme du dialogue ?
- À quels autres dialogues philosophiques célèbres peut-on comparer le texte ? (Aux dialogues de Platon.)

II Dans quel domaine philosophique se situe le texte ?

- Le vocabulaire renvoie à la logique et aux mathématiques.
- Le texte propose un débat sur les moyens de recherche de la vérité.
- Ce débat relève du domaine épistémologique.

III Quel est le contexte historique ?

- Leibniz vit au XVIIIe siècle, le siècle des Lumières, et il succède à Descartes.
- C'est l'époque du développement des sciences et des critiques de la religion.

IV Quelle est la question traitée ?

- À quoi servent les syllogismes ?
- La forme logique est-elle efficace dans la recherche de la vérité ?
- Les mathématiques font-elles avancer la science ?

V Quel est l'adversaire visé ?

- Les empiristes, qui dédaignent la logique au profit de l'expérience (Locke).
- Ceux qui critiquent Aristote, le maître de la logique antique.
- Ceux qui nient l'existence des idées innées (encore les empiristes).

VI Quelle est la nature du débat ?

- Théophile, qui représente l'auteur, réfute l'avis de Philalèthe, pour lequel la logique formelle est inutile.
- Logique et mathématiques apportent une méthode infaillible de recherche de la vérité.

VII Quels sont les exemples, les références, les allusions ?

- Les noms des personnages sont antiques et signifient « celui qui aime la vérité » (Philalèthe) et « celui qui aime Dieu » (Théophile).
- Le vocabulaire fait référence à la logique d'Aristote et à la scolastique médiévale.

SE TESTER QUIZ

1 Qu'est-ce qu'un axiome ?

- ☐ **a.** La proposition première non démontrée d'une démonstration
- ☐ **b.**Une hypothèse
- ☐ **c.** Un théorème facile à démontrer

2 La distinction entre vérité formelle d'un raisonnement et vérité matérielle d'une proposition signifie :

- ☐ **a.** que la correction d'un raisonnement est indépendante du contenu de ce raisonnement
- ☐ **b.** que la logique est un moyen d'abuser son interlocuteur
- ☐ **c.** qu'on peut démontrer une chose et son contraire

3 Qu'est-ce que l'évidence chez Descartes ?

- ☐ **a.** Une vérité admise par tout le monde
- ☐ **b.** Une vérité dont la certitude s'impose sans démonstration
- ☐ **c.** Une vérité douteuse qu'il faut démontrer

4 Quelle différence peut-on faire entre une démonstration et une vérification expérimentale ?

- ☐ **a.** Il n'y en a pas : une vérification expérimentale est une forme de démonstration
- ☐ **b.** La démonstration établit ses conclusions par pure déduction logique, sans recourir à des vérifications expérimentales
- ☐ **c.** Les démonstrations logiques sont plus incertaines que les vérifications expérimentales

5 Une argumentation est :

- ☐ **a.** une forme de démonstration
- ☐ **b.** un discours non démonstratif mais néanmoins rationnel
- ☐ **c.** une façon habile de séduire un auditoire

S'ENTRAÎNER

6 Posez des questions au texte suivant.

« Je reviens à l'explication du véritable ordre, qui consiste, comme je disais, à tout définir et à tout prouver.

Certainement cette méthode serait belle, mais elle est absolument impossible : car il est évident que les premiers termes qu'on voudrait définir, en supposeraient de précédents pour servir à leur explication, et que de même les premières propositions qu'on voudrait prouver en supposeraient d'autres qui les précédassent ; et ainsi il est clair qu'on n'arriverait jamais aux premières.

Aussi, en poussant les recherches de plus en plus, on arrive nécessairement à des mots primitifs qu'on ne peut plus définir, et à des principes si clairs qu'on n'en trouve plus qui le soient davantage pour servir à leur preuve. D'où il paraît que les hommes sont dans une impuissance naturelle et immuable de traiter quelque science que ce soit dans un ordre absolument accompli.

Mais il ne s'ensuit pas de là qu'on doive abandonner toute sorte d'ordre. Car il y en a un, et c'est celui de la géométrie, qui est à la vérité inférieur en ce qu'il est moins convaincant, mais non pas en ce qu'il est moins certain. Il ne définit pas tout et ne prouve pas tout, et c'est en cela qu'il lui cède ; mais il ne suppose que des choses claires et constantes par la lumière naturelle, et c'est pourquoi il est parfaitement véritable, la nature le soutenant au défaut du discours. Cet ordre, le plus parfait entre les hommes, consiste non pas à tout définir ou à tout démontrer, ni aussi à ne rien définir ou à ne rien démontrer, mais à se tenir dans ce milieu de ne point définir les choses claires et entendues de tous les hommes, et de définir toutes les autres ; et de ne point prouver toutes les choses connues des hommes, et de prouver toutes les autres. Contre cet ordre pèchent également ceux qui entreprennent de tout définir et de tout prouver et ceux qui négligent de le faire dans les choses qui ne sont pas évidentes d'elles-mêmes.

Blaise Pascal, *De l'esprit géométrique et de l'art de persuader*, 1658.

POUR VOUS AIDER

- Pascal, mathématicien et janséniste, oppose le « **cœur** » **et** la « **raison** ».
- Il ne veut ni ruiner la raison, ni lui accorder un pouvoir illimité.
- L'**esprit géométrique** signifie l'esprit logique et méthodique.
- Pascal l'oppose à l'**esprit de finesse**, qui procède par intuition.

OBJECTIF BAC

Dissertation

7 Faites l'explication du texte de Pascal proposé dans S'entraîner (exercice 6)**.**

SE TESTER

1 Réponse **a.** **2** Réponse **a.** **3** Réponse **b.** **4** Réponse **b.** **5** Réponse **b.**

S'ENTRAÎNER

6 ▪ **Forme du texte** : il s'agit d'un texte **argumenté** et définitionnel.

▪ **Domaine philosophique** : les sciences, et particulièrement la **logique** et les mathématiques.

▪ **Contexte historique** : le rôle des mathématiques dans l'essor des sciences de la nature au XVIIe siècle (Descartes).

▪ **Question traitée** : peut-on tout démontrer selon une logique cohérente ?

▪ **Adversaire visé** : les **hyper rationalistes**, ceux qui pensent que la raison est toute-puissante et permet d'avoir une certitude en tout.

▪ **Nature du débat** : montrer les **limites de la raison logique** dans son effort de démonstration ; montrer les limites de la démonstration de la vérité ; mettre en évidence que la raison ne peut rendre compte d'elle-même.

▪ **Exemples, références ou allusions** : la **géométrie** est l'exemple central qui illustre ce que peut un ordre rationnel.

OBJECTIF BAC

7 *Les titres et sous-titres servent à mettre en évidence la structure du corrigé, mais ne doivent pas figurer sur votre copie.*

Introduction

▪ Ce texte de Pascal tente de définir la capacité de l'esprit humain à démontrer la vérité. Il pose la question du **pouvoir et** des **limites de la raison** dans le domaine de la logique. Peut-on tout démontrer ?

▪ Pour l'auteur, la raison ne peut pas tout démontrer, mais cela ne veut pas dire qu'elle ne peut rien démontrer. « Le cœur a ses raisons que la raison ne connaît point » : il est des évidences naturelles, des intuitions, que la raison ne peut démontrer ou expliquer.

▪ Dans un premier temps, l'auteur montre que vouloir tout démontrer conduit à une régression à l'infini, et qu'on doit s'arrêter à des principes évidents par eux-mêmes. Ce qui montre l'impossibilité d'un ordre démonstratif parfait.

Mais, dans un deuxième temps, le cas de la géométrie permet de sauver un ordre rationnel, limité mais fécond. D'où la conclusion sur une raison du « milieu », entre tout et rien.

I. Les étapes de l'argumentation

1. Un ordre parfait est impossible

a. Les hommes rêvent d'un « véritable ordre » (l. 1) où la raison pourrait « tout définir et tout prouver » (l. 2). Pascal ne différencie pas démontrer et prouver : il suffit de fonder en raison, de justifier par des raisons.

b. Cet ordre est beau, mais impossible : chaque explication supposerait de remonter plus haut dans la chaîne des raisons, et on aurait une régression à l'infini.

c. On aboutit à des mots qu'on ne peut plus définir par d'autres mots (les notions premières), et à des principes qu'on ne peut démontrer par d'autres principes (les postulats et les axiomes). Ce sont des principes « si clairs » (l. 9) qu'ils procurent une certitude immédiate.

d. Conclusion : il est totalement et définitivement impossible de tout démontrer en un ordre rationnel parfait et autosuffisant.

2. Mais un ordre limité est possible

a. Cela ne doit pas nous faire renoncer à tout ordre rationnel.

b. Un « milieu » est possible, la **géométrie**, qui, sans tout démontrer, démontre tout de même quelque chose.

c. « Moins convaincante » (l. 15), car elle ne peut tout prouver comme on le souhaiterait, la géométrie se donne des définitions sans les démontrer. Nous raisonnons à partir d'hypothèses et de postulats donnés comme évidents.

d. Mais non pas moins certaine, car elle s'appuie sur des **évidences naturelles** qui n'ont pas besoin d'être démontrées : la « lumière naturelle » (l. 17) fait que nous admettons spontanément que tous les points d'un cercle sont équidistants de son centre. Nul besoin de le démontrer.

> La **géométrie euclidienne** triomphe dans la perspective de l'espace des tableaux de la Renaissance.

e. La géométrie part d'évidences naturelles (les propriétés des figures) pour en déduire et démontrer les relations : équivalences, symétries, proportionnalités…

f. Cet ordre est un « **milieu** » entre tout et rien. Il est « le plus parfait entre les hommes », car l'homme est lui-même un « milieu », ni ange ni bête, ni infiniment puissant ni infiniment débile. C'est un ordre à la mesure de l'homme qui ne peut se créer ni s'expliquer par lui-même.

g. Se trompent ceux qui veulent tout définir (les rationalistes dogmatiques), comme ceux qui renoncent à toute démonstration rationnelle (les sceptiques).

II. Discussion

- Quel est le pouvoir de la raison et de la science ? Les logiciens ont montré qu'un ensemble logique ne peut se fonder lui-même (théorèmes d'incomplétude de Gödel, 1931). Tout ordre démonstratif doit se fonder sur un métadiscours, et ainsi à l'infini. Ce qui semble donner raison à Pascal : la raison ne peut se fonder elle-même, mais doit recourir à des vérités indémontrables.

> Ces **théorèmes** démontrent qu'une théorie comporte nécessairement des énoncés non démontrables.

- Cela semble rejoindre l'éloge du « **juste milieu** ». L'erreur, théorique ou morale, est dans les extrêmes. La raison devrait renoncer à sa prétention « dogmatique » à fonder toute vérité, sans tomber dans l'excès « sceptique » de renoncer à toute vérité.

- La question épistémologique s'adosse, chez Pascal, à une **thèse métaphysique** sur la place de l'homme dans la nature, perdu entre deux infinis, correspondant à l'image du « roseau pensant » : fragilité physique et grandeur de l'esprit. Par son corps, l'univers dépasse l'homme, mais par son esprit, l'homme embrasse l'univers.

- Ce texte de Pascal débouche sur un **débat théologique** : la science peut-elle se passer de Dieu ? la raison peut-elle se passer du « cœur » et de la foi ? Chez Pascal, la science ramenée à l'humilité doit se tourner vers un prolongement religieux qui la complète. Mais les sceptiques, comme Hume, assument une raison contingente et limitée, qui n'a pas besoin de Dieu.

Conclusion

- Pascal, mathématicien et homme de foi, trouve une complémentarité entre, d'une part, une raison limitée et, d'autre part, une « lumière naturelle » (l'évidence) et « surnaturelle » (la foi). Il situe ainsi clairement les **trois positions** envers la raison : le dogmatisme,le scepticisme, une raison limitée, que développera le criticisme de Kant.

- On voit que la question du pouvoir de la raison et de la science doit être confrontée à la situation métaphysique de l'homme dans la nature, ainsi qu'à ce qui à la fois fonde la raison et lui échappe. C'est une leçon de modestie raisonnable adressée à la raison.

www.annabac.com

CHAPITRE

14 L'interprétation (L, ES)

L'interprétation des signes est l'une des activités les plus anciennes de l'esprit humain. Depuis les devins antiques jusqu'aux psychanalystes, l'interprétation cherche à prédire l'avenir ou à donner un sens à ce qui est mystérieux. Le travail d'interprétation est à l'origine à la fois de la compréhension rationnelle du monde (interprétation des changements climatiques) et des plus grandes superstitions (interprétation des chiffres magiques ou des cartes de tarot).

Repères Idéal/Réel • Objectif/Subjectif • Croire/Savoir • Expliquer/Comprendre • Ressemblance/Analogie • Transcendant/Immanent

I Qui interprète quoi ?

- Un acteur interprète une pièce de théâtre, un musicien interprète une partition, un interprète fait échanger deux personnes qui ne parlent pas la même langue, un psychanalyste interprète les rêves, un haruspice romain interprétait le vol des oiseaux ou les entrailles des animaux sacrifiés, une voyante interprète l'avenir dans les lignes de la main, un philosophe interprète un texte de Hegel, un médecin interprète les symptômes du malade, un journaliste interprète les propos d'un homme politique…
- Cette accumulation d'exemples montre au moins deux choses. D'abord que l'interprétation n'est pas une activité nouvelle, mais qu'elle est aussi ancienne que l'humanité à travers l'activité des devins.
- Ensuite que l'interprétation concerne des **domaines différents** de l'activité humaine, voire des domaines opposés : médecine, philosophie, superstition, religion, art, politique… Quel point commun à tous ces domaines rend possible l'interprétation ? Des **signes ambigus et la quête d'un sens caché**.

ZOOM

Aristote, *De l'interprétation*

▶ *De l'interprétation* (IVe siècle av. J.-C.) – en grec *Peri hermêneuias*, « De l'herméneutique » – est le deuxième livre de l'*Organon* (ou « Instrument »), traité de logique où Aristote tente de donner une forme rigoureuse au raisonnement et au discours.

▶ Le « **carré logique** » résume les relations logiques qu'on peut établir entre des propositions : contraires, contradictoires, subcontraires, subalternes. Les propositions sont comparées selon leur qualité (affirmative ou négative) et leur quantité (universelle ou particulière).

▶ La **thèse des futurs contingents** pose que le futur n'est pas prédéterminé par le destin. « Demain il y aura une bataille navale *ou* il n'y aura pas de bataille navale » : c'est l'alternative (« ou ») qui est vraie, et non l'une des deux propositions. L'avenir reste donc ouvert et incertain, et l'action humaine garde un sens et une utilité.

II Des signes ambigus

■ Toutes les activités citées précédemment s'appliquent à des signes : soit les signes sont explicites (texte...), soit les phénomènes naturels sont pris comme des signes (rêve, lignes de la main, fièvre, vol des oiseaux).

■ Dans le premier cas, l'interprétation suppose un langage établi (voir chap. 8). Interpréter, c'est **chercher la signification de signes ambigus**. En effet, on n'a pas besoin d'interpréter des signes univoques : on n'a pas à interpréter une équation mathématique, un symbole chimique ou un panneau du code de la route, car ces signes ont un sens défini et unique. Il faut interpréter lorsqu'une **liberté de choix** est laissée dans le sens qui peut être donné à un signe : un musicien peut interpréter le rythme à donner à une symphonie, un poète peut interpréter le ton à donner à une lecture, un amoureux peut interpréter le sens à donner à un sourire.

Un signe, selon la définition de Ferdinand de Saussure, se compose d'un **signifiant et** d'un **signifié**. Le signifiant est l'apparence sensible du signe [un son, une image], le signifié est le sens invisible que lui associe le locuteur.

■ Or, le langage de la science est univoque. Il réduit ou annule les risques d'interprétation, et donc de désaccord. Tout discours rationnel s'y efforce aussi, comme le fait la philosophie, mais l'usage de la langue naturelle condamne à user de signes ambigus : comment, par exemple, interpréter « l'Être » chez Parménide ou Heidegger ? C'est pourquoi la philosophie se situe entre science et poésie, par ses questions et ses mots toujours ouverts au débat interprétatif. Mais c'est aussi ce que font les commentaires religieux sur les textes sacrés, ce qu'on appelle l'exégèse ou la recherche du sens caché des Écritures (voir chap. 10).

Spinoza fait une **exégèse** exemplaire de la Bible dans le *Traité théologico-politique* [1670], où il trouve un sens politique et historique au texte sacré considéré comme imagé ou métaphorique. De même, Pascal dit que la Bible parle par « figures » qu'il faut interpréter.

III Interpréter la nature ou le texte ?

Dans le cas de la nature, il ne s'agit pas d'une langue ou d'un système symbolique déjà constitué ; il faut alors trouver des signes. C'est le formidable coup de force de l'interprétation, qui est d'interpréter un phénomène naturel comme un signe « qui veut dire quelque chose ».

A La nature fait-elle signe ?

Mais alors, le problème est de savoir ce qui, dans la nature, peut ou non être pris comme un signe : un tel verra un signe dans le passage d'un chat noir, là où un autre n'y verra qu'un hasard. Le désaccord réside dans le fait de savoir s'il ne faut interpréter que les signes explicites, ceux du **langage** ou d'un système symbolique (musique, peinture) qui ont l'intention de signifier, ou s'il faut voir des signes partout, s'il faut voir des **signes dans la nature**, signes cachés qu'il faut d'abord reconnaître comme signes.

Dans *Les Mots et les Choses* (1966), Michel Foucault montre que, jusqu'au XVIe siècle, on confond les mots et les choses : le monde est enchanté, il est un **livre écrit par Dieu** où l'homme doit décrypter des messages ; la nature est peuplée de signes à interpréter ; ressemblances et analogies mettent en correspondance le corps humain, le ciel, la terre, les éléments (« sa chair [du corps humain] est une glèbe, ses os des rochers, ses veines de grands fleuves... »). « Il faut que les similitudes enfouies soient signalées à la surface des choses ; il est besoin d'une marque visible des analogies invisibles [...]. Et l'espace des immédiates ressemblances devient comme un grand livre ouvert. »

Une **ressemblance** associe deux termes : Pierre ressemble à Paul. Une **analogie** associe deux rapports : le sport est à Pierre ce que la musique est à Paul.

Herméneutique et **sémiologie** s'attachent à interpréter les signes : « Appelons *herméneutique* l'ensemble des connaissances et des techniques qui permettent de faire parler les signes et de découvrir leur sens ; appelons *sémiologie* l'ensemble des connaissances et des techniques qui permettent de distinguer où sont les signes, de définir ce qui les institue comme signes, de connaître leurs liens et les lois de leur enchaînement. » (M. Foucault, *Les Mots et les Choses*.)

« Le travail de **l'herméneute** est justement de traduire ce qui a été proféré d'une façon étrangère ou incompréhensible, dans une langue qui peut être comprise par tous » (H.-G. Gadamer).

B Le désenchantement du monde

Au XVIIe siècle intervient un « désenchantement du monde » dû, en particulier, au rationalisme cartésien : la nature est une machine qui ne signifie rien, où il s'agit de comprendre et d'expliquer par causes et effets, et non d'interpréter un sens caché.

Max Weber désigne par « **désenchantement du monde** » le recul des croyances religieuses et magiques à partir du XVIe siècle.

L'interprétation se replie alors sur le seul langage, qui ouvre à une **interprétation intertextuelle** à l'infini, comme le notait déjà Montaigne : « Il y a plus à faire à interpréter les interprétations qu'à interpréter les choses ; et plus de livres sur les livres que sur tout autre sujet ; nous ne faisons que nous entregloser [nous commenter réciproquement] » (*Essais*, III, 13).

Selon Paul **Ricœur**, cette interprétation infinie du texte écrit devient l'objet de l'**herméneutique** : l'écrit libère l'oral de son contexte d'énonciation, « l'écrit s'arrache aux limites du dialogue face à face et devient la condition du *devenir-texte* du discours. Il revient à l'herméneutique [art d'interpréter] d'explorer les implications de ce devenir-texte pour le travail de l'interprétation » (*Du texte à l'action. Essai d'herméneutique,* 1986).

IV La quête d'un sens caché : entre vérité et liberté

Le besoin d'interpréter, on l'a vu, est propre à l'**homme en tant qu'être de langage**. Il se justifie pour toute langue qui laisse planer l'incertitude quant au sens des signes, ou dans le cas de textes où l'on suppose un sens caché derrière le sens littéral : ainsi, dans la **Bible**, la traversée du désert par les Hébreux devrait être interprétée comme symbolisant les épreuves auxquelles tout croyant est soumis pour affermir sa foi.

L'interprétation prend alors le sens littéral comme image ou symbole d'un sens caché. Pascal dit que le Dieu caché parle par des « **figures** » (prophéties, miracles, paraboles, images) dont il faut deviner le sens, c'est-à-dire le message caché de Dieu.

A Paranoïa et superstition

Le risque est alors celui d'un **délire interprétatif** : on connaît celui du **paranoïaque**, qui voit des signes de persécution partout ; ou celui du jaloux, qui interprète tout geste de l'aimée comme un signe qui trahit son infidélité.

La superstition offre aussi ce type de délire qui, sous l'emprise de la crainte, voit des signes partout, lesquels conjurent ou confortent sa peur de l'avenir et de la nature.

Les hommes redoutent la foudre et le tonnerre comme autant de signes de la colère divine. Ce délire interprétatif est donc pathologique, effet d'une terreur ou d'une angoisse irrationnelle qui veut se trouver des causes objectives.

Lucrèce donne un tableau lugubre de la **superstition** : « [...] l'humanité traînait sur terre une vie abjecte, écrasée sous le poids d'une religion dont le visage, se montrant du haut des régions célestes, menaçait les mortels de son aspect horrible » (*De la nature*).

B Peut-on tout interpréter ?

Dans de tels cas, le sens caché recherché correspond à la crainte ou à l'espoir (interpréter telle catastrophe ou telle guerre comme signe de l'arrivée prochaine du Messie), et l'interprétation est une **projection objective d'un désir** plus ou moins inconscient.

C'est ainsi que **Freud** interprète les rêves ou les lapsus, que **Spinoza** explique les croyances superstitieuses, que **Marx** interprète l'idéologie (représentations, science, politique, religion…, sont les signes déguisés des intérêts économiques qui les déterminent), que **Nietzsche** interprète la morale (comme un signe déguisé qui cache et révèle à la fois, une volonté de puissance des plus faibles).

C L'ère du soupçon

L'Ère du soupçon est le titre d'un essai de Nathalie Sarraute (1956), qui analyse la méfiance du lecteur envers les personnages de roman. Des journalistes ont étendu la formule à l'état d'esprit des années 1960 dominé par « MNF » (Marx, Nietzsche, Freud).

Freud, Marx et Nietzche ont contribué à l'avènement d'une « ère du soupçon » où tout phénomène humain, social ou culturel, est soupçonné de cacher une vérité honteuse (l'inconscient, les intérêts de classe, la volonté de puissance). La philosophie devient alors décryptage et interprétation, permettant de faire émerger le vrai sens caché, de faire « avouer » les signes mensongers.

Certains mettent en garde contre ce soupçon systématique porté sur le langage et la culture : « on ne peut plus parler, écrit **Levinas**, car personne ne peut commencer son discours sans témoigner aussitôt de tout autre chose que de ce qui se dit. Psychanalyse et sociologie guettent les interlocuteurs. Les mots sont des symptômes et des superstructures (…). Non seulement le marxisme, mais toute sociologie et toute psychanalyse, témoignent d'un langage où le principal ne réside pas dans ce que les mots nous enseignent, mais dans ce qu'ils nous cachent. Voilà les mots devenus les signes muets des infrastructures anonymes […]. À force de cohérence, la parole a perdu la parole. » (« Liberté de parole », in *Difficile liberté*).

Ce **totalitarisme interprétatif** tue la liberté de parole au nom de la vérité cachée, dont seuls les interprètes autorisés détiennent la clé. C'est ainsi que cette nouvelle forme de délire interprétatif dépossède les acteurs de la responsabilité de leurs actes, et tue la vérité par une liberté interprétative déréglée.

V Interpréter et expliquer

■ Interpréter, c'est **chercher un sens** ; expliquer, c'est **trouver une cause** ou une raison : j'interprète le sens du destin à venir, mais j'explique le temps qu'il fera demain par des causes physiques. L'interprétation cherche une intention qui réponde à la question « **pourquoi ?** » (Pourquoi la vie sur terre ? Pourquoi cette maladie ?). L'explication répond à la question « **comment ?** » (Comment la vie est-elle apparue ? Comment suis-je tombé malade ?).

■ La distinction peut séparer la **religion**, qui interprète, et la **science**, qui explique. Mais elle peut aussi différencier les sciences naturelles, qui expliquent, et les **sciences humaines**, qui interprètent les comportements humains (histoire et sociologie, selon **Max Weber**).

RÉCAPITULONS

1. Interpréter des textes pour trouver un sens caché	**2.** Interpréter les phénomènes pour dégager des lois	**3.** Interpréter l'avenir pour servir ses craintes et ses espérances
Exégèse et herméneutique	Sciences et mathématiques	Superstitions et fausses sciences

« CITATIONS

■ Ils forgent d'innombrables fictions et, quand ils interprètent la Nature, y découvrent partout le miracle comme si elle délirait avec eux.

Spinoza, *Traité théologico-politique*, 1670.

■ Il n'y a pas de faits, rien que des interprétations.

Friedrich Nietzsche, *Le Gai savoir*, 1882.

■ On ne peut plus parler, car personne ne peut commencer son discours sans témoigner aussitôt de tout autre chose que de ce qu'il dit. Psychanalyse et sociologie guettent les interlocuteurs. Les mots sont des symptômes ou des superstructures.

Emmanuel Levinas, *Difficile liberté*, 1963.

Construire le plan d'une dissertation (2)

LA DÉMARCHE

- La **première partie** répond en adoptant le point de vue du sens commun (la réponse qui paraît la plus évidente).
- La **deuxième partie** présente des objections aux positions affirmées dans la première.
- La **troisième partie** tente d'apporter une réponse globale, en tranchant de la façon la plus rationnelle possible, ou en déplaçant le sens de la question.

(Voir aussi Méthode, chap. 11, 17 et 21.)

L'EXEMPLE COMMENTÉ

Construisez le plan du sujet de dissertation suivant :
« Faut-il vouloir trouver un sens à toute chose ? »

I Vouloir trouver un sens à toute chose est signe d'intelligence

- Dès son enfance, l'être humain cherche le « **pourquoi** » de toute chose. Cette curiosité est le principal signe d'intelligence.
- Pour les philosophes grecs, la pensée commence avec l'**étonnement**. Or, s'étonner, c'est essayer de trouver le sens de ce qu'on voit.
- C'est précisément parce qu'elles proposent de **donner un sens** au monde et à la vie, que les religions ont du succès.

II Il est illusoire de vouloir trouver un sens à toute chose

- La science nous donne une explication causale du monde (le « **comment** »), non le sens du monde (le « **pourquoi** »).
- Il n'y a pas non plus de réponse scientifique à la question du sens de la vie.
- La recherche systématique de sens débouche sur un **délire interprétatif** qui voit des signes partout (superstition ou paranoïa).

III Seules les actions humaines peuvent avoir un sens

- Par le langage, **seul l'homme** est capable de donner du sens à son comportement et à ses propos. Les phénomènes naturels ont une cause mais n'ont pas de sens.
- Mais il faut aussi se demander si même le sens des actions humaines nous est accessible (philosophie de l'absurde). Autre question : doit-on expliquer les actions humaines par leur sens ou par la causalité physique ?

SE TESTER QUIZ

1 Comment appelle-t-on l'art d'interpréter les signes ?

☐ **a.** La signalétique

☐ **b.** L'herméneutique

☐ **c.** La sémantique

2 Que désigne le « désenchantement du monde » au XVIIe siècle ?

☐ **a.** Le fait que la nature n'est plus considérée comme un ensemble de signes

☐ **b.** La disparition des magiciens et des sorcières

☐ **c.** Un sentiment général de tristesse

3 Que veut dire Pascal quand il écrit que Dieu caché nous parle par « figures » ?

☐ **a.** Que Dieu nous envoie des idoles

☐ **b.** Que Dieu s'exprime par signes déguisés

☐ **c.** Que Dieu utilise un langage trop compliqué

4 À quelle question la recherche du sens répond-elle ?

☐ **a.** Pourquoi ?

☐ **b.** Comment ?

☐ **c.** De quel droit ?

5 Quelle maladie se caractérise par un délire interprétatif ?

☐ **a.** La catharsis

☐ **b.** La schizophrénie

☐ **c.** La paranoïa

6 Levinas reproche à la sociologie et à la psychanalyse :

☐ **a.** d'être des sciences invérifiables

☐ **b.** de traiter actes et paroles comme des symptômes

☐ **c.** de postuler un sens dans la nature

OBJECTIF BAC

Dissertation

7 Traitez le sujet de dissertation suivant :
« En quel sens la connaissance scientifique peut-elle être un désenchantement du monde ? »

SE TESTER

1 Réponse **b.** **2** Réponse **a.** **3** Réponse **b.** **4** Réponse **a.** **5** Réponse **c.**
6 Réponse **b.**

OBJECTIF BAC

7 *Les titres et sous-titres servent à mettre en évidence la structure du corrigé, mais ne doivent pas figurer sur votre copie.*

Introduction

- La Renaissance amène une révolution scientifique qui, avec Galilée, Descartes et d'autres, détruit les croyances magiques qui dominaient le Moyen Âge. C'est ce que Max Weber appelle le « désenchantement du monde ».
- La formule « En quel sens » nous demande d'expliquer comment s'est opéré ce changement, mais aussi de l'interpréter pour tenter de comprendre ce que le « désenchantement » révèle sur l'histoire de l'humanité et sur la nature humaine.
- Nous commencerons par expliquer comment la science a désenchanté le monde, puis en quoi la science ne répond pas à la quête de sens, et enfin nous montrerons que la science peut proposer un ré-enchantement du monde.

I. La science dépoétise le monde

- En l'expliquant mécaniquement la nature, la science en a chassé les dieux. On parle de la « prose du monde » (ex. : Don Quichotte).
- La science réduit le monde à des lois mathématiques, et lui fait **perdre** sa magie et ses couleurs : le monde devient « **gris** » (Galilée et Descartes).
- La science montre que le monde n'obéit pas à nos désirs ; elle déshumanise la nature (Spinoza).

> Personnage du roman éponyme de Cervantès (1547-1616), **Don Quichotte**, aveuglé par sa passion pour les romans de chevalerie, vit dans un monde poétique et enchanté, à mille lieues des réalités prosaïques de la vie.

II. Mais la science n'élimine pas la quête de sens

- À côté de la science **persistent** des croyances religieuses ou magiques.
- Nombre de scientifiques sont croyants : leur foi répond à un besoin de sens que la science ne satisfait pas.
- La science peut être sacralisée et idéalisée sous la forme d'une « religion de la science », comme le **positivisme**.
- De fausses sciences, comme l'astrologie, prennent l'apparence de la science

pour répondre à un besoin superstitieux d'interprétation de l'avenir.

III. La science peut-elle ré-enchanter le monde ?

- On ne peut revenir aux croyances antiques préscientifiques.
- Cependant la science ouvre à un nouvel imaginaire (conquête de l'espace, de l'atome). La science elle-même apporte une **nouvelle poésie** : l'infiniment petit et l'infiniment grand font rêver (astronomie, biologie).
- Néanmoins, la science laisse intacts les mystères de l'existence humaine, comme la **mort**, qui poussent à interpréter le sens de la vie et du monde.

Conclusion

- Le désenchantement du monde est une **réalité historique**, dont la science est en grande partie responsable.
- Mais nous avons vu que la science n'élimine pas toute tentation de croyance interprétative, qu'elle peut être elle-même enchantée ou enchanteresse, qu'elle ne répond pas aux questions qui motivent notre quête de sens.
- On peut dès lors se demander si le progrès de la science conduira à un total désenchantement et à une humanité totalement rationnelle, ou si la composante irrationnelle de la nature humaine résistera, voire inventera, à partir de la science, un nouvel imaginaire interprétatif.

www.annabac.com

CHAPITRE

15 Le vivant (L, S)

La science du vivant, ou biologie, est sans doute celle qui a connu le développement le plus spectaculaire depuis le XIXe siècle. La théorie de l'évolution, la génétique, l'écologie, la recherche médicale nous ouvrent à l'origine de la vie et à sa préservation dans un environnement fragile.

Depuis l'Antiquité, la vie fait l'objet d'un respect moral ou religieux, mais aussi d'une curiosité qui cherche à rivaliser avec le vivant par la construction de machines, d'automates et d'androïdes qui l'imitent et tendent à fusionner avec lui.

Repères Cause/Fin • Genre/Espèce/Individu

I L'originalité des êtres vivants

A L'émergence de la biologie

- Le vivant est-il un objet de science ? La réponse peut sembler aller de soi : la **biologie** fait partie des disciplines scientifiques au même titre que la physique, la chimie... Mais c'est une science jeune, qui ne s'est construite qu'au XIXe siècle (le mot « biologie », c'est-à-dire « connaissance scientifique de la vie », ne date lui-même que de l'année 1802).

- Pourtant, depuis l'Antiquité grecque et Aristote, les êtres vivants sont un objet d'intérêt et d'analyse. Si la biologie a mis si longtemps à se constituer comme science, c'est qu'il lui a fallu se plier aux conditions de la connaissance scientifique : considérer que le monde du vivant est connaissable selon les règles de la méthode

Aristote (IVe siècle av. J.-C.) est l'auteur d'un *Traité des animaux* qui caractérise le vivant par le fait d'être « animé ». L'âme est un principe interne de mouvement qui permet à l'animal de « se mouvoir par lui-même », d'être *automaton*.

expérimentale, qu'il est régi par les mêmes lois que celles qui gouvernent le reste de la nature, par le même déterminisme universel.

▪ En d'autres termes, il faut **désenchanter** le monde vivant comme la science moderne a depuis le XVIIe siècle désenchanté le reste de la nature. Celle-ci cesse d'être représentée, de façon anthropomorphique, comme une sorte de personne : il n'y a pas d'intentions dans la nature, elle ne parle pas un « langage » plus ou moins secret dont il faudrait décoder les signes, elle n'agit pas (contrairement aux hommes) selon des fins.

B L'obstacle du finalisme

▪ Le finalisme, dit Spinoza, renverse de façon irrationnelle l'ordre réel du monde en cherchant à expliquer un phénomène par le « but » vers lequel il tendrait plutôt que par ses causes. La représentation scientifique du monde exige que le préjugé finaliste soit détruit.

▪ Mais, précisément, cela ne va pas immédiatement de soi pour les êtres vivants : à première vue, la vie est un phénomène aux propriétés originales. À la différence des simples corps physiques, les êtres vivants sont des organismes. Ils sont les seuls à se reproduire, à dépendre d'un échange avec le milieu, et même à mourir. Ils semblent même animés d'une sorte de **finalité interne** : ils sont adaptés à leur milieu et capables, au moins en partie, d'autorégulation et d'autoréparation ; ils semblent *faits pour* s'adapter au milieu, comme si cela résultait d'un projet. La vie est-elle alors le dernier refuge d'une représentation non scientifique du monde ?

Le **finalisme** attribue un rôle central à la *finalité* dans l'explication de la nature : les yeux sont faits « pour voir », le sexe est fait « pour procréer ». La nature serait donc le produit d'une intelligence ayant un but.

Organisme : ensemble constitué d'organes remplissant des fonctions différentes et coordonnées et dont chaque partie, à la différence de la machine, dépend des autres, peut se réparer et se remplacer en cas de défaillance (« vicariance » des organes).

II Vitalisme et mécanisme

A Une métaphysique du vivant...

▪ Cette originalité des organismes a longtemps fait croire à la spécificité absolue du vivant : il serait comme un « empire dans un empire », une partie de la nature soustraite à l'ordre général du monde.

▪ Créateur de formes nouvelles qui peuvent être extraordinaires, trouvant en lui des ressources spectaculaires pour se régénérer, le vivant serait régi, non par les lois ordinaires de la nature physique, mais par un principe spécial, un « **principe vital** » que certains nomment « âme », ou encore « souffle », « élan vital » ou plus simplement « vie ».

Tel est le vitalisme : une **métaphysique du vivant** qui cherche à en expliquer les manifestations par le recours à une entité particulière, cachée et inexplicable, la Vie (écrit alors avec une majuscule).

Le **vitalisme** trouve sa source dans la théorie aristotélicienne de l'âme. Le médecin Paul-Joseph Barthez le nomme « principe vital » au XVIIIe siècle. Bichat au XIXe siècle, définit la vie comme « l'ensemble des fonctions qui s'opposent à la mort ».

B … ou une physique du vivant ?

L'entrée de la biologie dans les sciences positives a d'abord exigé la déconstruction de cette conception « romantique » du vivant. Il a fallu chasser la « Vie » du vivant.

Tel fut notamment l'effort de **Descartes** : considérer les êtres vivants comme de purs **mécanismes**, dont les lois ne présentent ni originalité ni mystère : passer, en somme, d'une métaphysique du vivant à une **physique du vivant**. Les fonctions vitales se réduisent alors à des mécanismes analogues à ceux qu'on observe dans les machines construites par l'homme : le cœur est une pompe, les muscles, les tendons, les nerfs sont des leviers, des poulies ; l'estomac est un alambic…

C'est dans ce projet que s'inscrit chez Descartes la **théorie des animaux-machines**, selon laquelle les comportements des animaux s'expliquent de la même façon que le mouvement d'une machine automate. L'homme aussi est, dans sa dimension « biologique » – c'est-à-dire quant à son corps – une machine. L'âme n'est pas un principe vital qui « anime » les êtres vivants : elle est pure pensée et le propre de l'homme. La présence de l'âme en l'homme fait qu'il n'est pas seulement un animal.

Au XVIIIe siècle, le philosophe français **La Mettrie** étendra la théorie de l'animal-machine à l'homme tout entier, pensée comprise. Son livre ***L'Homme-Machine*** paraît en 1748.

Avec la théorie de l'animal-machine, Descartes cherche à énoncer la condition d'accès de la connaissance du vivant à la science positive. Dans le même esprit, un biologiste contemporain, Ernest Kahane, rédige un ouvrage intitulé *La vie n'existe pas*. Titre qu'il faut évidemment comprendre comme « Le principe vital n'existe pas », la « Vie » n'est pas une entité mystérieuse et impénétrable. Si la biologie veut être une science, il faut qu'elle prenne comme modèle le type d'explication fourni par la physique et donc qu'elle cherche à réduire la spécificité du vivant.

C L'impasse du mécanisme

■ Cependant, le mécanisme cartésien semble aboutir à une **impasse inverse de celle du vitalisme**. Car les organismes vivants ne se laissent pas facilement intégrer au mécanisme universel. Kant le remarquait contre Descartes : deux montres côte à côte n'en engendreront jamais une troisième. Le vitalisme empêche une connaissance positive du vivant, mais un mécanisme pur empêche d'en comprendre les propriétés remarquables et singulières.

■ La biologie contemporaine a dû se constituer entre ces deux écueils : elle récuse le vitalisme, mais elle doit rendre compte des caractères originaux des êtres vivants. Plus personne ne songe aujourd'hui à expliquer le vivant en le comparant à un automate. Mais le développement de la génétique et de son concept central de **programmation** ne montre-t-il pas que la biologie n'a pas renoncé au modèle de la machine et l'a simplement déplacé vers la machine informatique contemporaine ?

Depuis 1865, date à laquelle Mendel découvre les lois de l'hérédité, jusqu'au séquençage de l'ADN humain en 2003, la **génétique** a pris une place centrale dans la connaissance et la manipulation technologique du vivant.

III Biologie et éthique

■ Descartes formulait le projet d'une science qui pourrait rendre les hommes « comme maîtres et possesseurs de la nature ». Mais ce qui, au XVIIe siècle, constituait une promesse n'est-il pas devenu aujourd'hui une menace ? Le généticien contemporain est-il une figure moderne de l'**apprenti sorcier** ?

■ Le développement des sciences biologiques pose un problème **moral et politique**. Les manipulations génétiques, les OGM… conduisent à s'interroger sur les pouvoirs non maîtrisés, et donc angoissants, que cet essor peut libérer.

■ L'**écologie** nous oblige à penser le vivant dans un contexte plus large, menacé par l'exploitation technique de la nature. L'**hybridation** permet de mélanger des espèces vivantes, mais aussi d'associer, par greffes et manipulations, du mécanique et du vivant (cœur artificiel, puces intégrées, œil, bras ou jambes artificiels…). Le **clonage** permet de donner naissance à des individus animaux ou végétaux sans passer par la reproduction sexuée.

■ Le progrès des technologies du vivant pose la question des **limites éthiques** que l'homme doit s'imposer : par exemple, a-t-on le droit de fabriquer un embryon « médicament » pour soigner un autre embryon ? Autrement dit, le vivant est-il une fin en soi, ou peut-il être utilisé comme un moyen ?

ZOOM

L'idée d'évolution

▲ **Comparaison des morphologies de différents hominidés depuis le singe jusqu'à l'homme actuel.**

▶ L'idée d'une transformation des espèces vivantes est avancée dès le début du XIXe siècle par **Lamarck**. Mais c'est **Darwin** (*De l'origine des espèces*, 1859) qui en fait une théorie scientifique.

▶ Darwin affirme l'existence dans le monde vivant d'une **sélection naturelle** : les variations individuelles favorables à une meilleure adaptation de l'organisme au milieu ont tendance à se reproduire et à entraîner la disparition des moins aptes, d'où la formation d'espèces nouvelles. Ainsi, tous les êtres vivants sont le résultat d'une longue série de transformations de plus en plus adaptées au milieu, des formes de vie les plus élémentaires jusqu'aux espèces les plus complexes.

▶ L'**évolution des espèces** n'est donc pas le résultat d'un plan de la nature, ou de Dieu, et il n'y a pas lieu de s'émerveiller du fait que les êtres vivants soient si bien adaptés à leur milieu : c'est là le résultat d'une sélection naturelle **aveugle**, et si les êtres vivants n'étaient pas adaptés, ils ne survivraient pas et laisseraient la place à des espèces cousines qui le seraient davantage.

RÉCAPITULONS

Physique du vivant	→ Les êtres vivants sont des objets physiques comme les autres. Ils s'expliquent selon les lois ordinaires du monde matériel	→ Mécanisme et théorie des animaux-machines (Descartes)
Métaphysique du vivant	→ On ne peut expliquer les propriétés particulières des êtres vivants qu'en recourant à l'action d'un principe spécial (« force vitale », « élan vital », « principe vital »…)	→ Vitalisme

« CITATIONS

■ Un être organisé n'est pas simplement machine, car la machine possède uniquement une force motrice ; mais l'être organisé possède en soi une force formatrice.

Emmanuel Kant, *Critique de la faculté de juger*, 1790.

■ La vie, c'est l'ensemble des fonctions qui résistent à la mort.

François-Xavier Bichat, *Recherches physiologiques sur la vie et la mort*, 1800.

■ L'idée de vie suppose constamment la corrélation de deux éléments indispensables, un organisme approprié et un milieu convenable.

Auguste Comte, *Cours de philosophie positive*, 1830-1842.

■ La vie, c'est la création.

Claude Bernard, *Leçons sur les phénomènes de la vie communs aux végétaux et aux animaux*, 1878.

■ Une des propriétés fondamentales qui caractérisent tous les êtres vivants sans exception : celle d'être des objets doués d'un projet.

Jacques Monod, *Le Hasard et la Nécessité*, 1971.

■ C'est évidemment très difficile de réaliser que le monde vivant tel qu'il existe […] pourrait même ne pas exister. C'est pourtant ce qu'il faut bien admettre.

François Jacob, *Le Jeu des possibles*, 1981.

Exploiter une citation

LA DÉMARCHE

Une citation ne saurait se substituer à la réflexion ou devenir un argument d'autorité. Elle **illustre un point de vue**. Elle doit donc toujours être avancée dans le contexte du point de vue qu'elle illustre.

- Choisissez une citation d'un **auteur connu** et reconnu, et non d'un obscur inconnu.
- La citation doit être courte et **exacte.** Si vous êtes sûr de son exactitude, vous devez la mettre entre guillemets.
- Si vous n'en êtes pas sûrs, mieux vaut la **paraphraser** de façon approximative (« Selon la pensée de X... » ou « Nous dirions avec X... ») ; dans ce cas vous ne devez pas la mettre entre guillemets.
- En outre, vous devez l'**analyser et** la **commenter**, ne serait-ce que pour mettre en évidence le point de vue qu'elle illustre.

L'EXEMPLE COMMENTÉ

Analysez et commentez cette citation de Descartes :
« La nature n'est pas une déesse ».

- Dans un sujet sur le vivant – ou d'une façon générale sur la connaissance scientifique –, cette citation illustre l'idée qu'il n'y a **pas de force cachée** ou mystérieuse **dans la nature** : celle-ci est intégralement intelligible.
- Si, par exemple, le sujet vous demande de réfléchir sur la question de savoir s'il existe une finalité dans la nature, la citation de Descartes peut servir à illustrer le point de vue selon lequel croire que les phénomènes naturels agissent comme les hommes, en fonction de « buts » (le soleil est fait *pour* chauffer la terre, l'œil est fait *pour* voir...) relève d'une représentation magique et anthropomorphique, c'est-à-dire non scientifique, du monde.
- Dans un sujet sur les conditions d'une connaissance scientifique du vivant, la phrase de Descartes, dans le débat « vitalisme » contre « mécanisme », peut particulièrement illustrer le point de vue **mécaniste** : les êtres vivants ne s'expliquent pas par l'action d'un « principe vital » ; ils relèvent du mécanisme universel. Si la nature n'est pas une déesse, c'est qu'elle est une machine.

SE TESTER QUIZ

1 Quand Bichat dit que : « La vie, c'est l'ensemble des fonctions qui résistent à la mort », quelle position sur le vivant exprime-t-il ?

- ☐ a. Mécaniste
- ☐ b. Vitaliste
- ☐ c. Anthropomorphique

2 Pourquoi peut-on dire que le vitalisme est une « métaphysique du vivant » ?

- ☐ a. Parce qu'il pense qu'on ne peut pas comprendre les phénomènes de la vie
- ☐ b. Parce qu'il exprime une conception anthropomorphique du vivant
- ☐ c. Parce qu'il pense que les phénomènes biologiques sont le résultat d'un « principe » spécial qui les organise et explique leurs propriétés

3 La théorie des animaux-machines de Descartes signifie :

- ☐ a. que les êtres vivants sont tout aussi compréhensibles qu'un mécanisme d'horlogerie
- ☐ b. que les animaux ne méritent pas le nom d'êtres vivants
- ☐ c. qu'il n'y a aucune différence entre l'animal et l'homme

4 Quand le biologiste E. Kahane intitule un de ses livres *La vie n'existe pas*, il est :

- ☐ a. kantien
- ☐ b. vitaliste
- ☐ c. cartésien

5 Que reproche le vitalisme à la théorie des animaux-machines ?

- ☐ a. Sa cruauté
- ☐ b. Son incapacité à rendre compte des propriétés originales du vivant (reproduction, adaptation au milieu…)
- ☐ c. Son absence de poésie

6 Qu'est-ce que l'évolution pour Darwin ?

- ☐ a. L'œuvre d'un plan de la nature
- ☐ b. Le résultat de la sélection naturelle
- ☐ c. Le résultat de l'influence du milieu

OBJECTIF BAC

Dissertation

7 Traitez le sujet de dissertation suivant :
« La vie peut-elle être l'objet d'une connaissance scientifique ? »

SE TESTER

1 Réponse **b.** **2** Réponse **c.** **3** Réponse **a.** **4** Réponse **c.** **5** Réponse **b.**
6 Réponse **b.**

OBJECTIF BAC

7 *Les titres et sous-titres servent à mettre en évidence la structure du corrigé, mais ne doivent pas figurer sur votre copie.*

Introduction

Lamarck invente le mot « **biologie** » en 1802, mais c'est Aristote qui, au IVe siècle av. J.-C., inaugure l'étude rationnelle du vivant dans l'*Histoire des animaux* et les *Parties des animaux*.

■ La biologie occupe une place reconnue dans les sciences de la nature : elle a ses scientifiques, ses laboratoires, ses professeurs... Pourquoi, alors, se demander si la vie, qui est son objet (biologie = science de la vie), peut être l'objet d'une connaissance scientifique ? La réponse ne va-t-elle pas de soi ?

■ Cet étonnement devant une question dont la réponse est apparemment si évidente peut pourtant être levé si on considère que le sujet ne demande pas si la biologie peut être l'objet d'une connaissance scientifique (la question n'a pas à être posée puisque, de fait, elle est une connaissance scientifique), mais ce que cette connaissance fait du concept de vie. Comment comprendre cette référence à la notion, ambiguë, de « vie » ? Est-ce la « vie » qui est l'objet de la biologie ?

■ Nous préciserons d'abord ce que seraient les conditions d'une connaissance scientifique de la vie, puis nous tenterons de définir « la vie », et nous proposerons enfin de distinguer « la vie » et « le vivant » comme objets de science.

I. À quelles conditions une connaissance de la vie est-elle scientifique ?

- **Spinoza** affirme que « l'homme n'est pas un empire dans un empire » : il obéit au même déterminisme naturel que les autres phénomènes. On peut en dire autant de l'ensemble des êtres vivants. Ils ne relèvent pas d'un autre ordre que celui de la nature, et ils sont explicables à partir des lois générales qui régissent cet ordre.

- C'est en ce sens qu'il faut comprendre la théorie de **Descartes** des « **animaux-machines** » : si les animaux sont des machines, c'est que l'univers entier est une machine, dont on peut, en principe, connaître intégralement le fonctionnement. Parler d'animal-machine, c'est alors signifier que l'animal est un objet possible de connaissance scientifique, qu'il n'y a rien de mystérieux en lui, que l'on peut expliquer ses fonctions comme le physicien explique le monde des objets inertes.

- « S'il y avait de telles machines qui eussent les organes et la figure extérieure d'un singe ou de quelque autre animal sans raison, nous n'aurions aucun moyen pour reconnaître qu'elles ne seraient pas en tout de même nature que ces animaux » : par cette formule tirée de la Ve partie du *Discours de la méthode*, Descartes signifie qu'il n'y a aucune différence entre un animal vivant et un automate artificiel.

> Le mot grec « **automate** » signifie « qui se meut par lui-même », qui n'a pas sa source de mouvement en dehors de lui. Ainsi une *automobile* a son moteur en elle-même.

II. La vie, une entité singulière ?

- Pourtant, les êtres vivants ont des caractéristiques originales au regard du reste de la nature : ils se reproduisent, ils ont la capacité de réparer leurs dommages, de s'adapter à leur milieu, d'évoluer...

- « L'**âme** est l'acte premier d'un corps organisé », écrit **Aristote**. Par « âme », il entend le principe du mouvement qui fait qu'un organisme croît et se meut par lui-même, ce dont est incapable une machine qui dépend d'un mouvement extérieur. La vie est auto-organisation, alors que la machine dépend d'une intelligence et d'une énergie extérieures.

- D'autre part, les organismes vivants sont tellement adaptés à leur milieu qu'ils semblent obéir à un projet, à une finalité (l'œil serait *fait pour* voir...). D'où, contre Spinoza ou Descartes, la fortune du **vitalisme** : expliquer l'originalité des êtres vivants en supposant qu'ils relèvent d'un ordre spécifique différent du déterminisme physique ordinaire et en affirmant l'existence d'un principe spécial qui les anime, appelé, selon les auteurs, « âme », « principe vital », « souffle »...

III. Parlons du vivant et non pas de la vie

- Si « la vie » désigne un tel principe, alors, il est clair qu'elle ne peut être l'objet d'une connaissance scientifique. Et c'est précisément la raison pour laquelle la biologie s'est efforcée de se constituer comme science en éliminant la référence à la notion de « vie » dans ce qu'elle a de métaphysique.

- Ce n'est pas « la vie » qui est objet de science, ce sont les **êtres vivants**. La biologie n'étudie pas un « principe vital » mais les composants physico-chimiques du vivant.

- « La biologie moderne a l'ambition d'interpréter les propriétés de l'organisme par la structure des molécules qui le constituent », écrit François Jacob, signifiant par là le choix d'une approche **mécaniste** qui veut expliquer l'organisme particulier par ses causes, et étudier « la vie » en général comme finalité ou projet.

Conclusion

Le sujet pose une question de **droit** et non une question de fait, à la manière de Kant. Il ne s'agit pas de se demander si la biologie est une science (ce qu'elle est de fait), mais à **quelles conditions** elle peut l'être : à condition de procéder à une critique radicale du concept de vie et de ne pas s'y référer comme à une entité qui prétend expliquer l'originalité des organismes vivants, mais qui est en elle-même inexplicable.

www.annabac.com

CHAPITRE

16 La matière et l'esprit (L, ES, S)

Dans la composition de l'être humain et du monde, la matière et l'esprit s'opposent. Le corps obéit à l'esprit ou l'influence. Pour certains, le monde est dirigé et organisé par un esprit divin, par une intelligence immatérielle. Pour d'autres, c'est la matière organisée qui produit l'esprit dans le cerveau. Les deux principes sont-ils réductibles l'un à l'autre ? Si oui, on obtient un monisme ; si non, on maintient un dualisme.

Repères Idéal/Réel • Objectif/Subjectif • Croire/Savoir • Expliquer/Comprendre • Ressemblance/Analogie • Transcendant/Immanent

I Définitions et problèmes

A Définitions

- La **matière** et l'esprit désignent deux réalités distinctes, voire opposées : on appelle « matériel » tout phénomène pouvant faire l'objet d'une observation sensible (voir, toucher, sentir) et existant indépendamment de notre connaissance. Par exemple, on dira qu'un arbre est matériel parce qu'on peut le voir, le toucher... et parce qu'il existe en dehors de tout esprit (il n'est pas un rêve ou une idée).
- L'**esprit**, au contraire, désigne une réalité insensible (invisible, inodore...) et qui est immédiatement présente à nous : l'esprit pense, veut, imagine, rêve...
- La réalité matérielle est « **objective** », en ce qu'elle ne dépend pas de nous. Mais la matière, c'est aussi notre corps, nos membres, nos organes, et même notre cerveau, où l'on place généralement l'esprit. L'esprit est « **subjectif** », en ce qu'il s'identifie au sujet que je suis : il est mon point de vue et ma connaissance du monde.

B Problèmes

- Le premier problème concerne le **sujet humain** : l'homme est-il l'union d'un corps et d'une âme, ou est-il seulement un corps, ou seulement une âme immortelle ?
- Le deuxième problème concerne le **principe métaphysique** de toutes choses : le monde n'est-il fait que de matière, ou est-ce l'esprit qui gouverne le monde ? L'esprit dépend-il de la matière ou la matière dépend-elle de l'esprit ?
- Le troisième problème concerne l'éthique, le **choix de valeurs** : dois-je préférer les biens matériels ou les idéaux de l'esprit ? Faut-il être, comme on dit, « matérialiste » ou « idéaliste » ?

II L'âme et le corps

- La distinction entre matière et esprit provient d'abord d'une expérience personnelle : l'être humain éprouve une **résistance** à son désir et à sa volonté.
- Le **corps** constitue cette première résistance : aucun esprit ne peut choisir son corps, car celui-ci s'impose à nous comme une réalité matérielle objective. Le corps matériel est une **nécessité** qui s'oppose à la **liberté de l'esprit**.

A L'âme « anime » le corps

- Dès l'Antiquité, l'esprit est associé à l'âme : l'âme **désigne ce qui « anime » le corps**, un principe interne qui fait que le corps vit ou pense.
- Pour Platon, l'âme est immatérielle et immortelle, alors que, pour Épicure, l'âme est matérielle (faite d'atomes subtils) et mortelle.

> Pour Aristote, **l'âme** est ce qui donne forme à un corps vivant. Elle n'est pas distincte du corps, elle est commune aux animaux et aux végétaux, et n'est pas un esprit intelligent.

B Chose pensante et chose étendue

- L'âme est ce qui, en nous, pense, veut, imagine… Son activité essentielle est la pensée : **Descartes** l'appelle une « chose pensante » (*res cogitans*), par opposition au corps désigné comme « chose étendue » (*res extensa*). La **pensée** définit donc l'**esprit**, l'**étendue** définit la **matière** : un esprit ne peut occuper un espace, un corps ne peut penser. Âme et corps, esprit et matière, sont deux substances qui peuvent exister l'une sans l'autre : les animaux sont des corps sans esprit, Dieu est un pur esprit sans corps.

■ Par ce **dualisme substantiel**, Descartes affirme :
1. qu'esprit et matière sont deux substances indépendantes, et que l'on peut donc comprendre l'une sans l'autre (la physique peut alors étudier **les corps comme de simples machines** matérielles, sans recourir à l'âme ou à Dieu, ce qu'on appelle le « mécanisme ») ;
2. que l'homme occupe une place exceptionnelle dans la nature par l'union substantielle qui le constitue : seul l'homme est le résultat de l'union d'une âme et d'un corps, union si étroite que l'âme agit sur le corps et le corps sur l'âme à travers les passions et la sensibilité ; seul l'homme est à la fois ange et bête, esprit et matière.

Dans la VIe *Méditation*, Descartes affirme l'**union substantielle** de l'âme et du corps : « Je ne suis pas seulement logé dans mon corps, ainsi qu'un pilote en son navire. » Il s'oppose à Platon qui fait de l'âme une réalité indépendante du corps.

■ Cette interdépendance entre l'esprit et le corps est ce que l'on désigne aujourd'hui par le terme « **psychosomatique** » quand on évoque, par exemple, une éruption cutanée due à un stress psychique ou, à l'inverse, une dépression psychique provoquée par une grande fatigue du corps.

III Matérialisme et idéalisme

Le matérialisme soutient que tout est matière ou que tout dépend de la matière. L'idéalisme soutient que tout est esprit ou que tout dépend de l'esprit.

A L'esprit gouverne la matière

■ Les premiers **physiciens grecs**, Anaxagore, Empédocle, Démocrite (VIe siècle av. J.-C.), tentent d'expliquer le monde à partir de combinaisons d'éléments matériels (le feu, l'air, la terre, l'eau).

■ Platon leur reproche d'ignorer qu'une intelligence gouverne le monde, et de croire que la matière aveugle peut produire un ordre. Or, comme le **cosmos** est un ordre harmonieux, il faut que la matière soit dirigée par un esprit selon un but idéal (la plus belle harmonie).

■ Platon incarne un **dualisme idéaliste** : deux principes existent (matière et esprit), mais c'est l'esprit qui domine la matière, c'est l'esprit qui est le premier principe. Cette conception suppose de **dédoubler la réalité**, et de chercher, derrière les apparences sensibles du monde matériel, la vérité idéale. Nietzsche critiquera cette invention d'« arrière-mondes » qui déprécie la réalité immédiate.

Au **dualisme** s'oppose le **monisme**, conception soutenant que la réalité dépend d'un seul principe et qu'elle est composée d'une seule substance.

B L'immatérialisme

▪ Il existe cependant un **monisme idéaliste** qui nie l'existence de la matière, et affirme que toute réalité est spirituelle.

▪ Tel est le cas de l'**immatérialisme de Berkeley** (XVIIIe siècle) pour qui l'esprit de Dieu est directement créateur de toutes choses : les objets matériels ne sont que la projection d'esprits qui perçoivent (« Être, c'est être perçu »). La matière n'est donc qu'une vaste illusion, ou un abus de langage.

C L'esprit est matériel

▪ À l'opposé, le **matérialisme** soutient que tout est matière, et que l'esprit n'est qu'une forme subtile de la matière.

▪ Pour Épicure et Lucrèce, l'âme est faite d'atomes subtils, et l'esprit est la partie la plus subtile de l'âme. Mais âme et esprit sont eux-mêmes des corps qui meurent après la mort du corps. Le matérialisme **nie l'immortalité de l'âme** (tout en l'homme est corporel, et tout corps naît et meurt), et **nie aussi l'idée d'un Dieu immatériel** créateur du monde.

▪ Le matérialisme affirme que **la matière s'organise elle-même**, au hasard, sans l'aide d'aucun esprit transcendant (extérieur et supérieur à elle). Il n'y a donc ni providence, ni finalité dans la nature, qui n'obéit qu'à des lois et des mécanismes immanents (internes et spontanés).

> **Lucrèce** distingue l'âme (*anima*), principe de vie et de sensibilité animale, et l'esprit (*animus*), intelligence propre à l'homme. Tous deux sont composés d'atomes matériels très fins qui, à la mort, s'écoulent hors du corps.

D Le matérialisme et la science

▪ Le **mécanisme** cartésien, au XVIIe siècle, tente d'expliquer la nature par les seuls mouvements de la matière.

▪ Est-il alors possible d'expliquer la nature sans recourir à un esprit divin. À Napoléon qui lui demandait : « **Et Dieu dans tout cela ?** », l'astronome Laplace répondit : « Je n'ai pas besoin de cette hypothèse. »

▪ De même, les **sciences neuronales**, au XXe siècle, progressent dans l'explication de l'esprit par la chimie du cerveau.

▪ Le progrès des sciences semble donc donner raison à l'hypothèse matérialiste, en étendant le champ d'explication du monde par la seule matière, et en parvenant de plus en plus à expliquer l'esprit par le corps.

> Le **mécanisme** compare le monde à une machine où tout s'explique par transmission de mouvements, par rouages et tuyaux, à la façon d'un automate. Le mécanisme cartésien n'attribue à Dieu que l'origine du mouvement donné à la machine.

E Spinoza : une seule substance, deux attributs

- Cependant, on peut contester cette distinction entre matière et esprit, comme le fait Spinoza : il n'existe, selon lui, qu'une substance ou réalité, qu'on peut appeler Dieu ou la nature. Matière et esprit ne sont pas deux réalités distinctes, mais deux façons de comprendre une seule et même réalité, comme les deux faces d'une même médaille.
- Pour Spinoza, cela n'a donc aucun sens de vouloir expliquer l'esprit par la matière, ou la matière par l'esprit, puisque ce sont deux façons différentes de parler de la même chose.
- La question semble rester métaphysique, sans que la science puisse vraiment la trancher : peut-on tout expliquer sans recourir à un esprit divin ? Et ce qu'on appelle « esprit » se réduit-il aux mécanismes physico-chimiques ?

> Chez **Spinoza**, on parle du « **parallélisme des attributs** » pour dire qu'une même substance s'exprime sous deux formes, corps et esprit, comme les deux faces d'une même médaille qui se correspondent point par point.

IV Un choix de valeurs éthiques

- Matérialisme et idéalisme, on l'a vu, s'opposent sur l'hypothèse métaphysique pour expliquer le monde. Mais ils s'opposent aussi sur le choix de la façon de vivre, sur l'éthique.
- Au sens vulgaire, on qualifie de « **matérialiste** » celui qui préfère les plaisirs matériels (le corps, l'argent...), et d'« **idéaliste** » celui qui préfère les grandes idées et les plaisirs de l'esprit (la science, l'art, la philosophie...). Le matérialisme a été souvent caricaturé comme mépris de l'esprit et obsession du corps.
- **Au sens philosophique**, le matérialisme rejoint souvent l'idéalisme sur le plan éthique, en ce sens que vouloir expliquer le monde par la matière ne conduit pas à nier l'esprit et sa supériorité. Le matérialiste peut soutenir qu'il est matériel, et qu'il est supérieur au corps, qu'il faut choisir d'abord les valeurs de l'esprit et de la pensée (liberté, raison, respect, dignité).
- Il peut ainsi y avoir à la fois, comme l'écrit André Comte-Sponville, un **primat de la matière** sur l'esprit (l'existence de l'esprit dépend de la matière), et une **primauté de l'esprit** sur la matière (il faut préférer les valeurs de l'esprit).

> Ainsi, au Moyen Âge, on **caricaturait** les épicuriens en les qualifiant de « pourceaux d'Épicure », alors qu'Épicure était un modèle de rigueur morale.

RÉCAPITULONS

L'**idéalisme** : l'esprit domine la matière	→ Platon, Kant, Hegel
Le **matérialisme** : l'esprit dépend de la matière	→ Épicure, Lucrèce, Hobbes
Le **dualisme** : esprit et matière sont deux principes	→ Descartes

« CITATIONS

- Rien ne s'anéantit ; toute chose retourne, par division, aux corps premiers de la matière.

Lucrèce, *De la nature*, Ier siècle av. J.-C.

- Si je parle de l'âme (*anima*), enseignant qu'elle est mortelle, persuade-toi que j'entends aussi l'esprit (*animus*), puisqu'ils ne forment qu'une unité aux éléments indissolublement unis.

Lucrèce, *De la nature*, Ier siècle av. J.-C.

- Qu'est-ce donc que je suis ? Une chose qui pense, c'est-à-dire un esprit.

René Descartes, *Méditations métaphysiques*, 1641.

- L'âme de l'homme est réellement distincte du corps, et toutefois [...] elle lui est si étroitement conjointe et unie qu'elle ne compose que comme une même chose avec lui.

René Descartes, *Abrégé des Méditations métaphysiques*, 1647.

- L'esprit n'est lui-même que le produit le plus élevé de la matière.

Friedrich Engels, *Ludwig Feuerbach et la fin de la philosophie classique allemande*, 1886.

ZOOM

La matière : question scientifique ou philosophique ?

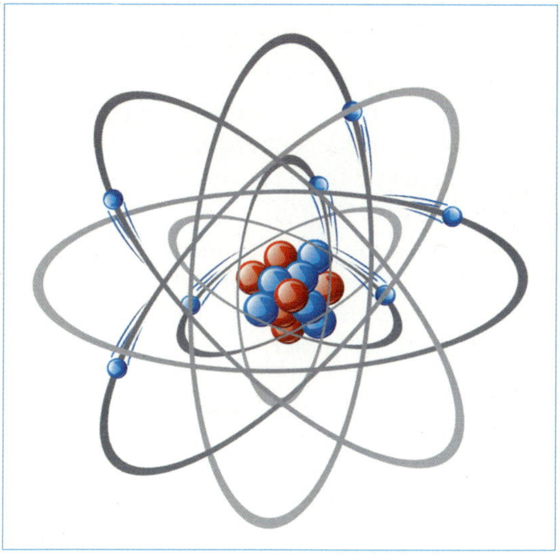

▲ **Représentation d'un atome.**

▶ La matière est d'abord l'objet d'une **recherche scientifique**. Celle-ci commence dès l'Antiquité avec Thalès, Héraclite, Anaximène, Anaximandre, physiciens ioniens du VIe siècle av. J.-C., pour qui le monde est composé de feu, d'air, d'eau, de terre, ou d'une combinaison des quatre. Deux siècles plus tard, Aristote imposera l'idée d'une substance informe qu'une forme ordonne en un corps. Puis, l'atomisme moderne reprendra les intuitions de Démocrite et d'Épicure, jusqu'aux théories sur les composants élémentaires (quarks, neutrinos).

▶ La matière soulève aussi des **questions philosophiques** : la matière a-t-elle une origine ? A-t-elle été créée ou est-elle éternelle ? Est-elle composée d'éléments « insécables » (*a-tomos*, en grec) ou est-elle indéfiniment divisible ? D'où la matière tire-t-elle son mouvement et son énergie ? Enfin, et surtout, la matière peut-elle penser ?

Analyser un exemple

LA DÉMARCHE

Les exemples, dit Kant, sont les « **béquilles du jugement** ». Un exemple ne remplace pas un argument, mais il le complète et le précise par un cas concret.

- Un exemple peut être tiré de l'actualité, de l'histoire, de la littérature ou de votre expérience personnelle.
- Vous pouvez commencer par l'exemple analysé, puis **élargir** à un argument. Exemple : un accident de la route peut provoquer un grave traumatisme au cerveau qui fait perdre la mémoire ou la pensée (*exemple*). On voit par là que l'esprit dépend du cerveau (*argument*).
- À l'inverse, vous pouvez **partir d'un argument général et l'appliquer à un cas particulier**. Exemple : l'esprit est une forme de vie (*thèse*). Sur les planètes connues où nous ne connaissons pas de formes de vie, nous ne trouvons pas non plus de traces de pensée (*exemple*).
- Analyser un exemple, c'est expliquer son rapport avec le sujet ou l'argument, montrer en quoi il fait pencher en faveur de telle thèse, éventuellement le rapprocher ou l'opposer à d'autres exemples pour le renforcer ou le nuancer.

L'EXEMPLE COMMENTÉ

Analysez l'exemple des drogues.

- Les drogues, les psychotropes, ont un effet sur le fonctionnement de l'esprit (hallucinations, excitation, désinhibition).
- Cet exemple confirme l'effet des substances matérielles sur l'esprit. Ce sont des corps chimiques extérieurs qui influencent l'esprit.
- Mais il existe aussi des effets causés par l'intérieur du corps sur l'esprit, par exemple en cas d'infection ou de dérèglement hormonal. À l'inverse, une maladie de l'esprit, comme la dépression ou l'anorexie mentale, entraîne un dépérissement du corps. Ces exemples montrent une interaction entre le corps et l'esprit.
- Mais ce n'est pas un argument, ni une preuve, pour montrer que l'esprit est totalement déterminé par la matière. Car on ne voit pas en quoi la résolution d'une équation par l'esprit serait déterminée par le corps. Que penser suppose un cerveau ne prouve pas que toute la pensée soit déterminée par le cerveau.

SE TESTER QUIZ

1 Comment s'appelle la conception qui soutient qu'il n'existe qu'une seule substance ?

- ☐ a. Le monisme
- ☐ b. Le mécanisme
- ☐ c. Le monothéisme

2 Quel philosophe soutient que la matière et l'esprit sont deux expressions d'une seule et même substance ?

- ☐ a. Aristote
- ☐ b. Spinoza
- ☐ c. Platon

3 L'immatérialisme de Berkeley affirme que :

- ☐ a. l'esprit est une illusion
- ☐ b. la matière n'existe pas
- ☐ c. toutes nos perceptions sont vraies

4 Le matérialisme soutient que :

- ☐ a. les hommes sont des bêtes
- ☐ b. la matière détermine l'esprit
- ☐ c. seuls importent les intérêts matériels

5 Comment s'appelle, chez Descartes, l'interdépendance du corps et de l'esprit ?

- ☐ a. L'union substantielle du corps et de l'âme
- ☐ c. Le parallélisme des attributs
- ☐ c. Le phénomène psychosomatique

6 Que désigne le mot « atome » chez Épicure ?

- ☐ a. Une cellule vivante
- ☐ c. Une source d'énergie
- ☐ c. Un corps insécable

OBJECTIF BAC

Dissertation

7 Traitez le sujet de dissertation suivant :
« Peut-on dire que la matière est une illusion de l'esprit ? »

SE TESTER

1 Réponse **a.** **2** Réponse **b.** **3** Réponse **b.** **4** Réponse **b.** **5** Réponse **a.**

6 Réponse **c.**

OBJECTIF BAC

7 *Les titres et sous-titres servent à mettre en évidence la structure du corrigé, mais ne doivent pas figurer sur votre copie.*

Introduction

- La question est posée sous forme de paradoxe, car l'existence d'un monde matériel ne semble pas faire le moindre doute.
- Nous nous demanderons d'abord dans quelle mesure on peut remettre en cause l'existence de la matière, puis nous verrons pourquoi l'esprit aurait besoin de croire à la matière.
- Si la matière est une illusion, l'esprit seul existe et toutes nos connaissances sont un vaste rêve ; l'esprit est alors condamné au « solipsisme » (existence solitaire de l'esprit en l'absence d'un monde extérieur).
- Nous verrons d'abord en quoi la matière n'est pas une illusion, puis les critiques qui mettent en doute l'existence de la matière, et enfin, en quoi la matière n'est ni une illusion, ni une connaissance objective, mais une idée métaphysique.

Dire que la matière est une **idée métaphysique** permet de déplacer la question. Il ne s'agit plus de prouver que la matière existe, mais de définir ce qu'on entend par matière.

I. La matière n'est pas une illusion

- La matière est **ce qui résiste à l'esprit** : c'est ce qui fait que nous ne pouvons pas prendre nos désirs pour des réalités. Nous rêvons de voler, mais les lois physiques de la matière nous en empêchent .
- La matière est même **ce qui dissipe les illusions** de l'esprit : par la résistance du monde matériel, l'esprit peut distinguer connaissances vraies et pures imaginations.
- Même les philosophes qui théoriquement doutent de la matière, vivent pratiquement selon la **croyance en la matière** : le plus idéaliste d'entre eux sortira de sa maison par la porte et devra se nourrir pour survivre.
- Enfin, les **sciences de la nature** ont toutes pour objets d'étude les différents états de la matière, ce qui confirme son existence.

II. Les objections à l'existence de la matière

- Le rêve, le **délire**, le pouvoir de l'imagination prouvent que notre esprit peut créer des mondes irréels fait d'une matière imaginaire.
- Nous connaissons **des corps et des objets particuliers**, jamais la matière en général. De fait, même les sciences « de la matière » observent des atomes et des particules infiniment petites, non la matière en général. C'est pourquoi certains physiciens considèrent que **la matière s'évanouit** dans l'infiniment petit.

Le **rêve** a toujours été un argument pour mettre en doute l'existence du monde matériel. En 1635, Calderon de la Barca écrit *La vie est un songe*, un sommet du théâtre baroque.

- L'**immatérialisme** de Berkeley porte la plus radicale critique contre la croyance en l'existence de la matière : toute existence dépend de sa perception par l'esprit (« exister, c'est être perçu ») ; donc la matière n'est qu'une perception de l'esprit, elle n'existe pas en dehors de lui, et la vérité des perceptions de l'esprit est garantie par Dieu.

III. Une idée métaphysique nécessaire

- **On ne connaît pas la matière « en soi »**, mais sous des formes particulières (lois physiques ou chimiques). Est-elle pour autant une illusion ?
- Avec **Kant**, on admettra qu'elle est, non une connaissance scientifique, mais une hypothèse métaphysique nécessaire pour fonder les sciences de la nature, leur conférer une unité et des principes d'intelligibilité (déterminisme). La matière est une **idée de la raison** qui permet d'avoir une vision ordonnée et cohérente du monde.
- Enfin, l'esprit a besoin de la matière pour penser ce qui n'est pas lui, ce qui ne dépend pas de lui, voire ce qui agit sur lui. Sauf à se croire tout-puissant, l'esprit doit admettre théoriquement et pratiquement qu'une réalité matérielle existe en dehors de lui, et qu'il doit apprendre à la connaître pour s'y adapter. C'est là un « **principe de réalité** ».

Conclusion

- Le monde est composé de corps indéfiniment divisibles. Ce qui laisse à supposer que la matière est une substance composant les corps particuliers.
- D'un point de vue scientifique, la matière est une fiction. D'un point de vue métaphysique, elle est une idée de la raison qui ordonne notre vision du monde. Elle illustre le besoin d'une approche métaphysique des choses, par-delà les sciences.

CHAPITRE

17 La vérité (L, ES, S)

La question de la vérité recouvre deux grands types de problèmes. Le premier relève de la **théorie de la connaissance**. La vérité est-elle accessible et à quelles conditions ? Comment la définir et à quoi la reconnaître ? Comment sait-on qu'on est dans le vrai ? Comment distinguer un jugement vrai d'une croyance ?
Le second type de problème relève de la **philosophie morale**. La vérité est-elle toujours bonne à dire ? Pourquoi faut-il la préférer au mensonge et même faut-il toujours la préférer au mensonge ?

Repères En théorie/En pratique • Intuitif/Discursif • Médiat/Immédiat • Objectif/Subjectif • Persuader/Convaincre

I La recherche de la vérité a-t-elle un sens ?

A L'objectif du scepticisme

▪ La recherche de la vérité a-t-elle un sens ? Cette question signifie qu'il ne va pas de soi, non seulement de trouver la vérité, mais même de vouloir la chercher. Le scepticisme est précisément la philosophie qui professe qu'il est vain d'espérer atteindre la vérité, et qui prône en toute chose la suspension du jugement.

▪ Tout effort de la raison vers la vérité doit donc d'abord établir qu'il n'est pas vain, c'est-à-dire répondre à l'objection du scepticisme.

Scepticisme : du grec *skepsis*, « examen ». L'école sceptique grecque, fondée au IVe siècle av. J.-C. par Pyrrhon d'Élis, professe la suspension du jugement sur toute chose, afin d'obtenir la quiétude de l'âme (« ataraxie »).

B Vérité et opinion

▪ Comme le montre Platon, la recherche de la vérité est difficile et non spontanée. En effet, nous nous satisfaisons facilement de l'apparence du savoir que Platon nomme « **opinion** ». À quoi bon chercher la vérité si nous croyons la posséder ?

■ Par conséquent, la recherche de la vérité commence d'abord par une phase critique de **destruction de l'opinion**. Car l'opinion varie selon les individus, les sociétés ou les époques ; or, la vérité est une et universelle ou elle n'est pas.

■ Le sophiste Protagoras affirme que « l'homme est la mesure de toutes choses », autrement dit : « À chacun sa vérité ». Mais, lui objecte Platon, il ne faut pas confondre « À chacun sa vérité » et « À chacun son opinion ». D'ailleurs Protagoras se contredit, car il énonce son principe… comme une vérité !

■ Le sophiste est en somme celui qui aime l'opinion (un « philodoxe »), alors que le philosophe est celui qui aime la vérité et accepte de se soumettre aux difficiles conditions de sa recherche.

Contemporains de Socrate (ve siècle av. J.-C), les **sophistes** enseignent l'art de discourir et d'argumenter. D'où la thèse selon laquelle l'important est de persuader, et non de rechercher la vérité.

II Le problème de la méthode

■ Les philosophes du XVIIe siècle verront dans l'ordre des raisons mathématiques la méthode de vérité par excellence : en effet, les démonstrations dont la logique mathématique offre le modèle sont certaines et infaillibles, et il suffit de bien raisonner pour ne pas se tromper (voir chap. 13).

■ Il est difficile, pourtant, d'appliquer à tous les types de vérité la démonstration mathématique. En effet, les vérités de fait ne s'établissent pas démonstrativement et a priori : elles reposent sur l'observation et l'expérience.

■ Il faut donc distinguer « vérité de fait » et « vérité de raison ». Lorsqu'un énoncé est vrai parce qu'il correspond au réel qu'il décrit, il s'agit d'une **vérité de fait**. Lorsqu'il est vrai en vertu des seules relations logiques existant entre ses termes, il s'agit d'une **vérité de raison**.

■ Par exemple, « Socrate est grec » est une vérité de fait, parce que, pour savoir si cet énoncé est vrai, il faut que je le confronte à la réalité. En revanche, « 2 + 2 = 4 » est une vérité de raison parce qu'il suffit de comprendre le sens de « 2 », de « 4 », de « + » et de « = » pour comprendre que cet énoncé est vrai.

■ Il s'ensuit qu'une vérité de fait aurait pu ne pas être vraie alors qu'il est impossible qu'une vérité de raison ne le soit pas. Cette distinction correspond à celle que Leibniz établit entre « vérité contingente » et « vérité nécessaire », ou encore à celle que Hume fait entre « relations de fait » et « relations d'idées ».

III Le problème de la définition de la vérité

- En apparence, la définition la plus simple de la vérité est de dire qu'elle consiste dans la **correspondance** entre un énoncé et ce qu'il énonce. « Il neige » est une proposition vraie si, et seulement s'il neige en réalité.
- Cette définition ne fait pourtant pas l'unanimité. On peut lui opposer notamment une autre conception, qui définit la vérité en termes de **cohérence** et non de correspondance.
- La « vérité cohérence » est difficile à soutenir pour les vérités de fait. La cohérence est bien une condition nécessaire de la vérité (car on ne peut se contredire et énoncer une vérité), mais elle n'en est pas une condition suffisante. Nos pensées peuvent être cohérentes entre elles et en contradiction avec les faits.
- La « **vérité correspondance** » semble donc une définition plus satisfaisante. Mais que signifie correspondre aux faits : qu'une pensée vraie est une copie fidèle du réel ? Mais toute pensée n'est-elle pas toujours une interprétation de la réalité ? Ou bien, comme le soutient le pragmatisme, qu'elle permet d'agir efficacement sur le réel ?

William James (1842-1920) est le représentant le plus connu du **pragmatisme**, dont la philosophie peut être résumée dans cette citation : « Le vrai consiste simplement dans ce qui est avantageux pour la pensée. » (*Le Pragmatisme*, 1907.)

IV Les critères du vrai

- Comment reconnaître que nous sommes dans le vrai ? Le XVIIᵉ siècle répond : à l'**évidence** de nos idées vraies. La vérité se montre d'elle-même, immédiatement, par sa seule clarté : « Qui a une idée vraie sait en même temps qu'elle est vraie et ne peut douter de la vérité de sa connaissance » (Spinoza).
- Pour **Descartes**, il s'agit d'une évidence purement intellectuelle, sur le modèle des axiomes dont se servent les géomètres (voir chap. 13) : est évident ce qui se conçoit **clairement et distinctement**.
- L'évidence est pourtant un critère ambigu. En effet, chacun de nous a fait l'expérience d'évidences trompeuses. Il faut donc, comme le soutient Leibniz contre Descartes, que nous disposions de **critères objectifs** du clair et du distinct. C'est pourquoi Leibniz oppose le **calcul** à l'évidence. Le calcul est un critère objectif de vérité, parce qu'il repose sur des procédures explicites et machinales.

Leibniz est à la fois un critique de la théorie cartésienne de l'évidence des idées vraies et un adversaire de l'empirisme de Locke (voir chap. 12).

ZOOM

Bertrand Russell (1872-1970) : un scepticisme moderne

▲ Bertrand Russell en 1958.

▶ Bertrand Russell a développé une théorie de la « vérité correspondance » : l'**atomisme logique**. Selon cette conception, le monde est composé de faits indépendants les uns des autres (« faits atomiques ») et doit donc pouvoir être représenté par des propositions elles-mêmes indépendantes les unes des autres (« propositions atomiques »).

▶ Toute proposition doit pouvoir être décomposée en propositions « atomiques » dont les valeurs de vérité sont indépendantes. La vérité consiste ainsi dans l'**accord** entre ce qu'énonce une **proposition** et le **fait** auquel cet énoncé fait référence.

▶ Toutefois, cette définition de la vérité rencontre un **problème** : comment s'assurer de la vérité de faits non présents que nous concluons à partir de données présentes (voir chap. 12) ? La réponse de Russell, dans la continuité de celle de Hume, est que, à part nos expériences directes immédiates et nos déductions logiques, nous ne pouvons être absolument certains d'aucune de nos connaissances.

Tel est, de manière exemplaire, le cas de l'arithmétique : il suffit de manier correctement les règles opératoires de l'addition, de la soustraction... pour être sûr de ne jamais se tromper. En somme, Leibniz préfère le formalisme extérieur des règles de calcul à l'évidence intérieure d'une intuition intellectuelle.

V La vérité comme valeur

Nous avons vu que Platon définit le philosophe comme l'ami de la vérité. Mais en quoi la vérité est-elle aimable ? Pourquoi ne pas lui préférer par exemple le **mensonge** ? Opposer la vérité au mensonge, et non plus simplement à l'erreur, la situe d'ailleurs sur un plan explicitement moral.

Cependant, même l'erreur engage notre responsabilité : car si tout le monde peut se tromper, nous pouvons persévérer dans l'erreur par mauvaise foi ou par arrogance.

Plus radicalement encore, on peut se demander, avec **Nietzsche**, ce que vaut réellement la volonté de vérité. La vérité est-elle toujours moralement exigible ? Vouloir la vérité à tout prix, n'est-ce pas une exigence discutable, voire effrayante ? L'amour de la vérité est-il toujours critique et raisonnable ? Ne produit-il pas lui aussi des monstres, comme le fanatisme ? Car le fanatisme, en apparence, aime lui aussi la vérité : il l'aime au point de ne pas admettre qu'on en discute.

Mais cet amour-là n'est précisément qu'une apparence. Ce n'est pas la vérité qu'aime le fanatique, c'est sa croyance, et il l'aime au point de l'ériger en vérité absolue et de vouloir l'imposer aux autres. Un amour véritable et non paresseux de la vérité suppose le contraire.

Ainsi **Socrate** dit-il que si, dans ses dialogues, il aime réfuter les autres, il aime aussi être réfuté : ce n'est donc pas à ses idées qu'il tient, mais bien à la vérité, et il y tient au point d'être content de s'apercevoir qu'il s'était trompé.

C'est d'ailleurs là une bonne raison d'aimer la vérité : l'amour de la vérité permet de ne pas aimer que soi. L'exigence de vérité nous **décentre** et nous ouvre au monde et à autrui.

RÉCAPITULONS

Scepticisme antique (Pyrrhon)	→ Il n'y a pas de vérité universelle possible. Il faut suspendre son jugement
Scepticisme moderne (Hume, Russell)	→ On ne peut pas suspendre son jugement sur toutes choses, mais il ne faut pas prendre nos croyances, mêmes les plus fortes, pour des certitudes
Platon	→ Il faut distinguer la vérité de l'opinion
Descartes	→ La vérité d'une idée se reconnaît à son évidence
Leibniz	→ Le calcul contre l'évidence. Distinction des vérités de raison et des vérités de fait
Nietzsche	→ Il faut préférer la vie à la vérité

« CITATIONS

Nous connaissons la vérité, non seulement par la raison, mais encore par le cœur ; c'est de cette dernière sorte que nous connaissons les premiers principes, et c'est en vain que le raisonnement, qui n'y a point de part, essaye de les comprendre.

Pascal, *Pensées*, 1670 (posthume).

Tous les exemples qui confirment une vérité générale, de quelque nombre qu'ils soient, ne suffisent pas pour établir la nécessité universelle de cette même vérité.

Gottfried Wilhelm von Leibniz, *Nouveaux Essais sur l'entendement humain*, 1764.

Le mensonge […] nuit toujours à autrui : même si ce n'est pas à un autre homme, c'est à l'humanité en général, puisqu'il disqualifie la source du droit.

Emmanuel Kant, *« Sur le prétendu droit de mentir », Théorie et pratique*, 1797.

Posséder des pensées vraies, c'est à proprement parler posséder de précieux instruments pour l'action.

William James, *Le Pragmatisme*, 1907.

Construire le plan d'une dissertation (3)

LA DÉMARCHE

- Autant que possible, choisissez le **plan « ternaire »** : la **thèse**, ou réponse la plus évidente à la question posée ; l'**antithèse**, ou objections, réfutations ou réserves que soulève la thèse ; la **synthèse**, ou essai pour concilier ou dépasser l'opposition des deux parties précédentes.
- À défaut de plan ternaire, vous pouvez faire un plan en **deux ou quatre parties**, si, par exemple, au-delà de la synthèse, de nouvelles objections se présentent. (Voir aussi Méthode, chap. 11, 14 et 21.)

L'EXEMPLE COMMENTÉ

Voici un exemple de plan ternaire pour le sujet de dissertation suivant :

« Ce qui est vrai, est-ce ce qui est utile ? »

Introduction

Ce qui est en jeu dans la question est le caractère **désintéressé** ou non de la recherche de la vérité. Nous examinerons d'abord en quoi la vérité est utile à l'action, nous verrons ensuite que la vérité n'est pas toujours forcément utile, et enfin qu'on peut entendre l'utilité de la vérité en deux sens.

I Utilité pratique de la vérité

- La connaissance de la vérité **éclaire l'action.**
- En science, les vérités ont des **applications** et des effets pratiques attendus.

II Vérité et utilité doivent être distinguées

- Il y a des pensées qui « réussissent » **sans être vraies** (la pensée magique).
- La recherche fondamentale n'est **pas toujours utile**.
- Même si c'est un savoir vrai qui nous permet d'agir efficacement, ce n'est pas *parce qu'*il est efficace qu'il est vrai.

III L'utile comme conséquence ou comme définition du vrai ?

- Dire que la vérité est utile, c'est constater l'une des conséquences d'une connaissance vraie : elle éclaire, voire détermine l'action.
- Mais, quand nous disons « est vrai ce qui est utile », nous faisons plus : nous **définissons** la vérité par son utilité et nous faisons de l'utilité le **critère** d'une idée vraie.

SE TESTER QUIZ

1 Que veut dire le sophiste Protagoras en affirmant que « l'homme est la mesure de toute chose » ?

- ☐ **a.** Qu'il n'y a pas de vérité universelle : les jugements sont relatifs aux individus
- ☐ **b.** Que la seule vérité certaine, c'est que l'homme existe
- ☐ **c.** Que les sciences de l'homme sont plus fiables que les sciences de la nature

2 La suspension du jugement est une attitude philosophique prônée par :

- ☐ **a.** Platon
- ☐ **b.** les sceptiques
- ☐ **c.** Protagoras

3 Quel synonyme vous paraît le plus approprié pour désigner l'*opinion* au sens platonicien ?

- ☐ **a.** Un point de vue
- ☐ **b.** Une erreur
- ☐ **c.** Un préjugé

4 Définir une vérité de fait comme « contingente » signifie :

- ☐ **a.** qu'elle est indiscutable
- ☐ **b.** qu'on ne sait pas si elle est vraie ou non
- ☐ **c.** qu'elle est vraie mais qu'elle aurait pu ne pas l'être

5 Les vérités contingentes se distinguent :

- ☐ **a.** des croyances
- ☐ **b.** des vérités nécessaires
- ☐ **c.** des vérités évidentes

6 D'après vous, qui a écrit que « les vérités sont des illusions dont on a oublié qu'elles le sont » ?

- ☐ **a.** Descartes
- ☐ **b.** Nietzsche
- ☐ **c.** Russell

OBJECTIF BAC

Dissertation

7 Traitez le sujet de dissertation suivant.
« Dans quelle mesure est-il possible d'affirmer : “À chacun sa vérité” ? »

SE TESTER

1 Réponse **a.** **2** Réponse **b.** **3** Réponse **c.** **4** Réponse **c.** **5** Réponse **b.**

6 Réponse **b.**

OBJECTIF BAC

7 *Les titres et sous-titres servent à mettre en évidence la structure du corrigé, mais ne doivent pas figurer sur votre copie.*

Introduction

- La diversité des opinons est un fait, et elle est, dans les sociétés démocratiques, garantie par le droit : chacun peut avoir et exprimer ses opinions et nul n'est obligé de se soumettre à un dogme officiel ou à une croyance collective.
- Ainsi, l'expression « À chacun ses opinions » est-elle une expression à la fois exacte en fait et fondée en droit.
- Mais est-ce la même chose de dire « À chacun ses opinions » et « À chacun sa vérité » ? Quels sont le sens et la valeur de cette dernière expression ?
- Dans un premier temps, nous verrons ce qui peut justifier l'affirmation, puis nous opposerons vérité et opinion, enfin nous distinguerons la vérité éternelle de la connaissance historique.

I. L'argument relativiste

1. Il n'y a pas de vérité universelle

- Affirmer « À chacun sa vérité » signifie qu'il n'y a pas de vérité universelle. Il n'y aurait que des points de vue subjectifs et variables d'un individu à l'autre.
- Cette position existe depuis les commencements de la philosophie. Le sophiste Protagoras, au Ve siècle av. J.-C., dit en ce sens que « l'homme est la mesure de toute chose » : à l'homme bien portant, le miel paraît doux ; à l'homme malade et fiévreux, il paraît amer. Qui est dans le vrai ? demande Protagoras. Personne ou plutôt chacun des deux. Car il est impossible de savoir quel est en soi le goût du miel.

> La phrase de **Protagoras** peut s'entendre en deux sens : celui d'une vérité relative à chacun ou celui où c'est l'homme en général qui évalue le monde. À cela Platon oppose que la vérité ne dépend pas de l'homme (« c'est Dieu qui est la mesure de toute chose »).

- Tel est l'argument **relativiste** : il n'existe pas de vérité objective et universellement acceptable par tous parce que nous ne savons pas ce que sont les choses en elles-mêmes ; nous les connaissons telles qu'elles nous apparaissent, et elles apparaissent de façon variable à chacun d'entre nous.

2. À chaque culture sa vérité

- La **sociologie** et l'**ethnologie** contemporaines semblent renouveler l'argument en donnant une consistance scientifique à ce relativisme : les points de vue sont, non seulement différents selon les individus, mais encore selon les groupes sociaux ou les cultures.

- L'**histoire des sciences** semble elle aussi conforter l'idée que les vérités varient : non seulement selon les individus ou les groupes, mais également dans le temps. En effet, l'histoire des sciences ne montre-t-elle pas que la vérité d'hier est devenue l'erreur d'aujourd'hui ? Les Anciens n'admettaient-ils pas que la terre est au centre de l'univers ? La théorie de l'évolution n'a-t-elle pas bouleversé la représentation que l'on se faisait du rapport entre les espèces vivantes ? Comment défendre dans ces conditions la thèse de l'universalité et de l'objectivité de la vérité ?

> Pour le « **culturalisme** » américain tout serait culturel, y compris la conception de la vérité et de l'objectivité. « C'est vrai » dans la bouche d'un Grec ancien ne signifie pas la même chose que dans celle d'un Américain contemporain.

II. Ne pas confondre vérité et opinion

1. L'opinion est relative, la vérité est universelle

- Le relativisme est difficile à réfuter, même s'il repose souvent sur une confusion entre la vérité et l'opinion. Ce qui varie d'un individu à l'autre, ou d'une société à l'autre, ce sont les opinions et les croyances. Mais s'il existe une vérité, elle doit pouvoir être reconnue de la même façon par un Espagnol, par un Français ou par un Chinois.

- Car ce qui distingue la vérité de l'opinion, c'est qu'il existe pour la première des procédures d'administration de la preuve : c'est parce que ce qui est vrai peut être **vérifié** que n'importe qui peut le reconnaître, quelles que soient ses opinions personnelles ou sa culture.

2. Le relativisme se réfute lui-même

- Si l'affirmation « À chacun sa vérité » est vraie, alors elle se réfute elle-même en énonçant une vérité universelle.

- Soit le relativisme est vrai, et alors tous doivent l'admettre et il est faux que chacun ait une vérité différente. Soit il est relatif à quelques-uns, et il est encore faux que la vérité soit toujours relative...

III. Distinguer vérité et connaissance

1. L'histoire des sciences montre le progrès des connaissances

- On ne peut s'appuyer sur l'histoire des sciences pour affirmer la relativité de la vérité. Car ce que montre l'histoire des sciences, c'est la **variation** dans le temps **des connaissances**, et non pas celle de la vérité.
- Il y a des vérités inconnues et on ne peut appliquer à la vérité la thèse, juste en elle-même, de la relativité de la connaissance aux conditions intellectuelles et matérielles d'une époque.

2. Vrai et faux sont intemporels

- Comme l'écrit le philosophe des sciences Karl Popper, « vrai » et « faux » sont des concepts **intemporels**. Il n'est pas juste de dire d'un énoncé qu'il était vrai hier mais qu'il est devenu faux aujourd'hui.
- Ce que nous voulons dire par une telle affirmation, c'est que nous avons cru vrai hier ce qui se révèle faux aujourd'hui. Mais ce qui se révèle faux aujourd'hui était déjà faux hier, simplement nous nous trompions – ce qu'illustre l'exemple du géocentrisme (la terre au centre de l'univers).
- **C'est la connaissance qui a progressé, et non la vérité**, qui reste toujours la même, que nous nous trompions ou non à son sujet. La vérité ne dépend pas de la variation des opinions. Une vérité reste vraie, même si plus personne n'y croit.

« Vrai » et « faux » sont des jugements de valeur. L'histoire des sciences, qui montre que des connaissances passées sont fausses, suppose que les critères « vrai » et « faux » soient éternels et universels. Sinon il n'y plus de progrès, et tout est vrai (ou faux), à sa manière.

Conclusion

- Ce qui est vrai aujourd'hui le sera demain et toujours. Il faut faire une distinction critique entre l'opinion, qui n'est qu'une vérité prétendue et la vérité, qui est une opinion certifiée.
- Ce n'est pas parce que la variabilité des opinions est un fait qu'une vérité objective et universelle est impossible. Ce qui est impossible, au contraire, ou plutôt contradictoire, c'est d'affirmer « À chacun sa vérité », puisqu'on l'affirmerait... comme une vérité.
- Nous avons certes raison de manifester notre droit à penser librement et notre refus d'être contraint de suivre un dogme établi. Mais nous aurions tort de penser que « À chacun sa vérité » est l'expression adéquate de ce droit et de ce refus.

La politique

www.annabac.com

CHAPITRE

18 La société (L, ES, S)

L'analyse philosophique de la société amène à se poser deux questions. La première est celle de son rapport à la nature. Le fait de vivre en société est-il naturel à l'homme ? L'homme est-il un « animal politique » (Aristote) ou, au contraire, un être naturellement indépendant qui ne s'est associé aux autres que par convention (Rousseau) ? La deuxième question est celle du statut des sciences de la société. Sont-elles des sciences au sens où le sont les sciences de la nature ?

Repères Expliquer/Comprendre • Objectif/Subjectif

I L'homme, animal social ?

A L'homme, un animal politique

- **Aristote** écrit que l'homme est un « animal politique » où « politique » est à prendre au sens étymologique de *polis* (en grec, « cité »), « animal » renvoyant à l'idée qu'il s'agit là d'une disposition naturelle à l'homme. L'idée d'Aristote est donc que l'homme est naturellement fait pour vivre dans la cité ; autrement dit, que sa **sociabilité** est **naturelle**. Cela conduit Aristote à voir dans certaines structures sociales une organisation « naturelle » des relations humaines : le pouvoir de l'époux sur l'épouse, ou des parents sur les enfants par exemple, ou même l'esclavage.

- C'est contre cette idée que s'élèvera **Rousseau** dans son *Discours sur l'origine et les fondements de l'inégalité parmi les hommes* (1755), en décrivant un « état de nature » dans lequel les hommes vivent, non seulement isolés les uns des autres, mais encore sans désir de s'associer. Il existerait alors un arbitraire du fait social, que l'anthropologie semble confirmer en insistant sur la diversité des comportements sociaux et des coutumes.

Arbitraire du fait social : l'expression signifie que les faits sociaux ne sont pas fondés sur la nature.

B Nature et culture

Il faut donc **distinguer la culture de la nature** : même les comportements humains qui nous paraissent les plus « naturels », c'est-à-dire les plus spontanés et les plus universels, sont relatifs à des cultures déterminées et particulières.

Prenons l'exemple de la **famille**, qu'Aristote présente comme la société la plus naturelle : n'est-elle pas fondée sur des sentiments naturels (instinct de procréation, instinct maternel, attachement des époux l'un à l'autre, des parents aux enfants…) ?

Cependant, d'une part ces sentiments sont **moins universels** qu'on ne le croit : les historiens de la famille nous apprennent que les relations familiales telles que nous les connaissons (famille repliée sur les préoccupations de son bonheur domestique, importance accordée à la vie privée…) sont historiquement récentes (elles apparaissent vers le XVIIIe siècle). Il ne faut donc pas projeter sur toute forme sociale de ce que nous appelons la « famille » des éléments propres à la seule famille occidentale moderne.

D'autre part, comme l'a montré **Claude Lévi-Strauss**, aucun des sentiments liés à la vie familiale ne peut expliquer la naissance de la famille : car, quelle que soit la société, pour qu'existe une famille, il faut d'abord qu'il en existe au moins deux autres, prêtes à échanger leurs hommes et leurs femmes pour la fondation d'une nouvelle famille. Loin de faire naître, comme Aristote, la société de la famille, ou de voir dans la famille la première forme de société, Lévi-Strauss montre qu'une famille ne saurait d'abord exister s'il n'y avait **d'abord** d'autres familles procédant entre elles à des échanges, c'est-à-dire une société.

La distinction aujourd'hui commune entre **nature et culture** infirme-t-elle donc l'idée d'Aristote ? Ce n'est pas sûr. Dire que l'homme est un animal social ne signifie pas en effet que toutes les sociétés se ressemblent, ni qu'il y en existe de plus naturelles que d'autres. Cela signifie seulement que l'homme réalise sa nature en société.

De cela, même Rousseau convient : l'homme à l'état de nature est un « animal stupide et borné » et c'est grâce à sa perfectibilité qu'il peut passer à l'état social et y développer, ses qualités spécifiques (raison, moralité…).

Perfectibilité : possibilité pour l'homme de développer des facultés qui n'existent qu'en germe dans sa nature.

ZOOM

Claude Lévi-Strauss et la critique de l'ethnocentrisme

▲ Portrait de Claude Lévi-Strauss.

▶ L'ethnocentrisme est la tendance à considérer que les règles de la société dans laquelle nous vivons constituent des normes sociales absolues. L'ethnocentriste **juge** donc **des autres sociétés à partir de la sienne** : plus celles-là se rapprochent de celle-ci, plus elles sont « civilisées » ; plus elles s'en écartent, plus elles sont « barbares ».

▶ Dans *Race et Histoire*, Claude Lévi-Strauss se livre à une **critique** en règle de ce préjugé qui revient à nier la diversité et la relativité des modes de vie sociaux et confond nature et culture. L'ethnocentrisme aboutit toujours au déni de l'humanité de l'autre, ce qui fait dire à Lévi-Strauss que « le barbare, c'est celui qui croit à la barbarie ».

▶ Une variante de l'ethnocentrisme est ce que Lévi-Strauss appelle le « **faux évolutionnisme** », c'est-à-dire le fait de considérer que les autres sociétés représentent des étapes d'une évolution humaine dont notre culture est l'aboutissement. On dira alors des autres sociétés qu'elles sont plus ou moins « primitives » ou « évoluées » selon leur degré de proximité avec la nôtre, ce qui revient toujours à les juger par rapport à la nôtre.

▶ Cette critique de l'ethnocentrisme s'inscrit dans une tradition philosophique qui remonte aux **Lumières** (Voltaire) et, au-delà, à **Montaigne**.

C L'« insociable sociabilité » de l'homme

- L'existence sociale a donc un caractère profondément ambivalent. D'une part, l'homme développe dans la société toute une série de vices qu'il n'a pas naturellement (égoïsme, tromperie, désir de domination). Et, d'autre part, se développent en société des sentiments dans lesquels nous reconnaissons volontiers la valeur des relations sociales (coopération, solidarité, souci de l'autre, relations affectives durables...).
- Kant qualifie cette ambivalence d'« **insociable sociabilité** » et s'en réjouit : l'obligation de concilier ces dispositions contraires constitue, selon lui, le principal moteur du développement de l'humanité.

II Société et individu

- Un des grands problèmes que pose l'analyse philosophique de la société est de comprendre le **statut du fait social**. Deux conceptions s'opposent.
- La première, la conception individualiste, fait de la société le résultat d'une association d'individus, et donc des individus les « atomes » dont une société est constituée.

La conception **individualiste** est dominante au XVIIIe siècle avec les théories du contrat social (voir chap. 20).

- La sociologie contemporaine tend à présenter, à l'inverse, une conception **holiste** de la société (du grec *holos*, « tout ») : les faits sociaux préexistent aux individus et s'imposent à eux ; chaque individu vient au monde dans une société qui lui impose ses normes, ses exigences et détermine sa place.
- Telle est notamment l'analyse que **Marx** fait de la société : une société se comprend à partir de sa **structure économique**, laquelle **explique** la nature des rapports sociaux. Les hommes, écrit Marx, entrent dans des rapports déterminés en fonction de la place qu'ils occupent dans la production des richesses, et donc indépendamment de leur volonté.
- Dans un esprit assez différent, mais qui rejoint le refus de Marx d'expliquer la société à partir des individus, **Durkheim** soutient que l'objet propre de la sociologie est d'étudier les formes de conscience collective.

C'est-à-dire les formes de conscience irréductibles à la somme des consciences individuelles, lesquelles ne sont que la façon dont la **conscience collective** se réfracte dans chaque individu.

III Le statut des sciences sociales

A La sociologie : une science objective…

- L'affirmation de l'extériorité et de l'antériorité des faits sociaux sur les individus a une conséquence que Durkheim exprime ainsi : on doit considérer les faits sociaux « **comme des choses** ». Cela signifie que la science qui étudie la société – la sociologie – peut être une science **objective**, à la manière des sciences de la nature : on peut y repérer le même ordre causal, le même déterminisme des causes et des effets que dans les sciences de la nature.
- Cette idée est d'ailleurs contemporaine de la naissance de la sociologie : au XIXe siècle, Auguste Comte fait de la sociologie (dont il invente le nom) la sixième et dernière des sciences fondamentales, après les mathématiques, l'astronomie, la physique, la chimie et la biologie.

B … ou une science de l'esprit ?

- Mais cette conception « objectiviste » ou « physicaliste » des sciences sociales ne revient-elle pas à nier le rôle et l'influence des acteurs dans la production et l'évolution des phénomènes sociaux ? Les comportements sociaux sont le résultat de choix **subjectifs** : l'analyse de la société peut-elle en faire abstraction ?
- Répondre « non » à cette question revient à considérer les sciences de la société, comme des **sciences de l'esprit** et non comme des **sciences de la nature** (Dilthey).
- Dans cette perspective, les faits sociaux sont à **comprendre** et non à **expliquer** : c'est-à-dire qu'il ne faut pas les considérer, comme le veut Durkheim, « comme des choses », mais comme un univers de sens qu'il faut interpréter.

> « **Physicaliste** » au sens où la démarche expérimentale telle qu'elle est mise en œuvre en physique est, dans la conception **objectiviste**, le modèle pour les sciences qui étudient la société.

C La notion d'idéaltype

- Telle sera l'intention de la « sociologie compréhensive » de **Max Weber** (contemporain de Durkheim).
- Pour Weber, le travail du sociologue est de construire des tableaux de pensée idéaux, des « **idéaltypes** ». Ceux-ci sont des « utopies intellectuelles » : ils ne décrivent pas la réalité sociale, mais ils permettent de l'ordonner et d'en éclairer le sens.

Soit, par exemple, le **concept « d'économie urbaine »** : dans aucune société on ne trouve à l'état pur une organisation économique relevant de ce concept. Celui-ci est une construction « que l'on obtient en accentuant par la pensée des éléments déterminés de la réalité [...]. On ne trouvera nulle part empiriquement un pareil tableau dans sa pureté conceptuelle [...]. Le travail historique aura pour tâche de déterminer dans chaque cas combien la réalité se rapproche ou s'écarte de ce tableau idéal, dans quelle mesure il faut par exemple attribuer, au sens conceptuel, la qualité d'économie urbaine aux conditions d'une ville déterminée » (*Essais sur la théorie de la science,* 1922).

RÉCAPITULONS

Aristote	→ L'homme est un animal politique
Rousseau	→ L'état social résulte d'une convention. Il n'y a pas de sociabilité naturelle de l'homme
Durkheim	→ La science de la société se construit comme les sciences de la nature
Weber	→ La sociologie est une science compréhensive. Elle consiste à interpréter les phénomènes sociaux à partir d'idéaltypes

« CITATIONS

Chacun appelle barbarie ce qui n'est pas de son usage.

Montaigne, *Essais*, 1, 1572.

La plus ancienne de toutes les sociétés et la seule naturelle est celle de la famille.

Jean-Jacques Rousseau, *Du contrat social*, 1762.

Le barbare, c'est d'abord l'homme qui croit à la barbarie.

Claude Lévi-Strauss, *Race et histoire*, 1951.

L'homme fut enveloppé d'abord dans un tissu humain et aussitôt après dans les bras humains. Il n'y a point d'expérience qui précède cette expérience de l'humain ; tel est son premier monde.

Alain, *Éléments de philosophie*, 1941.

Faire l'étude ordonnée d'un texte (2)

LA DÉMARCHE

L'**étude ordonnée** d'un texte suppose de : repérer le **problème** traité par le texte ; reconnaître la **thèse** soutenue par l'auteur ; isoler les **étapes** de l'argumentation ; dégager et discuter les **enjeux philosophiques** du texte.

(Voir aussi Méthode, chap. 1, 4, 7, 12.)

L'EXEMPLE COMMENTÉ

« Or je trouve […] qu'il n'y a rien de barbare et de sauvage en cette nation, à ce qu'on m'en a rapporté, sinon que chacun appelle barbarie ce qui n'est pas de son usage ; comme de vrai il semble que nous n'ayons d'autre mire de la vérité et de la raison que l'exemple et idée des opinions et usances du pays où nous sommes. Là est toujours la parfaite religion, la parfaite police, le parfait et accompli usage de toutes choses. Ils sont sauvages, de même que nous appelons sauvages les fruits que nature, de soi et de son progrès ordinaire, a produits : là où, à la vérité, ce sont ceux que nous avons altérés par notre artifice et détournés de l'ordre commun, que nous devrions appeler plutôt sauvages […]. Nous pouvons donc bien appeler barbares [les Américains], eu égard aux règles de la raison, mais non pas eu égard à nous, qui les surpassons en toute sorte de barbaries. Leur guerre est toute noble et généreuse, et a autant d'excuse et de beauté que cette maladie peut en recevoir ; elle n'a d'autre fondement parmi eux que la seule jalousie de la vertu. Ils ne sont pas en débat de la conquête de nouvelles terres, car ils jouissent encore de cette abondance naturelle qui les fournit sans travail et sans peine de toutes choses nécessaires, en telle abondance qu'ils n'ont que faire d'agrandir leurs limites. Ils sont encore en cet heureux point de ne désirer qu'autant que leurs nécessités naturelles leur ordonnent ; tout ce qui est au-delà est superflu pour eux.

Montaigne, *Essais* (1580), livre I, chap. 31, « Des cannibales ».

I Problème posé par le texte

Peut-on se dire « civilisé » et en vertu de quels critères ?

II Thèse de l'auteur

- Montaigne **met en cause la hiérarchie** établie entre nations « civilisées » et peuples « barbares ».

- Il **critique l'ethnocentrisme** des Européens qui jugent « barbares » les mœurs des Indiens d'Amérique, alors que l'Europe est le théâtre de guerres civiles de religion bien plus barbares. On est toujours le barbare de quelqu'un.

III Enjeux philosophiques

- Peut-on adopter un point de vue **neutre** sur sa propre société ?
- Existe-t-il des **critères objectifs** de barbarie et de civilisation ?

IV Raisonnement et étapes du texte

- Du début jusqu'à « usage de toutes choses » (l. 6) : Montaigne commence par critiquer la notion de « barbarie ». Penser l'autre (ici les Indiens d'Amérique) comme **barbare** relève d'un préjugé qui nous fait ériger en norme absolue de civilisation nos propres usages.
- De « Ils sont sauvages » (l. 6) jusqu'à « appeler plutôt sauvages » (l. 9) : Montaigne renverse l'argument ethnocentriste : si les Indiens peuvent être appelés « sauvages », ce n'est pas au sens de « barbares », mais de « **naturels** ». Et, par rapport à eux, nous apparaissons non pas comme des êtres civilisés, mais comme des êtres **artificiels**.
- De « Nous pouvons donc bien appeler barbares » (l. 9) jusqu'à la fin : s'il est possible de hiérarchiser les nations et les peuples selon leur degré de civilisation ou de barbarie, c'est relativement à la « raison » (l. 11), à une norme rationnelle idéale. Or, l'erreur est de croire que nos mœurs et nos institutions incarnent cette norme. Au contraire, en regard de la raison, nous sommes plus barbares que les Indiens d'Amérique (voir, à la fin du texte [l. 12-14], l'exemple de la guerre).

V Discussion des enjeux philosophiques

- On peut rapprocher la critique de Montaigne de la réflexion contemporaine sur la notion de culture. Ainsi, Claude **Lévi-Strauss** souligne la diversité et la **relativité des différentes cultures**. Mais alors que l'anthropologie sociale contemporaine s'attache, sans jugement de valeur, à la connaissance des sociétés autres, Montaigne n'envisage celles-ci que pour mettre en doute, en moraliste et en sceptique, les prétendues certitudes de la société de son temps sur sa supériorité « naturelle ».
- Lévi-Strauss reprendra à Montaigne ce **relativisme culturel**, mais il distingue le relativisme théorique et la **nécessité pratique** d'appartenir à une société et de vivre selon ses valeurs. On ne peut vivre au-dessus des cultures, en n'appartenant à aucune société.

SE TESTER QUIZ

1 Que veut dire Aristote en disant que l'homme est un « animal politique » ?

- ☐ **a.** Que les hommes désirent naturellement le pouvoir
- ☐ **b.** Que les hommes accomplissent leur nature en vivant en société
- ☐ **c.** Que la vie en société dénature les individus

2 Quelle est la position de Rousseau sur ce sujet ?

- ☐ **a.** La société résulte d'une convention passée entre les hommes. Elle n'est donc pas naturelle
- ☐ **b.** La société correspond au désir naturel des hommes de s'associer
- ☐ **c.** Plus une société se rapproche de la nature, meilleure elle est

3 En quel sens peut-on dire que la sociologie de Durkheim est « objectiviste » ?

- ☐ **a.** En ce qu'elle refuse d'expliquer les comportements sociaux par les intentions des individus
- ☐ **b.** En ce qu'elle considère que les faits sociaux ne sont pas de même nature que les faits naturels
- ☐ **c.** En ce qu'elle considère que le sociologue doit faire preuve d'impartialité

4 Pour Lévi-Strauss, parler de « société primitive » est une erreur :

- ☐ **a.** parce qu'il existe des sociétés dites « primitives » qui sont plus évoluées que la nôtre
- ☐ **b.** parce que les hommes primitifs ne vivent pas en société
- ☐ **c.** parce que cela revient à juger du degré d'évolution d'une société différente de la nôtre à partir de nos propres normes

5 Dans l'état de nature que décrit Rousseau, les hommes sont :

- ☐ **a.** naturellement sociables
- ☐ **b.** en lutte les uns contre les autres
- ☐ **c.** isolés et sans désir de s'associer

6 La variété des cultures dans l'espace et dans le temps montre :

- ☐ **a.** que les sociétés n'ont pas de forme naturelle
- ☐ **b.** qu'il existe un progrès continu depuis les sociétés primitives jusqu'à la civilisation moderne
- ☐ **c.** que les hommes ont du mal à se mettre d'accord sur des règles sociales élémentaires

OBJECTIF BAC

Explication de texte

7 Faites l'explication du texte suivant.

« On voit [...], au peu de soin qu'a pris la nature de rapprocher les hommes par des besoins mutuels, et de leur faciliter l'usage de la parole, combien elle a peu préparé leur sociabilité, et combien elle a peu mis du sien dans tout ce qu'ils ont fait, pour en établir les liens. En effet, il est impossible d'imaginer pourquoi, dans cet état primitif, un homme aurait plutôt besoin d'un homme qu'un singe ou un loup de son semblable, ni, ce besoin supposé, quel motif pourrait engager l'autre à y pourvoir, ni même, en ce dernier cas, comment ils pourraient convenir entre eux des conditions. Je sais qu'on nous répète sans cesse que rien n'eût été si misérable que l'homme dans cet état [...]. Mais, si j'entends bien ce terme de *misérable*, c'est un mot qui n'a aucun sens, ou qui ne signifie qu'une privation douloureuse et la souffrance du corps ou de l'âme. Or, je voudrais bien qu'on m'expliquât quel peut être le genre de misère d'un être libre, dont le cœur est en paix et le corps en santé. Je demande laquelle, de la vie civile ou naturelle, est la plus sujette à devenir insupportable à ceux qui en jouissent ? Nous ne voyons autour de nous que des gens qui se plaignent de leur existence ; plusieurs même qui s'en privent autant qu'il est en eux, et la réunion des lois divine et humaine suffit à peine pour arrêter ce désordre. Je demande si jamais on a ouï dire qu'un sauvage en liberté ait seulement songé à se plaindre de la vie et à se donner la mort ? Qu'on juge donc avec moins d'orgueil de quel côté est la véritable misère.

Jean-Jacques Rousseau, *Discours sur l'origine et les fondements de l'inégalité parmi les hommes* (1755), 1re partie.

SE TESTER

1 Réponse **b.** **2** Réponse **a.** **3** Réponse **a.** **4** Réponse **c.** **5** Réponse **c.**
6 Réponse **a.**

OBJECTIF BAC

7 *Les titres et sous-titres servent à mettre en évidence la structure du corrigé, mais ne doivent pas figurer sur votre copie.*

Introduction

- Le **problème** posé par le texte est celui de la sociabilité humaine : est-il naturel pour l'homme de vivre en société, et y est-il plus heureux qu'à l'état de nature ?
- À cette question **Rousseau répond** clairement **non** : la sociabilité n'est pas naturelle, elle est une invention de la société. Ce n'est pas leur tendance à vivre en société qui explique que les hommes vivent en société ; c'est au contraire le fait de vivre en société qui crée chez l'homme le besoin de vivre en société. Ce n'est pas parce qu'ils sont **sociables** que les hommes sont **sociaux**, c'est parce qu'ils sont sociaux qu'ils s'imaginent sociables.
- Ce texte lance le **débat** de savoir si l'homme est plus heureux à l'état de nature ou en société. Mais il se demande aussi s'il est possible de retrouver l'état naturel du « bon sauvage » ou s'il ne s'agit que d'un idéal moral. La critique de la société actuelle ouvre-t-elle à un retour à la nature ou à une perfectibilité au sein de l'état social ?
- L'auteur commence par sa thèse (la société n'est pas naturelle), puis soulève l'objection de la misère de l'état naturel, et finit par réfuter cette objection.

I. Les étapes de l'argumentation

1. La société ne résulte pas d'un besoin naturel

- Du début jusqu'à « convenir entre eux des conditions » (l. 8), Rousseau commence par exposer sa thèse : la sociabilité, c'est-à-dire la tendance à vivre en société et à rechercher ses semblables, n'est pas une tendance naturelle. À l'état de nature, l'homme vit solitaire et se satisfait de cette solitude.
- Cette thèse s'oppose à celle d'Aristote pour qui l'homme est un « animal social » (*zoôn politikon*) et pour qui vivre hors de la société est le fait d'une bête ou d'un dieu.
- Les arguments de Rousseau sont que l'homme n'est pas doté naturellement des capacités nécessaires à la vie en société, comme le langage ; et que si l'union fait la force, il vaudrait mieux s'associer à un loup ou un singe qu'à un autre homme.

2. Mais l'homme est misérable à l'état de nature

- La phrase « Je sais qu'on nous répète sans cesse que rien n'eût été si misérable que l'homme dans cet état » (l. 8-9) est une **objection** que Rousseau évoque à propos de la thèse qu'il défend.

- Cette objection affirme qu'à l'état de nature l'homme est **misérable**, dénué de tout, exposé à tout, et que c'est cette condition misérable qui le pousse à sortir de l'état de nature pour former des sociétés. La tendance à vivre en société serait donc naturelle, puisqu'elle serait liée à la condition misérable de l'état de nature.

- On retrouve ici la thèse de Hobbes ou de Locke pour lesquels l'état naturel est un état de guerre de tous contre tous, dans lequel l'homme traîne une vie précaire et misérable dominée par la peur.

> Selon **Hobbes** (1588-1679), le principal adversaire visé ici par Rousseau, l'état de nature est un état de guerre permanent où « l'homme est un loup pour l'homme ». Seul un État tout-puissant, le Léviathan, peut y mettre fin et imposer la paix.

3. L'homme est plus misérable en société

De « Mais, si j'entends bien ce terme » (l. 9) jusqu'à la fin du texte, Rousseau répond à l'objection soulevée, et ce, en trois moments.

- « Misérable » (l. 10) veut dire, si ce mot a un sens, souffrant du corps ou de l'âme. Or, à l'état de nature, les hommes sont libres (puisque solitaires) et sont, compte tenu de leurs conditions de vie, robustes.

- Les guerres civiles, comme les guerres de Religion, sont beaucoup plus cruelles que les guerres naturelles.

- Par conséquent, la misère est davantage du côté de l'homme « civil » (vivant en société) que du « sauvage » (l'homme naturel). D'ailleurs, l'homme civil se plaint beaucoup plus de son existence que l'homme naturel.

II. Discussion

- La conclusion du texte reprend un thème récurrent chez Rousseau : c'est la société qui est la **cause principale** du malheur de l'homme. Voltaire le reprochait à Rousseau, en disant du *Discours sur l'origine et les fondements de l'inégalité parmi les hommes*, dont ce texte est extrait, qu'il donne envie de régresser et de marcher à quatre pattes !

> « Il prend envie de **marcher à quatre pattes** quand on lit votre ouvrage », répond méchamment Voltaire à Rousseau qui lui a envoyé son livre…

- Voltaire représenterait ainsi le point de vue du **progrès** : la **civilisation**, avec le confort qu'elle procure, ses raffinements, constitue un progrès par rapport à un état de nature où l'homme est fruste et réduit à une quasi-animalité. Rousseau représenterait alors le point de vue inverse : l'homme est naturellement bon, ou au moins innocent et heureux, et c'est la société qui l'a corrompu.

- Mais l'homme naturel décrit par Rousseau a-t-il jamais existé ? La critique de Voltaire est de mauvaise foi. Rousseau ne veut pas dire que les hommes ont un jour été semblables à l'homme naturel ; son propos est celui d'un philosophe **moraliste** : il veut montrer que la vie en société génère des maux qu'on ne peut imputer à la nature humaine, et qui auraient donc pu ne pas exister. La référence à la nature ne renvoie pas à un état historique, mais à une **norme idéale** en regard de laquelle on peut juger (et sévèrement) la valeur de nos sociétés.

- Rousseau est d'ailleurs loin de faire l'éloge d'un retour à l'animalité. Il reconnaît que l'homme à l'état de nature n'est qu'« un animal stupide et borné ». C'est bien la capacité qu'à l'homme de se perfectionner, c'est-à-dire ce que Rousseau nomme sa perfectibilité, qui a permis à l'homme de devenir social, mais aussi rationnel et même moral. Cependant, la perfectibilité est ambiguë : elle permet un processus d'évolution qui aurait pu se faire pour le meilleur mais qui de fait s'est accompli pour le pire. C'est cette situation, et non l'idée de progrès de l'état de nature à l'état social, que Rousseau dénonce dans ce texte.

> La **perfectibilité**, notion reprise par Kant, rend l'homme responsable de son histoire, selon qu'il choisit de se moraliser vers plus de liberté ou de s'asservir aux passions et aux besoins artificiels. C'est l'homme qui fait la société, et non l'inverse.

Conclusion

- Ce texte de Rousseau ouvre le procès de la civilisation et de la société moderne : le progrès est-il réel ou illusoire ? Rousseau invoque la nature pour critiquer et corriger la société. S'il propose un « contrat social », c'est pour instaurer une société juste, non pour revenir à l'état de nature.

- Le débat actuel sur l'**écologie** rouvre ce débat : la société industrielle n'est-elle pas suicidaire ? Sauver la nature et la planète suppose de changer notre mode de vie, et, sans revenir à l'état animal, de trouver un mode de consommation plus équilibré et respectueux de l'environnement. Non pas renoncer à la société, mais penser une société en accord avec son milieu naturel, et non contre lui. Encore faudrait-il que l'homme soit raisonnable…

www.annabac.com

CHAPITRE

19 La justice et le droit (L, ES, S)

Le sentiment d'injustice semble si naturel qu'il est présent dès la petite enfance. Or, les relations et les échanges sont régis par l'exigence de justice. La justice constitue la norme suprême pour juger si une loi est acceptable ou non, et le droit s'applique à donner une forme positive à cette exigence idéale. Mais les conflits sont fréquents qui naissent de conceptions différentes de la justice. Existerait-il donc différentes justices ? La justice est-elle relative ? « Plaisante justice qu'une rivière borne ! Vérité en-deçà des Pyrénées, erreur au-delà. » (Pascal, *Pensées*.)

Repères En théorie/En pratique • Abstrait/Concret • En fait/En droit • Idéal/Réel • Légal/Légitime • Origine/Fondement • Transcendant/Immanent

I Droit et justice

- Le latin n'a qu'un mot pour désigner le droit et la justice : *jus,* « ce qui est droit ou juste ».
- Il faut pourtant les **distinguer** : le droit désigne ce qu'on appelle le « droit positif », l'ensemble des règles et des lois qui organisent la vie d'une société (voir chap. 20). Le droit positif diffère d'une société à l'autre, et il définit ce qui est **légal** (les lois positives ou existantes).
- La **justice** désigne deux choses : d'abord l'**institution d'État** chargée de faire respecter la loi et d'appliquer le droit (juges, tribunaux, prisons). Le mot renvoie ensuite à une **norme ou** un **idéal** de société, qui détermine des devoirs envers autrui dans la vie sociale (propriété, liberté, égalité, solidarité). La justice définit ce qui est **légitime** de façon absolue, et permet de juger les lois.

On appelle « **droit positif** » les systèmes de lois institués par les hommes dans les sociétés, comme le droit romain. S'y oppose le « **droit naturel** », universel et éternel, déduit de la nature humaine, comme les droits de l'homme.

II Morale ou politique ?

A Le droit fonde l'État civil

■ Le **droit** s'identifie aux lois réelles (droit romain, droit germanique, droit islamique) dans une société ou à une époque donnée. Le droit constitue le **domaine politique et social**, en définissant la Constitution et les lois.

■ Le droit est garanti par l'**État** et peut être changé par les citoyens qui peuvent voter une nouvelle Constitution ou une nouvelle loi. Cette conception démocratique du droit est fondée sur un **contrat social**.

■ Elle s'oppose au droit traditionnel hérité des ancêtres, ou « **droit coutumier** ».

B La justice comme institution politique

■ La justice est une prérogative et un service public d'État. Elle est l'un des trois pouvoirs politiques : le législatif décide des lois, l'exécutif garantit par la force l'application des lois, le judiciaire décide de l'interprétation de la loi dans son application aux cas particuliers.

■ Depuis Montesquieu, on considère que la **séparation des pouvoirs** est une condition de démocratie, ce qu'on appelle aussi l'« État de droit » où nul ne peut être au-dessus des lois.

L'**État de droit** désigne le fait qu'aucun citoyen n'est au-dessus des lois. Il est une condition de la démocratie et tire son origine de l'*isonomie* grecque (*isos*, « égal » et *nomos*, « loi »), à savoir une « loi égale » pour tous.

C La justice comme vertu morale

■ Mais la justice est aussi une **vertu morale** : chez Platon, Aristote, et même jusqu'au XVIIIe siècle, elle est une vertu, à côté de la sagesse, de la tempérance, et du courage. Le juste est celui qui sait distinguer le bien du mal, et attribuer à chaque chose sa juste place.

■ La vertu de justice comprend la **justesse** : la capacité de mesurer correctement, ni trop, ni pas assez. C'est en ce sens qu'on dit qu'un archer vise « juste », mais aussi qu'un père est juste en proportionnant correctement récompenses et punitions à ses enfants.

■ Aristote dit de la justice qu'elle est « **la vertu des vertus** », qui les comprend toutes, dans notre rapport à

Pour **Platon** (*La République*),la justice est une vertu de l'âme. Elle est le respect des hiérarchies naturelles qui mettent le beau, le bon, le vrai au-dessus du laid, du mauvais et du faux. Et il serait « injuste » de confier le pouvoir à des débauchés qui ne visent pas le vrai et le bien commun.

ZOOM

Antigone

▲ Marie Spartali Stillman (1844-1927), *Antigone*. Simon Carter Gallery, Woodbridge.

▶ Antigone, héroïne de la tragédie éponyme de **Sophocle** (Ve siècle av. J.-C.), est la fille d'Œdipe et de Jocaste, les amants maudits de Thèbes.

▶ Le roi Créon interdit que soit enterré Polynice, l'un des deux frères d'Antigone, qui, traître à sa cité, est mort au combat aux côtés de l'ennemi. Mais au nom de la justice des dieux qui impose le respect des devoirs familiaux, Antigone désobéit et ensevelit secrètement son frère. Elle est punie de mort par le roi.

▶ Cette pièce illustre le **conflit entre justice humaine et justice divine** : Créon a raison de défendre l'intérêt politique de la cité, il représente le droit et la **légalité** ; Antigone a raison d'enterrer son frère au nom des devoirs sacrés de la morale, elle représente la justice naturelle ou divine et la **légitimité**.

▶ Dans la *Phénoménologie de l'esprit* (1807), **Hegel** prendra l'exemple d'Antigone pour illustrer l'opposition entre le droit positif commun à toute une société et la certitude subjective d'un individu révolté et convaincu de son « bon droit ». Ce qu'on appellerait aujourd'hui un cas d'« objection de conscience ».

autrui, c'est-à-dire dans la vie en société. En somme, la justice est **une vertu morale appliquée à la vie politique**. En ce sens moral, la justice est un **choix de valeurs** pour la société : est-il plus juste de privilégier la liberté ou l'égalité ? Est-il juste de favoriser ses enfants ou ses concitoyens, aux dépens de l'étranger ? Jusqu'où va la solidarité ? Voilà autant de questions politiques qui impliquent un choix moral.

III La justice contre les lois : légalité et légitimité

A Les justiciers

- C'est en raison de la conception de la justice comme vertu morale que peuvent surgir des **conflits entre droit positif et justice**. Nous jugeons certaines lois injustes, et des « justiciers », tels Zorro ou Robin des Bois, prétendent défendre la justice contre un pouvoir injuste ; des peuples se révoltent ou désobéissent aux lois au nom de la justice.
- L'exemple le plus célèbre de ce type de conflit est celui qui **oppose Antigone à Créon** dans la tragédie de Sophocle (voir Zoom p. 247).

B Une justice transcendante

- La justice permet de juger les lois. Pour cela, la justice doit être transcendante aux lois : elle se veut supérieure au droit positif, au nom de Dieu, de la morale ou de la nature.
- Si la justice n'est pas transcendante, elle se confond avec le droit, et on la qualifie d'« **immanente** ». Alors, si on ne peut pas les juger d'après une norme extérieure, d'après une justice supra-politique, toutes les lois sont justes. C'est le risque du « positivisme juridique » (Kelsen) qui soutient qu'il n'existe pas de justice en dehors du droit positif ; dans ce cas, légitimité et légalité se confondent.

Kelsen est le fondateur du **positivisme juridique**. Dans *Théorie pure du droit* (1934), il récuse l'idée du droit naturel et élabore une science du droit fondée sur un ensemble de normes hiérarchisées dont s'inspirent les constitutions démocratiques actuelles.

C Préférer l'ordre à la justice

- Mais si l'on invoque la justice contre les lois, c'est l'anarchie qui menace, car tous les hommes ne s'accordent pas sur ce qu'ils appellent « justice ». Chacun s'autorisera à désobéir à son gré au nom de sa conscience, et la société ira vers la guerre civile.

■ Aussi, certains, comme Goethe, affirment qu'il faut **préférer l'ordre à la justice**, et préférer obéir aux lois, mêmes injustes.

■ **Hobbes**, dans le *Léviathan* (1651), soutient que la guerre civile est le pire des maux, et qu'une loi injuste est préférable à l'anarchie. C'est un décisionnisme juridique selon lequel seul l'État peut dire ce qui est juste et injuste.

■ Le seul moyen d'empêcher ce strict légalisme (invoqué par les nazis pour leur défense), est de trouver un fondement sûr à la justice, **fondement universel** qui la place au-dessus des lois positives.

Proche de Hobbes, Carl Schmitt (1888-1985) oppose le **décisionnisme** au normativisme de Kelsen : l'État a le pouvoir absolu de *décider* de ce qui est juste. On lui a reproché de justifier ainsi les dictatures totalitaires où la force fait le droit.

IV La justice est-elle naturelle ?

A Platon et l'Idée de justice

■ Cette recherche d'une justice idéale et universelle reçoit plusieurs réponses philosophiques. **Platon**, dans *La République*, propose l'idéal d'une cité juste conforme à l'**Idée de justice** : la justice idéale exige de respecter un ordre naturel et moral qui veut que chaque chose occupe sa juste place : l'intelligence doit gouverner, le courage doit combattre, les désirs doivent produire, et sera juste une cité qui respectera cette **hiérarchie des fonctions**.

■ Selon Platon, liberté et égalité sont injustes, car elles conduisent à l'anarchie. La justice se confond ici avec un **ordre** naturel et idéal. C'est une justice essentiellement morale, qui vise au bonheur de l'ensemble de la cité, non à celui des individus.

B Le droit du plus fort

■ D'autres invoquent une justice naturelle contre les lois, comme les sophistes, contemporains de Platon : dans la nature, est juste ce qui est à l'avantage du plus fort. Or les lois répriment les forts et protègent les faibles : elles sont donc injustes.

■ Le **droit du plus fort** est un paradoxe et un « sophisme » (raisonnement vicieux), car, comme le dira Rousseau, le soi-disant « droit du plus fort » n'est pas un droit, mais un **fait**. Or la vocation du droit est de **redresser les torts** produits par la nature ou le hasard : il est donc juste d'aider les malades ou les handicapés, d'aider

« J'affirme que le juste n'est autre chose que l'avantage au plus fort. » Platon prête cette phrase au **sophiste** Thrasymaque dans *La République* (338 c).

les pauvres aux dépens des riches, de défendre les faibles contre la violence des forts.

- Le droit est **contre-nature**, en ce qu'il oppose la force de la loi à la force naturelle. C'est pourquoi ce qui paraît normal **en fait** (ne pas pouvoir voyager par manque d'argent, par exemple), n'est pas juste **en droit** (principe d'égalité).
- C'est aussi pourquoi la critique marxiste oppose « **droits formels** » (le droit pour tous de se déplacer librement) et « **droits réels** » (avoir les moyens matériels, l'argent et le temps, de réaliser ce droit formel), car le droit formel reste un **droit abstrait**, qui ne tient pas compte des situations concrètes des individus. Mais le droit et la loi ne sont-ils pas, par définition, formels et abstraits ?

C Droit naturel et droits de l'homme

- La nature est pourtant avancée comme le fondement le plus sûr de la justice. Au XVIIe siècle, la théorie du « **droit naturel** » affirme que la nature donne une norme de justice, qu'il existe une loi naturelle qui fonde la légitimité du droit positif.
- Pour **Locke**, la nature nous dicte qu'est juste la **protection de la propriété**, de sa vie et de ses biens. Loi naturelle qui n'est écrite nulle part, que mais la raison nous fait connaître. Or l'état de nature ne permet pas de garantir la paix et la sécurité, et c'est pour mieux garantir la justice que nous passons un contrat social : le **pouvoir politique** sera légitime s'il respecte par ses lois le droit naturel de propriété. La force de l'État et des lois justes permet de mieux assurer le droit naturel de propriété.
- Le **droit de désobéir** se justifie lorsque l'État ne suit plus le droit naturel, par exemple lorsqu'un roi persécute son peuple ou confisque ses biens. Dans ce cas, au nom de la loi naturelle, le peuple a le droit de se révolter.
- Les droits de l'homme, qui se veulent naturels et universels, sont l'héritage du droit naturel ; leur respect conditionne la légitimité d'un régime politique.

> Les **droits de l'homme** sont énoncés par *l'Habeas corpus* anglais de 1679, la Déclaration française des droits de l'homme et du citoyen de 1789, et la Déclaration universelle des droits de l'homme votée par l'ONU en 1948.

D À chacun sa justice ?

- Cette exigence de justice universelle s'oppose au **relativisme juridique** : **Montaigne** pensait que la justice est affaire de coutume, et que les lois varient selon l'époque et le pays. « Plaisante justice qu'une rivière borne », ironisait **Pascal** à propos de la justice des hommes, pour dire que la seule vraie justice est divine.

La justice positive des hommes se suffit-elle ou doit-elle se fonder sur une justice transcendante ? Cette question philosophique demeure en débat, lorsque, par exemple, on soutient ou conteste la validité des droits de l'homme.

V Justice et équité

A La justice distributive

La justice s'exprime par des lois générales, qui visent à **donner à chacun ce qui lui revient** : des honneurs et récompenses à celui qui a servi la cité, des punitions et châtiments à celui qui viole la loi et nuit à la société. Cette répartition des biens et des maux en fonction du mérite de chacun est appelée **justice distributive** (de *distribuer*).

Elle se distingue de la **justice commutative**, qui concerne les échanges et les contrats entre personnes égales et consentantes.

Cependant la justice ne sait pas toujours quel **critère de mérite** retenir : pour les uns ils faut récompenser les riches, pour d'autres les guerriers valeureux, pour d'autres la multitude. À chaque critère de mérite correspond, selon Aristote, une Constitution différente.

B L'équité complète la justice

Aristote avance aussi que la justice doit être complétée par l'équité : l'équité est une manière d'appliquer la loi qui tient compte des personnes et des circonstances **particulières**. Il serait inique, par exemple, de faire payer le même impôt aux riches et aux pauvres. La justice veut que les citoyens contribuent aux dépenses publiques, mais il est équitable de demander plus aux riches qu'aux pauvres.

L'équité adapte la loi aux cas particuliers, en respectant une proportion. L'équité porte, non sur le contenu de la loi, mais sur la manière de l'appliquer.

Ce souci d'équité traduit l'exigence d'égalité de toute justice : égalité devant la loi, égalité des droits, égalité des chances. En démocratie, toute inégalité est perçue comme une injustice. La difficulté pour les démocraties modernes est de **concilier** l'exigence de justice sociale, d'équité et d'égalité, d'une part, et l'exigence de liberté individuelle, d'autre part (John Rawls, *Théorie de la justice*, 1971).

> Dans l'*Éthique à Nicomaque*, **Aristote** distingue la justice selon la loi, qui s'applique de façon égalitaire, et l'**équité** ou **justice distributive** qui s'applique selon la proportion géométrique (donner selon les besoins, ou récompenser selon le mérite).

RÉCAPITULONS

Le droit réalise un idéal de justice	→ Droit romain
Justice morale ou justice politique	→ Antigone contre Créon
Droit positif ou droit naturel	→ Kelsen contre Locke
Justice et équité	→ Aristote

« CITATIONS

- Là où il n'est pas de pouvoir commun, il n'est pas de loi ; là où il n'est pas de loi, il n'est pas d'injustice.

Thomas Hobbes, *Léviathan*, 1651.

- Ne pouvant faire qu'il soit force d'obéir à la justice, on a fait qu'il soit juste d'obéir à la force. Ne pouvant fortifier la justice, on a justifié la force, afin que le juste et le fort fussent ensemble, et que la paix fût, qui est le souverain bien.

Blaise Pascal, *Pensées*, 1670.

- Le plus fort n'est jamais assez fort pour être toujours le maître, s'il ne transforme sa force en droit et l'obéissance en devoir.

Jean-Jacques Rousseau, *Du contrat social*, 1762.

- Le droit en lui-même est impuissant ; dans la nature règne la force. Mettre celle-ci au service du droit, de manière à fonder le droit au moyen de la force, c'est le problème que doit résoudre l'art politique.

Arthur Schopenhauer, *Parerga et paralipomena*, 1851.

- Qu'est-ce que le droit ? C'est l'égalité. Dès qu'un contrat enferme quelque inégalité, vous soupçonnez aussitôt que ce contrat viole le droit.

Alain, *Propos d'un Normand*, 1920.

- Le désordre entraîne par lui-même une masse d'injustices.

Alain, *Propos de politique*, 1934.

Ménager des transitions

LA DÉMARCHE

- On reproche souvent aux copies de juxtaposer les parties sans faire de transition. La transition sert à montrer qu'il existe un **lien logique** entre ce qui précède et ce qui suit, qu'on ne saute pas du coq à l'âne, et qu'une dissertation n'est pas un patchwork de morceaux collés au hasard.
- Par la transition (en une ou deux phrases), vous essaierez de montrer :

– que la partie suivante est la **conséquence** de la précédente : vous emploierez alors des **connecteurs** comme *ainsi, aussi, donc, par conséquent, c'est pourquoi*, pour annoncer une preuve, un argument, un exemple ou une référence ;

– ou qu'elle **s'oppose** à la précédente : vous recourrez alors à des connecteurs comme *au contraire, cependant, néanmoins, mais, en revanche*, pour annoncer une objection, un contre-exemple, un désaccord ou un point de vue différent.

- **Évitez** les formules telles que *et puis, ensuite* ou *après cela*, et l'abus des *donc, par conséquent, c'est pourquoi*, quand en réalité il n'y a aucun lien logique.

L'EXEMPLE COMMENTÉ

Faites le plan du sujet de dissertation suivant en ménageant des transitions entre les parties : « D'où vient le droit de punir ? »

- **Première partie :** principales justifications du droit de punir (sanction, prévention, éducation, équité)

Transition : Punir n'est un droit que s'il obéit aux justifications citées. Cependant, derrière celles-ci peuvent se dissimuler des causes plus ou moins inconscientes qui rendent le châtiment immoral et injuste.

- **Deuxième partie :** autres origines moins avouables, et qui contredisent la légitimité du droit de punir (cruauté, sadisme, tyrannie)

Transition : Punir se révèle être souvent un acte ambigu, tantôt légitime, tantôt injuste, exposé à des causes, des motifs et des interprétations contradictoires. Aussi devons-nous examiner si cette contradiction est accidentelle ou si elle est inscrite dans la nature humaine.

- **Troisième partie :** nous essayerons de montrer que le droit de punir résulte d'une dualité de la nature humaine, qui fait que l'homme ne peut devenir libre que par la contrainte (Kant).

SE TESTER QUIZ

1 L'équité est le fait de :

☐ **a.** prendre en compte les circonstances atténuantes

☐ **b.** traiter tout le monde à égalité

☐ **c.** faire preuve de tolérance

2 Le droit naturel consiste à soutenir :

☐ **a.** que la nature est juste

☐ **b.** qu'il existe des lois universelles et absolues

☐ **c.** qu'il faut accepter le droit du plus fort

3 La justice distributive consiste à :

☐ **a.** donner à chacun ce qui lui revient

☐ **b.** distribuer de l'aide aux plus pauvres

☐ **c.** apporter la justice dans les régions les plus reculées

4 Quelle conception du droit nie l'existence d'une justice naturelle ?

☐ **a.** Le droit naturel

☐ **b.** La justice commutative

☐ **c.** Le positivisme juridique

5 Lequel, parmi les droits suivants, ne fait pas partie des droits de l'homme ?

☐ **a.** Le droit de propriété

☐ **b.** Le droit de circuler

☐ **c.** Le droit au logement

OBJECTIF BAC

L'explication de texte

6 Faites l'explication du texte suivant.

« En effet, l'équitable, tout en étant supérieur à une certaine justice, est lui-même juste, et ce n'est pas comme appartenant à un genre différent qu'il est supérieur au juste. Il y a donc bien identité du juste et de l'équitable, et tous deux sont bons, bien que l'équitable soit le meilleur des deux. Ce qui fait la difficulté, c'est que l'équitable, tout en étant juste, n'est pas le juste selon la loi, mais un correctif de la justice légale. La raison en est que la loi est toujours quelque chose de général, et qu'il y a des cas d'espèce pour lesquels il n'est pas possible de poser un énoncé général qui s'y applique avec rectitude. Dans les matières, donc, où l'on doit nécessairement se borner à des généralités et où il est impossible de le faire correctement, la loi ne prend en considération que les cas les plus fréquents, sans ignorer d'ailleurs les erreurs que cela peut entraîner. La loi n'en est pas moins sans reproche, car la faute n'est pas à la loi, ni au législateur, mais tient à la nature des choses, puisque par leur essence même la matière des choses de l'ordre pratique revêt ce caractère d'irrégularité.

Aristote, *Éthique à Nicomaque* (IVe siècle av. J.-C.), livre V, trad. J. Tricot,

SE TESTER

1 Réponse **a.** **2** Réponse **b.** **3** Réponse **b.** **4** Réponse **c.** **5** Réponse **c.**

OBJECTIF BAC

6 *Les titres et sous-titres servent à mettre en évidence la structure du corrigé, mais ne doivent pas figurer sur votre copie.*

Introduction

- Les notions de justice et d'équité sont souvent **confondues**. Se confondent-elle vraiment ? L'égalité suffit-elle à définir la justice ?
- Cela pose la question du rapport de la justice comme idéal à sa définition politique (la loi), et à son application concrète (le droit et le tribunal).
- La **thèse de l'auteur** est que la loi est trop générale pour être toujours juste ; elle peut être juste en général et injuste relativement à certains cas ou à certaines circonstances.

I. Les étapes de l'argumentation

1. Le rapport entre justice et équité

- L'équitable n'est pas une forme différente de justice : « Il y a donc bien identité du juste et de l'équitable » (l. 4), justice et équité ne s'opposent pas.
- Pourtant, l'équité est une justice supérieure, en ce qu'elle est un perfectionnement dans l'application du juste : ce qui est parfaitement juste doit être équitable.

2. La distinction entre l'équité et la loi

- L'équité n'est pas dans la loi, mais dans sa **correction** (« correctif », l. 7). L'équité complète et prolonge la loi dans un esprit de justice. Si la loi condamne le vol, l'équité voudra qu'on condamne plus légèrement une mère qui vole pour nourrir ses enfants.

3. Pourquoi la loi ne suffit-elle pas ?

- Parce qu'elle est **universelle** : la loi ne peut prendre en compte les cas particuliers et leurs spécificités.
- C'est l'affaire de la jurisprudence et des juges d'interpréter la loi et de l'adapter à chaque cas. L'équité ajoute la justesse à la justice légale.

La **justice** désigne un idéal moral et politique ; la **justesse** désigne l'adéquation des moyens à un but, sans connotation morale (ajuster le tir, par exemple). La justice peut nécessiter la justesse, ce qu'est précisément l'équité.

4. Néanmoins, la loi est parfaitement juste en soi

- Le défaut de justesse n'est pas dans la loi elle-même, mais dans l'**inadéquation** du général au particulier. C'est « la matière des choses » (l. 10) qui rend la loi insuffisante, car les actions humaines sont toutes différentes, et la loi ne peut prévoir tous les cas.

II. Discussion

1. L'enjeu métaphysique

- Il concerne l'inadéquation du général et du particulier, déjà énoncée par Platon. En politique, l'équité doit adapter les lois aux cas particuliers.
- C'est cette difficulté qu'analysera Kant dans *Théorie et pratique*, pour montrer que, si la théorie ne s'applique pas, ce n'est pas parce qu'elle est fausse, mais parce qu'elle requiert un art pour l'adapter à la pratique : un bon biologiste ne fait pas forcément un bon médecin, il lui faut, en plus de la science, l'art et l'expérience.

2. La question de la traduction politique de l'idéal de justice

- Depuis Platon (*La République*), philosophes et politiques recherchent la cité idéale, c'est-à-dire la plus juste. Mais aucun n'est d'accord sur la **conception du juste** ; ce qui donne pour l'un une Constitution monarchique (Platon), ou démocratique pour l'autre (Rousseau).
- Aristote voit bien que c'est la définition du juste qui entraîne les différences politiques.

3. Le rôle de la loi

- La loi est nécessaire, mais non suffisante. Aristote a le mérite de ne pas se contenter d'une définition théorique de la justice, mais de voir que **la pratique** du juge et du tribunal est essentielle à la justice.

- Contre Platon, il montre que la justice n'est pas une science, mais un art, une prudence dans l'examen au cas par cas. L'important n'est pas tant de « connaître » la justice, que d'être juste et d'agir avec équité. L'individu juste incarne la vraie justice.

« Art » s'oppose ici à science, comme expérience pratique apportant une application plus adéquate des savoirs théoriques. On parle ainsi d'*art médical* ou d'*art pédagogique*.

4. Au-delà de la loi, trop abstraite, l'équité humanise la justice

- Qu'on pense au jugement de Salomon proposant de couper en deux l'enfant réclamé par deux femmes, pour savoir laquelle des deux est la vraie mère. Dans cet exemple, l'apparente équité (chacune une moitié) est une ruse de la vraie justice qu'aucune loi ne peut prévoir. Aucune justice ne peut se passer d'une « justesse ».

- Une conception trop abstraite et générale de la justice peut conduire à la terreur politique, qui ignore les cas humains et applique aveuglément à tous la même règle.

Conclusion

- Dans ce texte, Aristote définit deux dimensions de la justice : la justice en général énoncée dans la loi, et la justice appliquée aux cas particuliers ou « équité ». Ces deux dimensions ne s'opposent pas, mais se complètent : la justesse de l'équité rend la justice légale plus juste.

- Cela nous renvoie à une pratique de la justice qu'aucune théorie ou science ne peut définir a priori. Le juste n'est pas dans les discours généraux, mais dans la prudence concrète de certains hommes, juges ou politiques, qui savent s'orienter dans les situations particulières.

www.annabac.com

CHAPITRE

20 L'État (L, ES, S)

Poser la question de l'État, c'est en premier lieu s'interroger sur sa **nature** : l'État est le lieu d'un pouvoir dont les règles ne dépendent pas des individus qui l'exercent et dont l'autorité ne tient ni à leur charisme, ni à la tradition. À quoi tient-elle alors ? C'est là la seconde question que pose l'État : celle de sa **légitimité**. L'État ne repose-t-il que sur des mécanismes de domination et d'oppression ? Ou bien, au contraire, l'État est-il fondé sur des règles de droit permettant d'empêcher que les hommes soient asservis à d'autres hommes ?

Repères En fait/En droit • Identité/Égalité/Différence • Légal/Légitime • Origine/Fondement

I Pouvoir et autorité

A État et pouvoir

On ne voit pas l'État. On ne voit que des hommes qui parlent en son nom. La première détermination de l'État est donc le **pouvoir politique**.

B L'autorité : un « surpouvoir »

- Mais l'État n'est pas seulement le lieu du pouvoir politique. Il est aussi source d'autorité.
- Il faut bien distinguer **pouvoir** et **autorité**. Avoir le pouvoir, c'est avoir la force d'imposer l'obéissance (c'est la raison pour laquelle tout État doit avoir une police ou une justice : pour avoir force de loi. C'est en ce sens que Max Weber définit l'État par le monopole de la violence légitime). Disposer d'une autorité, c'est être reconnu comme autorisé à exercer un pouvoir.

L'expression signifie que **seul l'État est autorisé à exercer une violence** sur les individus. Dans un État, ceux-ci ne peuvent se faire justice ou régler par eux-mêmes leurs conflits.

L'autorité double le pouvoir d'une sorte d'augmentation morale ou symbolique qui s'impose sans que la force soit nécessaire. Comme le dit Hannah Arendt, l'autorité est un « **surpouvoir** » et on peut remarquer que l'État ne fait usage de la force que lorsque son autorité a été bafouée. Comme le remarque encore Arendt, l'usage de la force est le signe d'un échec de l'autorité.

On peut ainsi disposer d'un pouvoir sans autorité (cas des régimes despotiques qui ne règnent que par la terreur) ou d'une autorité sans pouvoir (ainsi les royalistes français ont-ils continué à reconnaître l'autorité du roi alors même que la Révolution avait aboli la monarchie).

II Les sources de l'autorité

Dans *Le Savant et le Politique*, le sociologue Max Weber distingue trois formes d'autorité :

- d'abord, « l'éternel hier » de la tradition et des « coutumes sanctifiées », c'est-à-dire l'« **autorité traditionnelle** » ;

- ensuite, l'« **autorité charismatique** », fondée sur « la grâce personnelle et extraordinaire d'un individu » ;

- enfin, l'« **autorité légale** », fondée sur l'idée d'un statut juridique de l'autorité. L'État proprement dit ne correspond qu'à ce troisième type de pouvoir : quand j'obtempère à l'ordre du gendarme d'arrêter mon véhicule, ce n'est pas à l'individu que j'obéis, mais au représentant de l'État ; le même gendarme en civil n'aurait plus aucune autorité sur quiconque.

L'État procède donc d'une **institutionnalisation** du pouvoir. Il commence à émerger quand l'autorité cesse d'être incorporée dans la personne du chef, quand elle se dissocie de l'individu qui en est investi. Comme le dit Rousseau, dans l'État, nous sommes, non sous la dépendance des hommes, mais sous celle des lois.

Aussi l'État prétend-il toujours à une rationalité, une universalité et une légitimité qui le fondent.

Le mot grec ***charisma***, signifie d'abord « grâce accordée par Dieu ». Par extension, il désigne l'ascendant personnel qu'un homme exerce sur une communauté.

Il faut ainsi distinguer l'**État**, ensemble organisé d'institutions politiques, juridiques, administratives, de la **société civile**, sphère dans laquelle les individus agissent comme individus privés et comme agents économiques.

III Le problème de la légitimité du pouvoir

A Machiavel ou le réalisme politique

- Cette prétention de l'État à la rationalité est-elle justifiée ? L'expérience spontanée du pouvoir semble nous instruire du contraire : le pouvoir est **arbitraire**, il n'est que le fait institutionnalisé de la force.
- C'est ainsi que **Machiavel** théorise l'État. Dans *Le Prince* (1532), il affirme que le but de l'homme politique est de **conquérir** le pouvoir et de le **conserver**.
- La politique et la morale sont donc radicalement **séparées**. Le point de vue « technique » se substitue au point de vue moral : ce sont les nécessités du politique, c'est-à-dire de la conservation de l'État, qui commandent, et non des impératifs de justice.
- Machiavel refuse ainsi l'idée d'un fondement rationnel de l'État, mais son analyse n'en reste pas moins une entreprise lucide de **rationalisation du pouvoir** réduit à des mécanismes de conquête et de conservation.

B La rationalité de l'État

- Il faut distinguer la **rationalité** technique et fonctionnelle de l'État, et sa « **raisonnabilité** » morale. Si Machiavel refuse la seconde, il promeut au contraire la première, en faisant de l'État une institution humaine, ni divine ni magique.
- Mais peut-on, comme Machiavel, refuser de poser la question de la « raisonnabilité » morale de l'État ? Lui-même d'ailleurs ne va pas au bout d'un tel refus, puisque c'est bien au nom d'un intérêt supérieur de l'État que toutes les techniques de conservation du pouvoir peuvent être envisagées.
- Si l'État a des fins supérieures qui justifient tous les moyens, il faut alors inévitablement examiner ce qui rend ces fins légitimes, c'est-à-dire ce qui fonde l'autorité politique.

IV Le contrat social, une théorie moderne du fondement de l'État

A Contre le droit divin

- Au XVIIe siècle, avec **Hobbes** et **Locke**, et plus encore au XVIIIe siècle avec **Rousseau**, les théories du **contrat social** s'opposent : 1. à l'idée selon laquelle le pouvoir politique a un fondement naturel : s'il résulte d'un contrat, c'est qu'il résulte d'une **convention** originaire passée entre individus libres ; 2. à l'idée, développée au XVIIe siècle par Bossuet, qu'il se fonde sur un **droit divin**.

- La théorie du droit divin et celle du contrat social sont deux réponses rivales au même problème : qu'est-ce qui fait qu'une autorité politique est légitime, autorisée à s'exercer ? Les tenants du droit divin s'appuient sur la phrase de l'apôtre Paul selon laquelle « il n'y pas de puissance qui ne vienne de Dieu », alors que, pour les théoriciens du contrat social, la source du pouvoir est humaine, puisqu'elle est contractuelle.

B Une convention passée entre les hommes

- Les théories du contrat social font de l'État le résultat d'une convention passée entre les hommes pour sortir d'un « état de nature » qui n'offre aucune garantie juridique à leur existence. Deux fins sont alors assignées à l'État : préserver la sécurité des individus et/ou garantir leur liberté.

- Ainsi, pour **Hobbes**, l'état de nature est un état de guerre généralisée de chacun contre tous, qui met en péril la vie des individus. C'est alors la **sécurité des individus** que l'État doit assurer, au détriment même de leur liberté. Par le contrat, chacun se dessaisit au profit d'un tiers (le **souverain**) du pouvoir naturel qu'il a de subvenir à sa propre existence. Le souverain dispose alors d'une autorité absolue, qu'il n'exerce pas pour son profit personnel mais qui traduit le fait qu'il concentre en lui toute la puissance légitime.

> Pour les philosophes qui l'envisagent (Hobbes, Locke, Rousseau), l'**état de nature** désigne la situation de l'homme avant l'apparition de la société, et non un état ayant réellement existé. C'est une hypothèse d'où ils peuvent déduire les caractéristiques du contrat social.

- **Rousseau** critiquera avec force la théorie de Hobbes : le contrat social ne peut consister dans l'échange de sa liberté naturelle contre sa sécurité car, si nous ne sommes pas libres, notre sécurité ne peut pas être assurée. Le contrat social est un **contrat d'association**, grâce auquel chacun s'unit à tous pour se placer sous la « suprême direction de la volonté générale ».

- La souveraineté de la loi est donc chez Rousseau tout aussi absolue que l'autorité du souverain chez Hobbes. Mais la différence est que, pour Rousseau, la loi est l'expression de la **volonté générale**. En obéissant à la loi, nous n'obéissons qu'à nous-mêmes et restons donc « aussi libres qu'auparavant ». Le citoyen est très exactement le membre de la volonté générale, l'auteur des lois auxquelles il obéit : autrement dit, celui qui est capable de vouloir le « bien public », « l'intérêt commun » et non seulement son intérêt particulier.

■ En ce sens, tout État véritable est une **république** (le latin *res publica* signifie « chose commune »), en ce qu'il définit pour l'ensemble des citoyens un espace commun qui constitue ce que Rousseau appelle un « moi commun ».

V Les critiques de l'État

A L'État : un instrument de répression ?

■ En instituant la **citoyenneté**, l'État semble accéder à l'**universel**. **Hegel** écrit en ce sens qu'il est la « réalité de l'idée morale », la rationalité accomplie, réalisant la morale et le droit qui, au niveau individuel, ne sont que des abstractions. Et le citoyen peut prétendre être l'homme véritablement humain, élevé au sens du bien public, plus raisonnable que l'individu particulier.

■ Mais ce discours n'est-il pas une illusion ? La réalité de l'État n'est-elle pas essentiellement répressive ? Telle fut la position d'un **antiétatisme** radical représenté surtout, au XIXe siècle, par l'**anarchisme** dont le projet est de détruire l'État en tant que tel et par le **marxisme**, qui voit dans l'État, non le garant de l'intérêt général, mais des institutions et des appareils au service des intérêts particuliers de la classe dominante.

« Ni Dieu, ni maître » est le mot d'ordre de l'**anarchisme** qui associe, dans un même refus, la religion et l'État.

B Une société sans État

■ L'anarchisme et le marxisme semblent donc se rejoindre dans leur critique de l'État et la société sans classes qu'ils souhaitent tous deux est aussi une société sans État.

■ Il y a pourtant entre eux des **différences** importantes. La première est que Marx rattache l'analyse de l'État à l'évolution de l'histoire. Moyen pour assurer politiquement la domination de la classe économiquement possédante, l'État a une fonction et une nécessité que ne lui reconnaît pas l'anarchisme.

■ La **seconde différence** est que leur critique de l'État n'obéit pas aux mêmes raisons. L'antiétatisme de l'anarchisme se fonde sur un **individualisme** foncier. C'est parce qu'il est par nature contre l'individu que l'État est un mal en soi : il est un universel dévorant. Marx lui reproche au contraire d'être un **universel fictif** qui prétend réaliser l'homme abstraitement dans le citoyen, au lieu de le réaliser effectivement dans la société.

C Les limites de l'antiétatisme

On peut reprocher à l'antiétatisme en général de ne pas faire la différence entre les États. Certes, comme le dit Montesquieu, tout pouvoir tend à abuser du pouvoir. Comment résoudre le problème que pose ce constat ? Deux solutions sont possibles.

L'**antiétatisme** est la première d'entre elles : voir dans la disparition de l'État une condition nécessaire de l'émancipation des hommes.

La seconde solution résulte en revanche d'une critique de l'État... par lui-même : seule une forme déterminée d'État pourra lever le risque despotique que tout État porte en lui. Il suffit pour cela que l'État sache imposer des **limites** à son pouvoir.

C'est le propre des **démocraties modernes** d'avoir essayé de définir de telles limites. En déclarant les droits de l'homme, la Révolution française de 1789 et avant elle le jeune État américain en 1776 ont accompli un geste dont la signification philosophique est importante. Car, pour la première fois, des États ont reconnu : 1. qu'il existe des droits naturels de l'homme antérieurs et supérieurs à toute autorité politique ; 2. que le but principal de l'État est de les préserver.

D L'État de droit

Marx objecte aux droits de l'homme de n'être que des droits « abstraits » qui laissent jouer les inégalités sociales. Mais l'erreur de l'antiétatisme est de ne pas avoir bien perçu l'originalité des États démocratiques.

Le fait qu'on y trouve des polices et des prisons ne signifie pas que les États démocratiques sont de même nature que les dictatures. Quelles que soient les critiques qu'on peut faire à la citoyenneté, ne vaut-il pas mieux vivre dans un État où ses droits sont reconnus ?

« **État de droit** » a deux sens : 1. un État fondé sur des règles de droit (en ce sens, une monarchie absolue est aussi un État de droit) ; 2. un État dont le but est de préserver les droits de l'homme (seule alors une démocratie est un État de droit).

RÉCAPITULONS

Max Weber	→ L'État est une autorité légale, distincte de l'autorité charismatique et de l'autorité de la tradition
Machiavel	→ L'État est une machine dont il faut connaître les rouages. Exclusion du point de vue moral en politique. Refus des utopies
Hobbes, Locke, Rousseau	→ Théorie du contrat social, opposée à la théorie du droit divin
Marx, anarchisme	→ L'État est au service de la classe dominante

« CITATIONS

On ne vit pas en paix par le moyen des controverses mais par le moyen d'un pouvoir fort.

Thomas Hobbes, *Le Citoyen*, 1642.

En vérité, le but de l'État, c'est la liberté.

Baruch Spinoza, *Traité théologico-politique*, 1670.

Pour qu'on ne puisse abuser du pouvoir, il faut que, par la disposition des choses, le pouvoir arrête le pouvoir.

Montesquieu, *L'Esprit des lois*, 1748.

« Un peuple libre obéit, mais il ne sert pas. Il a des chefs et non pas des maîtres ; il obéit aux lois, mais il n'obéit qu'aux lois.

Jean-Jacques Rousseau, *Lettres écrites de la montagne*, 1764.

L'État ne poursuit jamais qu'un but : limiter, enchaîner, assujettir l'individu.

Max Stirner, *L'Unique et sa propriété*, 1845.

ZOOM

Le totalitarisme

▲ **Cérémonie militaire nazie à Nuremberg, fin des années 1930.**

▶ La théorie de « l'**État total** » est développée par les fascismes mussolinien et hitlérien, qui font de l'État un absolu, objet d'un véritable culte.

▶ Des penseurs comme **Hannah Arendt** ou **Raymond Aron** parlent ensuite de « totalitarisme » pour désigner de façon critique les régimes nazi et stalinien dont les invariants sont : la mystique du chef, l'exercice d'un monopole idéologique, l'absence de séparation entre l'État et la société civile, la mise en place d'un appareil de terreur visant à la domination totale des individus…

▶ Hannah Arendt (*Les Origines du totalitarisme*, 1951) insiste sur l'originalité de cette forme antidémocratique de régime politique, qui ne doit pas être confondue avec les formes « classiques » de dictature ou de despotisme antérieures au XXe siècle.

▶ **Karl Popper** (*La Société ouverte et ses ennemis*, 1945) fait du totalitarisme contemporain l'héritier d'un mode de « société close » qui remonte à *La République* de Platon et à ses « philosophes rois » gouvernant la cité au nom d'une vérité absolue.

Conclure une dissertation

LA DÉMARCHE

- La conclusion d'une dissertation fait le **bilan** du parcours argumentatif, **et** ouvre des **perspectives** sur des questions qui prolongent la réflexion.
- Elle donne une vision **synthétique** des moments essentiels, et elle peut être une reprise reformulée du plan annoncé en introduction.
- Elle montre que des **questions** restent **en suspens**, ou que des questions nouvelles apparaissent, qui pourraient faire l'objet d'autres dissertations.

L'EXEMPLE COMMENTÉ

Faites le plan et rédigez la conclusion du sujet suivant :
« L'absence d'État est-elle plus à craindre que l'État ? »

Le sujet invite à comparer deux grandes positions politiques.

- La première, représentée par l'**anarchisme** et le **marxisme**, propose l'idéal d'une **société sans État**, et soumet l'État à une critique radicale : l'État est au service de la classe dominante (marxisme), il est par nature oppresseur, et nie l'individualité (anarchisme).
- La seconde position, au contraire, fait de l'État la **substitution du règne de la justice à celui de la force** (Hobbes, Rousseau), le garant de la sécurité des individus (Hobbes), voire de leur liberté (Locke, Rousseau). Seul un État peut ériger des règles de droit, promouvoir la citoyenneté, instituer une autorité légitime. L'absence d'État serait alors un « état de nature » dont il serait avantageux de sortir : soit parce qu'il est un état permanent de guerre de chacun contre tous (Hobbes) ; soit parce que les hommes y vivent certes pacifiques et libres, mais sans garantie institutionnelle pour cette liberté (Locke) ; soit parce que l'homme n'y vit que comme « un animal stupide et borné » (Rousseau).

Conclusion

- L'absence d'État est défendue par ceux qui assimilent tout État à une dictature liberticide. En revanche, la philosophie classique distingue entre les États tyranniques et un État nécessaire pour garantir les libertés.
- Dès lors la question n'est plus celle de l'existence de l'État, mais de la nature, du rôle et des limites de l'État. L'État totalitaire écarté, le débat reste ouvert entre un État-providence et un État libéral où il est réduit au strict minimum.

SE TESTER QUIZ

1 Max Weber distingue l'autorité légale :

- ☐ a. des tyrannies antiques
- ☐ b. de l'autorité traditionnelle et de l'autorité charismatique
- ☐ c. des monarchies de droit divin

2 Comment Hobbes justifie-t-il le caractère absolu que revêt pour lui la souveraineté ?

- ☐ a. Par la théorie du droit divin
- ☐ b. Par l'idée selon laquelle seule une autorité absolue dans l'État peut faire cesser la violence naturelle existant entre les hommes
- ☐ c. Par l'idée selon laquelle le pouvoir est arbitraire

3 Pour Rousseau, le contrat social :

- ☐ a. garantit la liberté que les hommes avaient dans l'état de nature
- ☐ b. assure la sécurité des individus au détriment de leur liberté
- ☐ c. empêche la sociabilité naturelle des hommes de s'exprimer

4 D'après vous, à quel type de pensée politique la philosophie de Machiavel s'oppose-t-elle ?

- ☐ a. L'utopie
- ☐ b. Le réalisme politique
- ☐ c. La défense de la démocratie

5 Quels sont les points communs entre la critique anarchiste et la critique marxiste de l'État ?

- ☐ a. L'idéal politique d'une société sans État
- ☐ b. Le refus du despotisme
- ☐ c. L'idée que l'État reflète la domination économique d'une classe sociale sur une autre

6 L'absence de distinction entre l'État et la société civile est le fait :

- ☐ a. du despotisme
- ☐ b. des monarchies de droit divin
- ☐ c. du totalitarisme

7 Quelle différence feriez-vous entre totalitarisme et despotisme ?

- ☐ a. Aucune : le totalitarisme est une forme comme une autre de despotisme
- ☐ b. Le despotisme est une forme politique propre à certains régimes de l'Antiquité (Grèce, Mésopotamie, Chine…)
- ☐ c. Le totalitarisme est une forme originale d'oppression politique, fondée sur l'idée que les individus n'ont pas de valeur en eux-mêmes, mais uniquement par rapport à l'« absolu » qu'est l'État

OBJECTIF BAC

Dissertation

8 Traitez le sujet de dissertation suivant.

« Existe-t-il des abus de pouvoir ? »

SE TESTER

1 Réponse **b.** **2** Réponse **b.** **3** Réponse **a.** **4** Réponse **a.** **5** Réponse **a.** **6** Réponse **c.** **7** Réponse **c.**

OBJECTIF BAC

8 *Les titres et sous-titres servent à mettre en évidence la structure du corrigé, mais ne doivent pas figurer sur votre copie.*

Introduction

- Chacun peut aisément constater l'existence d'abus de pouvoir. Pour comprendre en quoi cette question n'est pas triviale, il faut analyser le sens de l'expression « abus de pouvoir » et considérer ce qu'elle suppose.
- « Abus de pouvoir » doit se comprendre par rapport à « **usage du pouvoir** ». S'il y a des usages du pouvoir qui sont des abus de pouvoir, c'est qu'il y en a d'autres qui ne le sont pas. Ce que chacun de nous dénonce dans un abus de pouvoir, c'est un usage illégitime du pouvoir, qui n'apparaît tel qu'en référence – même implicite – avec un usage **légitime** du pouvoir.

> On voit ici que c'est **dans le sens de l'expression** que réside la question posée par le sujet. Il est suggéré que l'expression est paradoxale ou redondante (pouvoir = abus). Il faut jouer un peu sur les mots.

- La question « Existe-t-il des abus de pouvoir ? » prend alors tout son sens : est-ce que la distinction entre pouvoir légitime et pouvoir abusif est fondée ? Autrement dit : tout pouvoir n'est-il pas abusif par nature ? User du pouvoir, n'est-ce pas déjà inévitablement en abuser ?

- Nous examinerons d'abord en quoi consistent les « abus de pouvoir », puis nous nous demanderons si leur existence est compatible avec la nature même du pouvoir, et nous tenterons enfin de trouver les limites au-delà desquelles commence l'abus de pouvoir.

I. Ce que sont les abus de pouvoir

1. Il existe des abus de pouvoir

S'il est abusif d'enfermer quelqu'un sans procès équitable, c'est qu'il est légitime d'enfermer quelqu'un qui a été reconnu coupable au terme d'un procès équitable ; s'il est abusif que l'État exige qu'un particulier paye deux fois ses impôts, c'est qu'il est légitime de les payer une fois...

2. Définir l'abus de pouvoir

- Abuser du pouvoir revient à l'utiliser au-delà ou en contradiction avec son rôle officiel défini par le droit (voir « L'État de droit », p. 263). Si le pouvoir, en principe, vise à protéger les libertés publiques, en abuser consiste à recourir à la force publique dans son intérêt particulier aux dépens des libertés publiques.
- L'idée d'un abus suppose qu'il existe un usage « normal » et limité du pouvoir.

II. Le pouvoir est-il par nature abusif ?

1. Le pouvoir est oppressif

- La nature du pouvoir politique est le **monopole de la force**. Sans contre-pouvoir, le pouvoir absolu use absolument de la force, il est donc sans limite (Hobbes).
- L'abus est donc dans la **nature même** du pouvoir. Un pouvoir qui serait limité ne serait pas vraiment un pouvoir.

2. La critique anarchiste

- Parler d'abus de pouvoir est une naïveté chez ceux qui croient que le pouvoir peut respecter la liberté.
- Le pouvoir est toujours **liberticide**. Seule l'absence de pouvoir rend possible la liberté. Puisque tout exercice du pouvoir est illégitime, cela n'a pas de sens de parler du pouvoir.

III. La possibilité d'un État de droit

1. Distinguer pouvoir et État

- L'abus de pouvoir ne concerne pas uniquement l'État. Il peut y avoir des abus de pouvoir sexuel, ou économique, ou familial. Dans ces cas, la critique de l'État énoncée ci-dessus ne vaut plus.
- Néanmoins, l'État reste l'incarnation moderne du pouvoir suprême, dont dépendent tous les autres pouvoirs. L'État efficace, selon **Hobbes**, doit avoir un **pouvoir absolu**.

2. Limiter le pouvoir par le pouvoir

- À l'opposé de Hobbes, Montesquieu soutient que la liberté exige une séparation des pouvoirs qui s'équilibrent et se neutralisent réciproquement : il faut que le pouvoir arrête le pouvoir.
- Un **État de droit** s'impose de se soumettre à sa propre loi. Le respect de la loi et de l'intérêt général doit permettre de faire la distinction entre usage légitime de l'autorité et abus de pouvoir.

> La **séparation des pouvoirs** législatif, exécutif et judiciaire est au fondement de la démocratie moderne. Elle vise à éviter l'abus de pouvoir par un pouvoir unique et absolu.

Conclusion

- Après avoir constaté l'existence d'abus de pouvoir aux yeux de l'opinion, nous avons montré que l'expression « abus de pouvoir » se heurte à une conception du pouvoir qui la rend redondante : si tout pouvoir est oppressif, l'idée d'abus devient absurde. Pourtant, l'État de droit, grâce à la séparation des pouvoirs, laisse une chance à la liberté et permet de distinguer entre un usage légitime et un usage abusif du pouvoir.
- Cependant, même en démocratie, la forme constitutionnelle ne suffit pas à garantir contre des pratiques abusives. Aussi le civisme et la vigilance active des citoyens sont-ils le meilleur rempart contre la tentation d'abuser qui guette tout pouvoir. Seule cette vigilance peut empêcher que s'installe un pouvoir tyrannique, comme le montre La Boétie dans le *Discours de la servitude volontaire* (ou *Contre'Un*).

La morale

www.annabac.com

CHAPITRE

21 La liberté (L, ES, S)

La liberté exprime l'aspiration humaine la plus profonde, le désir d'échapper à toute contrainte, à toute obligation. Elle est d'abord un idéal politique d'indépendance pour les peuples, elle est ensuite une exigence morale d'autonomie et de libre arbitre pour l'individu, elle est enfin une question métaphysique pour savoir si c'est la liberté ou la nécessité qui gouverne le monde. Le nécessaire s'oppose au contingent ou au possible, selon qu'une part de liberté est laissée, ou non, à l'action humaine.

Repères Contingent/Nécessaire/Possible • Idéal/Réel • Obligation/Contrainte • En fait/En droit

I La liberté physique

■ Au sens physique, la liberté signifie l'absence de contrainte. Un animal ou un homme est libre dans la mesure où il n'est pas enchaîné ou enfermé. La liberté physique est liberté de mouvement et **spontanéité** de l'action.

■ Il existe néanmoins des contraintes naturelles auxquelles on ne peut échapper : l'homme n'est pas libre de voler ou de marcher sur l'eau. L'homme réduit à la seule liberté physique n'est pas plus libre qu'une pierre qui tombe sans rencontrer d'obstacle. Il est soumis au **déterminisme** naturel : tout, dans la nature, résulte de causes nécessaires.

■ Il convient donc d'ajouter que la liberté physique consiste dans la spontanéité de ses mouvements

La **liberté physique** consiste à faire ce que l'on veut dans les limites de ce qu'on peut. Être ligoté ou enfermé est une limitation de la liberté physique de mouvement. On peut vouloir circuler librement dans le monde, courir plus vite, mais vouloir devenir un dieu relève plutôt du rêve ou de la folie.

conformément à sa nature. Mais la technique permet à l'homme d'augmenter sa liberté physique (moyens de transport ou de communication).

II La liberté politique

- Au sens politique, la liberté désigne d'abord l'**indépendance** à l'égard de tout pouvoir. Elle suppose d'être à soi-même son propre maître. Une cité libre n'obéit qu'à ses propres lois ; un homme libre n'obéit qu'à sa propre volonté.
- Mais l'homme, « **animal politique** » (Aristote), ne vit pas seul. En société, il est un citoyen libre à la condition d'obéir à une loi égale pour tous. L'**isonomie** (égalité devant la loi) est la première condition de la liberté politique.
- Il faut aussi que la **loi** soit l'expression d'une **volonté générale** qui dépasse les égoïsmes individuels au profit de l'intérêt commun. À cette condition, le citoyen obéit librement à une loi qu'il s'est lui-même donnée (Rousseau).
- La liberté politique exige enfin qu'aucun citoyen n'échappe à la loi commune : tel est le sens de l'« État de droit » (voir chap. 20).
- Mais, pour Hegel et Marx, cette liberté purement légale reste **formelle**. La liberté n'est pas un statut, un état, mais un processus historique de libération par le travail. Le maître est condamné par l'histoire, et c'est l'esclave qui devient le nouveau maître en transformant la nature par son travail : « Le travail rend libre ».

> L'inscription *Arbeit macht frei* (« **Le travail rend libre** ») figure sur la grille d'entrée du camp d'Auschwitz, détournée par les nazis de son sens hégélien, sens favorable à la libération des opprimés.

III La liberté morale

- Au sens moral, la liberté suppose la **responsabilité** de ses actes et la possibilité de **choisir** entre le bien et le mal.
- Pour les Anciens, est libre une volonté indépendante de toute contrainte. Est libre, celui qui agit selon sa volonté, et non selon la volonté d'autrui. Les **stoïciens** soutiennent qu'une volonté libre peut résister à la torture ou à la tyrannie, à condition de savoir que la liberté réside dans la **volonté intérieure**, et non dans le corps.
- Pour rester libre face aux coups du destin, il faut détacher la volonté des biens extérieurs qui ne dépendent pas de nous : non pas « faire ce que je veux », mais vouloir ce que je peux.

A Le libre arbitre

■ Avec le christianisme, la liberté morale est fondée sur le **libre arbitre** : pouvoir choisir une chose ou son contraire, le bien ou le mal. À cette condition, je peux être innocent ou coupable de pécher. Sans libre arbitre, je suis déterminé à choisir : je suis donc non responsable, et c'est Dieu qui me fait coupable de mes péchés. Avec le libre arbitre, je deviens coupable de mes choix, et Dieu est innocent (« **théodicée** », ou « jugement de Dieu », voir chap. 10).

■ **Descartes** oppose « **liberté d'évidence** » et « **liberté d'indifférence** ». La première fait que je ne peux refuser l'évidence, et que je suis spontanément porté à m'y soumettre. Là, le libre arbitre abdique devant la vérité, et la volonté suit l'entendement. La « liberté d'indifférence », au contraire, privilégie le libre arbitre : même face à l'évidence du bien, je peux encore choisir de faire le mal. Liberté absolue de la volonté, liberté « diabolique » qui sacrifie le bien et le vrai à la liberté de choisir. Ce qui conduit, chez Gide, à l'« **acte gratuit** » : faire le mal gratuitement pour prouver sa liberté.

> Choisir délibérément le mal serait le fait d'une **liberté « diabolique »**, résumée par le vers qu'Ovide met dans la bouche de Médée : « Je vois le meilleur et je l'approuve, mais je choisis le pire » (*Métamorphoses*, VII, 20).

■ Pour Spinoza, en revanche, le libre arbitre n'est qu'une **illusion** : « Les hommes se croient libres pour cette seule cause qu'ils sont conscients de leurs actions et ignorants des causes par où ils sont déterminés. » (*Éthique*, III, proposition 2, scolie.) La connaissance du déterminisme dans la nature doit éviter de faire de l'homme « **un empire dans un empire** » qui ferait exception aux lois naturelles.

B L'autonomie morale

■ **Kant** rétablit la nécessité du libre arbitre pour fonder la morale. La liberté de choisir le bien ou le mal doit être une autonomie de la volonté : obéir à la loi qu'on se donne rationnellement, donc universellement. Non pas « faire ce que je veux », mais agir conformément à ce que la raison exige universellement de tout homme. Ou encore, faire ce que l'on veut, à condition de vouloir selon la raison.

> L'**autonomie** est l'obéissance à sa propre loi (du grec *auto*, « soi-même » et *nomos*, « loi »). Son contraire est l'**hétéronomie**, ou obéissance à une volonté ou à une force extérieure. L'enfant ou l'esclave sont « hétéronomes ».

ZOOM

L'âne de Buridan : trop de liberté tue...

▶ Pour illustrer les polémiques sur le **libre arbitre**, Jean Buridan, philosophe français du XIVe siècle, imagine un âne qui, ayant également faim et soif, hésite entre un seau d'eau et un sac d'avoine. Incapable de choisir, l'animal se laisse mourir.

▶ L'âne de Buridan est une illustration de la **liberté d'indifférence** qui, chez Descartes, est l'une des deux formes du libre arbitre (l'autre étant la liberté d'évidence). Elle consiste à pouvoir choisir en toute liberté, sans contrainte extérieure ou intérieure. Mais, si l'on est indifférent, pourquoi choisir une chose plutôt qu'une autre ? Si l'indifférence est une liberté parfaite, c'est aussi une liberté stérile qui paralyse l'action.

▶ C'est pourquoi Descartes considère la « liberté d'indifférence » comme « **le plus bas degré de la liberté** », lui préférant la « liberté d'évidence » qui fait que je vois et choisis clairement le meilleur parti, et le suis sans hésiter. La vraie liberté est dans une action déterminée par la vérité, non dans l'ignorance, l'indifférence et l'hésitation.

▶ Mais une volonté déterminée par la vérité est-elle encore libre ?

IV La liberté métaphysique

La liberté s'oppose à la nécessité. La liberté morale, comme libre arbitre, suppose une volonté indéterminée ou capable de se déterminer spontanément. En cela, elle échappe aux lois de la nature qui veulent que rien n'arrive sans cause antécédente.

Une science de la nature suppose en effet un **déterminisme** qui exclut toute liberté dans la nature, qui affirme que tout arrive nécessairement, et que seul un « miracle » pourrait faire exception aux lois de la nature. La liberté est-elle surnaturelle ? métaphysique ? Ou est-elle conciliable avec le déterminisme naturel ?

A Le déterminisme contre la liberté

Kant répond que la raison se trouve là en face d'une « antinomie » indépassable : la science de la nature exige un strict déterminisme ; la morale exige un libre arbitre. On ne peut les réconcilier.

Les stoïciens et Spinoza tentent pourtant de les concilier en définissant la liberté par la **connaissance de la nécessité** : être libre, c'est connaître ma nature et celle qui m'entoure, et me soumettre volontairement à leurs lois. La liberté ne s'oppose pas à la nature, mais s'y intègre par la connaissance de la nécessité du tout : agir non pas contre la nature, mais avec la nature.

Kant appelle **antinomie** deux vérités contradictoires entre lesquelles la raison ne peut pas choisir. Ici, la raison reconnaît le déterminisme naturel et doit admettre en même temps qu'il y a un principe d'indétermination dans la nature (liberté).

B « Condamnés à être libres »

Heidegger et l'**existentialisme**, au contraire, soutiennent que la liberté précède la nature (l'existence précède l'essence). Par sa conscience de la mort, l'homme fait exception à la nature, et échappe à tout déterminisme. L'homme n'est pas une nature, mais une liberté radicale. Il choisit totalement son existence, et en est pleinement responsable.

Pour **Sartre**, nous sommes « **condamnés à être libres** ». Invoquer un déterminisme physique, psychologique et social est l'effet d'une « mauvaise foi » qui se cherche des excuses pour ne pas assumer sa liberté (voir chap. 6).

RÉCAPITULONS

Liberté physique	→ Je fais ce que je veux sans contrainte
Liberté politique	→ J'obéis à la loi juste
Liberté morale	→ Ma volonté autonome suit le bien rationnel
Liberté métaphysique	→ J'échappe aux lois de la nature

« CITATIONS

Cette chose est dite libre qui existe par la seule nécessité de sa nature et est déterminée par soi seule à agir. Cette chose est dite nécessaire, ou plutôt contrainte, qui est déterminée par une autre à exister et à produire quelque effet de façon certaine et déterminée.

Baruch Spinoza, *Éthique*, 1677.

L'obéissance à la loi qu'on s'est prescrite est liberté.

Jean-Jacques Rousseau, *Du contrat social*, 1762.

J'entends par liberté, au sens cosmologique, la faculté de commencer de soi-même un état dont la causalité n'est pas subordonnée à son tour, suivant la loi de la nature, à une autre cause qui la détermine quant au temps. [...] Au sens pratique, la liberté est l'indépendance de la volonté par rapport à la contrainte des penchants de la sensibilité.

Emmanuel Kant, *Critique de la Raison pure*, 1781.

Nous sommes une liberté qui choisit, mais nous ne choisissons pas d'être libres : nous sommes condamnés à la liberté.

Jean-Paul Sartre, *L'Être et le Néant*, 1943.

Je ne puis prendre ma liberté pour but, que si je prends également celle des autres pour but.

Jean-Paul Sartre, *L'existentialisme est un humanisme*, 1946.

Construire le plan d'une dissertation (4)

LA DÉMARCHE

- À partir de la problématique, **construisez un plan en trois parties**.
- **Subdivisez** chacune de ces trois grandes parties en **sous-parties** (deux ou trois), que vous remplissez avec un ou deux arguments, et un ou deux exemples.
- Appuyez chaque sous-partie sur un **auteur** ou une **référence historique**.

L'EXEMPLE COMMENTÉ

Rédigez le plan détaillé du sujet de dissertation suivant :
« Naît-on libre ou le devient-on ? ».

I L'homme naît libre

- « L'homme est né libre, et partout il est dans les fers » (Rousseau). C'est la **société** qui crée les maîtres et les esclaves.
- L'**éducation** inculque la politesse, les interdits et tabous qui limitent notre liberté naturelle.
- La liberté est un **sentiment naturel et inné** (Descartes).

II Mais la liberté s'apprend

- Le **savoir** rend libre : l'instruction est nécessaire à la liberté politique. Un peuple d'ignorants est un peuple esclave.
- Le progrès des **sciences et** des **techniques** permet à l'humanité de dominer la nature, au lieu de la subir.
- Il faut apprendre le **respect** de la liberté d'autrui, par la maîtrise de ses instincts naturels. On devient libre par obéissance volontaire à une loi rationnelle (**autonomie**).

III Il faut devenir ce que l'on naît

- L'homme naît libre, c'est-à-dire **perfectible**. Cette faculté de se perfectionner nous rend capables du meilleur et du pire, mais **responsables de ce que nous devenons** (Sartre).
- L'**éducation à la liberté** ne peut s'appliquer qu'à un sujet né pour être libre.
- L'homme naît potentiellement libre, et le devient par son éducation et son histoire. Il lui faut réaliser sa liberté.

SE TESTER QUIZ

1 Quel philosophe dit que le libre arbitre est une illusion ?

- ☐ a. Descartes
- ☐ b. Sartre
- ☐ c. Spinoza

2 Comment se nomme la conception qui nie toute liberté dans la nature ?

- ☐ a. Le fatalisme
- ☐ b. Le déterminisme
- ☐ c. Le manichéisme

3 L'autonomie, c'est :

- ☐ a. la capacité d'obéir à sa propre loi
- ☐ b. la capacité de se débrouiller seul
- ☐ c. un état d'isolement

4 Qu'est-ce que le libre arbitre ?

- ☐ a. Un juge neutre
- ☐ b. La liberté d'expression
- ☐ c. Le pouvoir de choisir sans contrainte

5 Comment nomme-t-on l'argumentation qui innocente Dieu grâce à l'hypothèse de la liberté qui rend l'homme responsable de ses actes ?

- ☐ a. Le fatalisme
- ☐ b. La théodicée
- ☐ c. L'athéisme

6 Qui affirme que nous sommes « condamnés à la liberté » ?

- ☐ a. Marx
- ☐ b. Aristote
- ☐ c. Sartre

7 Qu'est-ce que la « liberté d'indifférence » ?

- ☐ a. Le fait de ne pas être déterminé à choisir
- ☐ b. Le fait de refuser de choisir
- ☐ c. Ne pas s'intéresser aux autres

8 Pour Sartre, la « mauvaise foi » consiste à :

- ☐ a. se tromper de religion
- ☐ b. ne pas assumer sa responsabilité en se cherchant des excuses
- ☐ c. refuser de reconnaître qu'on s'est trompé

OBJECTIF BAC

Dissertation

9 Traitez le sujet de dissertation suivant :
« Se révolter, est-ce un signe de liberté ? »

POUR VOUS AIDER
- Faites attention au mot « **signe** » : la question posée par le sujet est : comment la liberté se rend-elle visible, comment se manifeste-t-elle ?
- La révolte ou la révolution [à **distinguer**] sont des exemples trop évidents de libération. Il vous faudra nuancer : une révolution peut conduire à une dictature.
- Ce qui est en question ici, c'est le **rapport à la loi** : faut-il ou non obéir à la loi ?

SE TESTER

1 Réponse **c.** **2** Réponse **b.** **3** Réponse **a.** **4** Réponse **c.** **5** Réponse **b.**
6 Réponse **c.** **7** Réponse **a.** **8** Réponse **b.**

OBJECTIF BAC

9 *Les titres et sous-titres servent à mettre en évidence la structure du corrigé, mais ne doivent pas figurer sur votre copie.*

Introduction

- Les conceptions de la liberté sont multiples et opposées. Un tel verra la liberté dans l'absence de contrainte, tel autre la verra au contraire dans l'obéissance à la loi. La liberté se manifeste sous des formes diverses qu'il faut interpréter comme autant de « signes ».
- Quel sens donner à une révolte ? A-t-on toujours raison de se révolter ou est-ce un signe d'immaturité ? Si l'on se révolte toujours contre des contraintes, toutes les contraintes sont-elles pour autant contraires à la liberté ?

I. L'idéal de liberté apparaît dans l'histoire à travers des révoltes

- Spartacus dirigea la plus grande révolte d'esclaves romains. Les jacqueries paysannes au Moyen Âge, les révolutions sont d'autres exemples historiques de révoltes.
- « L'esclave, à l'instant où il rejette l'ordre humiliant de son supérieur, rejette en même temps l'état d'esclave lui-même. » (A. Camus, *L'Homme révolté*, 1951.)
- Par la révolte, l'esclave surmonte la peur de mourir, et s'engage dans une lutte à mort pour la reconnaissance et la liberté (Hegel, *Phénoménologie de l'esprit*, 1807).
- La révolte dépasse le simple refus pour affirmer la liberté comme bien suprême et sacré.
- Dans le *Discours de la servitude volontaire* (1546), La Boétie explique comment toute la force du tyran ne réside que dans la passivité et l'absence de révolte du peuple ; d'où son appel à s'unir « contr'un ». Comme le dira Beaumarchais, la liberté ne s'use que si l'on ne s'en sert pas…

Commencez toujours par le plus évident : oui, la liberté s'exprime dans l'histoire par la **révolte**. Donnez un exemple de révolte, mai 68 ou la Commune de Paris. Demandez-vous ensuite pourquoi on se révolte : contre l'injustice ou l'oppression, pour faire respecter sa dignité.

II. Mais la révolte doit être dépassée dans l'instauration d'un ordre juste

- La liberté aboutie s'incarne dans la **loi et le droit**.
- Dans la deuxième partie, vous devez montrer que la révolte n'est pas une fin en soi, mais un moyen d'établir une loi juste qui seule garantit la liberté politique. Le but de la révolte doit être un ordre nouveau, sans quoi elle reste une violence stérile.
- **Rousseau** est révolté par le spectacle de l'inégalité parmi les hommes et par l'oppression générale. Mais la liberté civile exige une loi, expression de la volonté générale, et un État respectueux du contrat social.
- Hegel salue la Révolution française en ce qu'elle annonce l'avènement de l'État de droit.

Le jeune **Hegel**, après avoir vu défiler sous ses fenêtres, à Iéna, Napoléon et son armée en route vers la conquête de l'Europe, déclara avoir vu passer l'« esprit de la liberté ».

- Pour **Marx**, enfin, la révolte doit devenir révolution afin que la violence destructrice débouche sur l'édification d'une société sans classes.

La révolte devient une **révolution** lorsqu'elle aboutit au renversement de l'ancien régime.

III. « La conscience vient au jour avec la révolte » (A. Camus, *L'Homme révolté*)

- La révolte doit rester un **état d'esprit**, une vigilance constante envers la tendance despotique de tout pouvoir.
- La liberté est moins un état qu'un processus indéfini, un combat toujours recommencé, une **volonté en acte**.
- Nécessaire « maladie infantile », l'esprit de révolte est l'éternelle jeunesse de la liberté, avant tout liberté de l'esprit face à l'inertie du réel.

Conclusion

- À travers la question de la révolte, le sujet pose la question de **la violence et de son rapport à la liberté**. La violence peut en effet s'exercer contre la liberté (l'oppression), ou en faveur de la liberté (la révolte). La révolte reste un signe ambigu dans la mesure où elle exprime un désir de libération, mais n'exprime pas forcément l'aboutissement à une liberté politique stable. Révoltes et révolutions peuvent conduire à la démocratie ou à la dictature.
- C'est pourquoi la révolte est davantage le signe d'un état d'esprit, d'une aspiration, que le signe d'une liberté politique stabilisée par l'obéissance aux lois.

www.annabac.com

CHAPITRE

22 Le devoir (L, ES, S)

Le devoir est l'acte moral par excellence, l'acte d'une volonté libre déterminée par la seule idée du bien ou de la loi. Agir par devoir suppose d'aller contre ses désirs égoïstes et ses sentiments intéressés. Faire son devoir, c'est ne jamais mentir, ou se sacrifier pour son pays, par exemple. C'est pourquoi l'action par devoir est si difficile, impossible même selon certains. Si un être purement moral semble utopique, il n'en demeure pas moins que c'est un idéal vers lequel tend le progrès moral, de l'animalité vers la liberté, de l'égoïsme vers l'universel.

Repères Idéal/Réel • Absolu/Relatif • Objectif/Subjectif • En théorie/En pratique • En fait/En droit

I Contrainte ou obligation ?

A Une contrainte

- Le devoir est généralement vécu comme une contrainte : l'élève *doit* faire ses devoirs avant d'aller jouer ; le salarié *doit* travailler pour gagner sa vie ; on parle même de « devoir conjugal »…

- Le devoir désigne soit une nécessité, soit une obligation. **Nécessité** : « pour survivre, je dois m'alimenter ». **Obligation** : « je dois toujours dire la vérité ». Dans le premier cas, je n'ai pas le choix : c'est une contrainte objective qui s'impose à moi, je suis matériellement déterminé (au même sens où l'on dira qu'une pierre jetée en l'air *doit* retomber).

Le verbe « **devoir** » vient du latin *debere*, « avoir une dette envers quelqu'un », ce qui inscrit le devoir dans un échange, une rétribution. Le devoir comme dette est critiqué par Nietzsche qui y voit l'origine de la faute et de la culpabilité en morale.

B Une obligation

Dans le deuxième cas (obligation), je peux ne pas dire la vérité : il s'agit d'un **libre choix**, où la volonté s'oblige spontanément sans aucune contrainte extérieure. L'obligation est subjective ; c'est comme libre effort de la volonté qu'elle définit le **devoir moral**.

Il en ressort : 1. que le devoir moral doit être distingué des contraintes matérielles ou sociales ; 2. que le devoir s'oppose au plaisir ; 3. que le devoir suppose un libre choix de la volonté (voir chap. 21).

II Un effort de la volonté

A La tentation de Léontios

Platon, dans *La République*, rapporte que **Léontios**, rentrant à Athènes, tomba sur des cadavres et que malgré sa repugnance, il ne résista pas au désir de les regarder.

Chacun se reconnaît dans ce **conflit intérieur entre désir et devoir**, qui fait qu'on interdit ou qu'on s'interdit le voyeurisme devant un spectacle malsain.

B Les conditions du devoir

Il n'y a pas de devoir sans **tentation** : le devoir suppose une résistance à un désir, il est une mise à l'épreuve de la volonté, et quelqu'un sans tentation ni désir ignorerait tout du devoir.

L'épreuve du devoir suppose une **double nature humaine**, un conflit intérieur entre une volonté raisonnable et des désirs honteux, ce que Kant appelle une « nature intelligible » d'une part, et une « nature pathologique » d'autre part, parce qu'elle subit les passions.

L'expérience du devoir passe par le sentiment de honte, qui, négativement, définit ce qu'on ne doit pas faire : l'enfant est honteux d'avoir menti. L'absence de honte signale l'absence de tout « **sens moral** », une amoralité qui fait que l'action n'a aucune limite, aucun interdit.

Diogène le Cynique (IVe siècle av. J.-C.) affirme que le **sentiment de honte** est le critère naturel et absolu pour différencier le bien du mal.

■ Le devoir obéit à des **commandements** : ne pas mentir, respecter ses parents, tenir ses promesses… La **loi morale**, selon Kant, vient de la raison : elle est **formelle**, en ce qu'elle ne dicte pas un acte concret, mais la manière d'agir, quel que soit l'acte. Or la loi morale commande d'agir de telle sorte que notre action puisse prendre une valeur **universelle** : c'est l'impératif catégorique.

III L'impératif catégorique

A Un devoir formel et universel

■ Le devoir doit prendre une forme universelle : agir par devoir, c'est supposer que tous puissent agir comme moi et réciproquement. Si je refuse de mentir, je peux exiger que tous également disent la vérité.

■ Mais si je mens, je suppose que les autres ne me mentent pas, sans quoi je perdrais tout l'avantage de ma mauvaise action. L'action vicieuse suppose que les autres ne me trompent pas. On ne peut en faire une règle universelle : si tout le monde ment à tout le monde, personne ne croit plus personne, et le mensonge perd son intérêt.

Le **mensonge**, pour Kant, est le mal radical. Mentir revient à traiter autrui en objet et non en personne libre. Mentir détruit la confiance indispensable aux relations morales.

■ D'où la formulation kantienne de l'**impératif catégorique** : « Agis uniquement d'après la maxime qui fait que tu peux vouloir en même temps qu'elle devienne une loi universelle ».

B Un devoir inconditionné et désintéressé

■ L'impératif est « **catégorique** » car il est sans condition : il est absolu ou « **inconditionné** », et aucune excuse ne doit m'empêcher d'y obéir. Le devoir doit se faire sans réfléchir, par la spontanéité de la conscience : je vois clairement et immédiatement où est mon devoir.

■ Si je commence à réfléchir, à calculer les avantages et les inconvénients, mon intérêt ou les circonstances, j'en fait un impératif soumis à conditions ou « **hypothétique** » : je travaillerai si je suis bien payé ; je rendrai ce qu'on m'a prêté, sinon son propriétaire portera plainte contre moi.

■ Alors qu'agir par devoir, c'est suivre la maxime : « Je dois travailler », ou « Je dois rendre ce qu'on m'a prêté », sans réflexion ni condition. Sans même m'interroger sur les conséquences peut-être néfastes de mon acte vertueux (je serai peut-être arrêté si je dis la vérité). **Le devoir est désintéressé.**

ZOOM

Kant et la morale : morale ou éthique ?

▲ Portrait d'Emmanuel Kant, anonyme, XIXe siècle.

▶ Kant théorise la morale comme une obligation universelle et catégorique sous la forme du : « **Tu dois** ». Le devoir est un **impératif** et un commandement adressé par la raison à la volonté.

▶ La morale doit être distinguée de l'éthique. La première vaut **universellement** et sans condition. La seconde est l'étude des façons de vivre des hommes, d'où l'on déduit des règles et des lois plus ou moins générales. « Tu ne dois pas mentir » est un devoir moral ; le tabou de l'inceste est une règle éthique quasi universelle.

▶ Dans la perspective kantienne, la principale différence entre morale et éthique est que celle-là suppose le libre arbitre, alors que celle-ci est déterminée par les lois d'une « nature humaine » qui cherche à se perfectionner. La morale est **transcendante**, l'éthique est **immanente**.

▶ La morale dit : « Tu dois », l'éthique dit : « Il convient de ». La morale tient compte de l'intention, l'éthique évalue le résultat. La morale vise la **vertu**, l'éthique vise le **bonheur**.

IV Est-ce l'intention ou le résultat qui compte ?

A La vertu est dans l'intention

- Si le devoir est désintéressé, peu importe le résultat. Ainsi, mon devoir est de porter secours à quelqu'un qui se noie ; « n'écoutant que mon devoir », je plonge et tente de toutes mes forces de le sauver, mais le courant est trop fort, le corps trop lourd… bref, j'échoue. Il reste que j'aurai fait tout mon possible, et je peux considérer que j'ai fait mon devoir.
- Le devoir ne dépend pas de la réussite ou de l'échec. Il **réside dans l'intention et dans l'effort de la volonté** pour réaliser cette intention. Pour la morale, c'est l'intention seule qui compte. Mais l'effort doit réellement accompagner l'intention, sinon on se contente d'une « **bonne conscience** », pleine de bonnes intentions mais qui ne fait rien.

B Ce qui dépend de nous, ce qui ne dépend pas de nous

- Les **stoïciens** considèrent aussi que seule l'intention compte moralement, dans la mesure où les résultats de notre action ne dépendent pas de nous, mais du destin ou du hasard.
- Nous n'avons de mérite moral que dans la tension de notre volonté : le devoir de l'archer est de **bien viser**, non de toucher la cible. Car bien viser dépend de nous, mais que la flèche atteigne la cible ne dépend pas de nous (il suffit d'un coup de vent). Le devoir se limite à ce qui dépend de nous, c'est-à-dire à la liberté de notre volonté, à l'orientation de notre intention.

C Devoir moral et devoir social

- Les stoïciens (Chrysippe, Épictète…) distinguent **deux sortes de devoirs** : d'une part les devoirs qui se jugent au résultat, les « **devoirs d'état** » (les *kathêkonta*), comme le devoir des parents d'éduquer leur enfant, ou le devoir du soldat de défendre son pays. Il s'agit là de **devoirs sociaux** liés à un rôle et à une responsabilité particulière, qui sont donc relatifs.
- D'autre part le **devoir proprement moral** (au singulier), qui est absolu (le *katortoma*) : il s'applique dans toutes les situations, à travers le souci de bien faire, et s'évalue à l'intention. Aussi, d'un point de vue strictement moral, une faute d'orthographe est aussi grave qu'un meurtre.

V Les critiques du devoir

A La critique hégélienne

- Hegel critique ce « **formalisme** » **du devoir abstrait**, qui renonce à agir sur le monde extérieur. Pour lui, le devoir doit se juger aussi aux résultats objectifs ; la morale doit se prolonger dans la politique, et viser à changer le monde. La liberté doit se réaliser dans l'histoire, non rester purement subjective et intérieure.
- Bref, **l'intention ne suffit pas**, si elle ne se donne pas les moyens de réussir. Le devoir doit accepter de « se salir les mains » par la prise en compte de la réalité extérieure : un devoir conséquent peut être amené à mentir pour atteindre son but. Mais, alors, le risque est que « **la fin justifie les moyens** », ce que refuse la morale.
- C'est cette hypocrisie ou cette naïveté que Hegel appelle la « belle âme » (une bonne conscience qui ne veut pas se « salir les mains »).

> La « **belle âme** », ou « bon conscience », résume la critique par Hegel de la morale kantienne. Dans la *Phénoménologie de l'espri* Hegel raille le « devoir pou le devoir » qui méprise le monde corrompu et qui, po rester pur, se désintéresse du résultat de son action.

B La critique nietzschéenne

- **Nietzsche** voit dans la morale du devoir avant tout un « **ascétisme** » (s'exercer à la souffrance) tourné contre la vie. Le devoir rejette le plaisir, recherche la souffrance, cultive la mauvaise conscience et le sentiment de culpabilité ; le devoir ascétique est, dit-il, une « **autotyrannie** », c'est-à-dire une volonté de se rendre esclave de soi-même.
- La *Généalogie de la morale* tente de montrer comment, par la soumission au devoir et à la loi morale, les faibles ont culpabilisé les forts, et les ont convaincus de renoncer à leur force : par le devoir, le maître doit **devenir maître de lui-même**, au lieu de dominer des esclaves extérieurs. Le devoir est une intériorisation de l'esclavage.

VI Morale et religion

- Dans la religion, on obéit à la loi par crainte du châtiment divin, ou par espoir d'accéder au paradis. On agit ***conformément au* devoir**, non ***par* devoir** : la différence est dans le mobile de l'action. Dans le premier cas, on agit par crainte : si j'étais invisible, si Dieu ne me voyait pas, je pourrais assouvir tous mes désirs. Mais « l'œil était dans la tombe et regardait Caïn » (Hugo) : on n'échappe pas au regard de Dieu, et l'on se résigne à faire son devoir, mais sans sincérité morale.

- « **Agir *par* devoir** » suppose, au contraire, une intime conviction et un libre choix de la loi morale pour elle-même. Dans le véritable devoir, **la volonté est autonome** (elle suit spontanément sa loi intérieure), alors que faire son devoir par crainte de Dieu est signe d'hétéronomie (obéissance à une loi extérieure). C'est pourquoi Kant sépare la morale de la religion, et que Sartre affirme qu'une morale libre doit être athée.

RÉCAPITULONS

La morale selon Kant	→ L'impératif catégorique est universel et désintéressé
Les stoïciens et Kant	→ Le devoir dépend de notre bonne volonté seulement
Hegel	→ La morale doit changer le monde
Nietzsche	→ La morale ascétique est une « autotyrannie »

« CITATIONS

- Céder à la force est un acte de nécessité, non de volonté, c'est tout au plus un acte de prudence. En quel sens pourra-ce être un devoir ?

Jean-Jacques Rousseau, *Du contrat social*, 1762.

- Agis uniquement d'après la maxime qui fait que tu peux vouloir en même temps qu'elle devienne une loi universelle.

Emmanuel Kant, *Fondements de la métaphysique des mœurs*, 1785.

- Le devoir est impliqué comme devoir en général avant toute expérience dans l'idée d'une raison qui détermine la volonté par des principes *a priori*.

Emmanuel Kant, *Fondements de la métaphysique des mœurs*, 1785.

- L'impératif catégorique a un relent de cruauté.

Friedrich Nietzsche, *Généalogie de la morale*, 1887.

Conclure une explication de texte

LA DÉMARCHE

Dans la conclusion d'une explication de texte, vous devez :

- rappeler la thèse générale du texte ;
- en récapituler les principaux arguments ;
- rappeler le débat philosophique ouvert par le texte ;
- dégager les questions qui le prolongent.

L'EXEMPLE COMMENTÉ

On vous demande de rédiger une conclusion à l'explication de ce texte d'Épictète.

« Homme, tu possèdes par nature une volonté qui ne connaît ni obstacles ni contraintes : voilà ce qui est écrit dans ces entrailles[1]. Je te le ferai voir d'abord à propos de l'assentiment. Y a-t-il quelqu'un qui puisse t'empêcher d'adhérer à la vérité ? Personne. Et quelqu'un qui puisse te forcer d'admettre l'erreur ? Personne ; tu vois bien que, en cette matière, ta volonté ne rencontre ni contrainte ni obstacle, ni empêchement. Eh bien ! en est-il autrement dans le cas des désirs et des tendances ? Qui peut vaincre une tendance, sinon une autre tendance ? un désir ou une aversion, sinon un autre désir ou une autre aversion ? Si l'on me menace de mort, dis-tu, on me contraint ? Ce n'est pas cette menace qui te contraint d'agir, c'est l'opinion que tel ou tel acte est préférable à la mort ; c'est donc bien encore ton jugement qui t'y oblige ; c'est la volonté qui oblige la volonté. Si cette partie de nous-mêmes, que Dieu a émise de lui pour nous la donner, avait été rendue par lui sujette aux obstacles et aux contraintes venus de lui ou d'un autre être, il ne serait plus Dieu, il ne serait plus pour nous l'être providentiel qu'il doit être. Voilà ce que je trouve dans les victimes ; voilà les signes qu'elles donnent. Si tu le veux, tu es libre ; si tu le veux, tu n'auras ni reproche ni réprimande à adresser à personne ; tout sera selon ta volonté, qui est aussi celle de Dieu.

Épictète, *Entretiens*, I, XVII, trad. Bréhier-Aubenque,

1. Entrailles : il s'agit des entrailles des victimes, que les haruspices, dans l'ancienne Rome, examinaient pour en tirer des présages.

- Dans ce texte, Épictète soutient la thèse d'une **liberté absolue de la volonté** à l'égard de toute contrainte extérieure.
- Notre volonté libre dépend de nos jugements sur les choses extérieures ; ces jugements doivent nous rendre indifférents à ces choses qui ne dépendent pas de nous (le corps, la santé, les richesses...). Nous pouvons aussi lutter contre les désirs en nous exerçant à d'autres désirs contraires.
- Reste à savoir si cette liberté intérieure suffit à la morale, ou si la liberté donne le devoir d'agir sur le monde, ce qui suppose d'admettre que le monde dépend de nous. En d'autres termes, le devoir moral doit-il rester purement **subjectif**, ou doit-il viser une **efficacité objective** ?
- Ce texte questionne le **rapport entre morale et politique**, ou entre morale et science. La morale doit-elle s'intéresser aux résultats objectifs de ses choix ? La responsabilité est-elle intérieure et subjective (la conscience) ou objective (l'action sur le monde) ?

SE TESTER QUIZ

1 Qu'est-ce que l'impératif catégorique ?

- ☐ a. Obéir sans discuter ni réfléchir
- ☐ b. Donner des ordres à tout le monde
- ☐ c. Être sûr de détenir la vérité

2 Quelles sont les deux sortes de devoirs distinguées par les stoïciens ?

- ☐ a. Devoir moral et devoir religieux
- ☐ b. Devoir moral et devoir social
- ☐ c. Devoir moral et devoir de mémoire

3 Pour Nietzsche, le devoir moral a pour but de :

- ☐ a. payer ses dettes
- ☐ b. culpabiliser les hommes
- ☐ c. créer le surhomme

4 Comment s'appelle l'exercice consistant à apprendre à supporter la douleur ?

- ☐ a. Le masochisme
- ☐ b. L'ascétisme
- ☐ c. Le martyre

5 Pourquoi, selon Kant, faut-il séparer la morale de la religion ?

- ☐ a. Pour tout se permettre
- ☐ b. Pour échapper au pouvoir des prêtres
- ☐ c. Pour que le devoir soit autonome

6 Selon les stoïciens, le devoir de l'archer est :

- ☐ a. d'atteindre la cible
- ☐ b. d'envoyer sa flèche le plus loin possible
- ☐ c. de bien viser

OBJECTIF BAC

Explication de texte

7 Faites l'explication du texte suivant.

« Être véridique dans les propos qu'on ne peut éluder, c'est là le devoir formel de l'homme envers chaque homme, quelle que soit la gravité du préjudice qui peut en résulter pour soi-même ou pour autrui. Et même si, en falsifiant mon propos, je ne cause pas de tort à celui qui m'y contraint injustement, il reste qu'une telle falsification, qu'on peut nommer également pour cette raison un mensonge (même si ce n'est pas au sens des juristes), constitue au regard de l'élément le plus essentiel du devoir *en général*, un tort : car je fais en sorte, autant qu'il est en mon pouvoir, que des propos (des déclarations) en général ne trouvent aucun crédit et, par suite, que tous les droits fondés sur des contrats deviennent caducs et perdent toute leur force ; ce qui est un tort causé à l'humanité en général.

Donc, si on ne définit le mensonge que comme la déclaration (faite à autrui) qu'on sait n'être pas vraie, il n'est pas besoin d'y ajouter qu'il doive nuire à autrui, comme les juristes l'exigent de leur définition [...]. Car le mensonge nuit toujours à autrui ; même s'il ne nuit pas à un autre homme, il nuit à l'humanité en général et il rend vaine la source du droit.

Kant, *D'un prétendu droit de mentir par humanité*,
trad. F. Proust, GF-Flammarion, 1994.

SE TESTER

1 Réponse **a.** **2** Réponse **b.** **3** Réponse **b.** **4** Réponse **b.** **5** Réponse **c.** **6** Réponse **c.**

OBJECTIF BAC

7 *Les titres et sous-titres servent à mettre en évidence la structure du corrigé, mais ne doivent pas figurer sur votre copie.*

Introduction

- Par ce texte, Kant pose la question du mensonge dans son rapport à la morale. Pour lui, non seulement mentir à autrui est immoral, mais le mensonge sape le fondement même des rapports humains : la confiance dans les paroles d'autrui.

> Le **mensonge** n'est pas simplement le fait de dire quelque chose de faux, car on peut dire le faux par erreur. Le mensonge suppose en plus l'intention de tromper la victime. C'est une ruse.

- Ce texte répond à Benjamin Constant qui soutient que certains mensonges sont nécessaires, par exemple pour sauver sa vie ou celle d'autrui. Pour Kant, ce genre de justification ouvre la voie à la mauvaise foi et aux mauvaises excuses.

- Faut-il considérer, comme l'auteur, que le mensonge est le mal radical qui ruine toute morale, ou que le résultat de l'action peut justifier certains mensonges ? Ce questionnement engage la nature des rapports humains et le respect dû à la personne d'autrui.
- L'auteur définit d'abord la véracité comme un devoir inconditionné, puis réfute l'objection selon laquelle on peut mentir si cela ne cause aucun tort à autrui, et conclut sur la ruine de la confiance qui résulte du mensonge.

I. Les étapes de l'argumentation

1. Être vérace est un devoir formel

- La première phrase définit la thèse de l'auteur : dire la vérité, ne pas mentir, est un devoir général et inconditionné, quelles qu'en soient les conséquences.
- Dire la vérité est un « devoir **formel** », c'est à dire absolu, quelles que soient les circonstances, ou encore « **inconditionné** ». Autrement dit, aucune excuse ou circonstances ne peut faire exception à la règle.
- Ce devoir de véracité est « désintéressé », à savoir qu'on ne doit pas tenir compte du préjudice causé à autrui ou à soi-même en disant la vérité.

> Pour Kant, l'acte moral est **désintéressé**. Au contraire, agir de façon intéressée, c'est agir de façon « mercenaire », dans l'espoir d'une récompense ou par crainte d'une punition.

2. Objection du mensonge au sens juridique

- Si, en mentant, je ne fais de tort à personne, en quoi est-ce un mal ?
- Au sens **juridique**, un mensonge n'est condamnable que s'il **entraîne un dommage**. Par exemple, si un commerçant trompe son client sur la qualité de la marchandise.
- Pourquoi ne puis-je pas mentir si cela à autrui fait du bien ? Par exemple, dire à quelqu'un « ce n'est rien » alors que je sais qu'il est gravement malade.

3. Réponse à l'objection

- Même si mon mensonge ne cause de tort à personne en particulier, il cause un grave tort à l'humanité en général en jetant un doute sur la parole humaine.
- Dans ce cas, le mensonge n'est peut-être pas une faute juridique, mais il est la plus grave des fautes morales puisqu'il ruine la possibilité du devoir et de la promesse, en ruinant la confiance dans la parole donnée.

- Le mensonge est un crime contre l'humanité en général : promesses et contrats perdraient tout crédit, et la vie sociale deviendrait impossible.

4. Conclusion de l'argument

- Il est inutile de définir le mensonge par le tort causé à un particulier (définition juridique), car le mensonge en soi cause un tort à toute l'humanité (définition morale).
- Le mensonge moral, en discréditant toute parole, instaure la méfiance générale et ruine le fondement du droit et des contrats.

La **promesse** est, pour Kant, le devoir moral qui fonde le droit : engager par la parole donnée ses actes futurs. Cela est censé garantir le respect des **contrats**.

II. Discussion

- Cette condamnation radicale du mensonge paraît excessive. En effet, certaines situations obligent à mentir pour sauver la vie d'autrui ou la sienne.
- Pourtant, Kant a raison de délimiter la sphère pure du jugement moral qui est dans le **devoir strict**. Prendre en compte les conséquences ouvre à une autre conception de l'action humaine, plus proche de l'éthique au sens d'Aristote, ou de la pragmatique au sens de William James. De fait, l'efficacité et l'utilité peuvent justifier bien des « arrangements » avec la morale, comme le montre le « réalisme » politique.
- Enfin, il semble étrange que, d'après Kant, le mensonge ruine le droit, alors que le droit est fait justement pour corriger les effets du mensonge. Si tous tenaient leurs promesses, plus besoin de contrats !

Conclusion

- À partir de l'exemple du mensonge, Kant montre que le devoir ne peut être conditionné : il ne dépend pas des circonstances et de ses conséquences. Il faut faire son devoir pour lui-même.
- Le cas du mensonge illustre ici l'impératif catégorique et sa prétention universelle. Mais il permet aussi de distinguer droit et morale : le droit s'intéresse aux conséquences d'un acte (a posteriori), la morale s'intéresse à sa dérivation à partir de la loi morale (a priori).
- Mais le débat reste ouvert quant au risque d'une morale indifférente à ses conséquences concrètes : si la définition de Kant a l'avantage de cerner la spécificité morale, elle laisse perplexe quant aux effets criminels qu'une véracité inconditionnée peut entraîner, involontairement, dans certaines circonstances.

CHAPITRE

23 Le bonheur (L, ES, S)

Le bonheur est considéré comme le « souverain bien », c'est-à-dire la fin dernière de la vie humaine. Mais chacun en a une conception différente. C'est pourquoi, pour Kant, il est impossible de donner une définition universelle du bonheur. Aussi préfère-t-il fonder la morale sur le devoir, alors qu'Aristote ou Spinoza font du bonheur le but suprême de leur éthique.

Repères Idéal/Réel • Objectif/Subjectif

I « Au petit bonheur la chance » ?

Le mot grec qu'on traduit par « bonheur » suggère la même idée de **chance** : *eudaimonia* signifie littéralement « avoir un bon génie ».

■ Selon l'étymologie, le mot français évoque d'abord le hasard et la **fortune** : *heur* désigne le « sort », et *bonheur* la « bonne fortune », *bonheur* renvoyant au fait de tirer le bon numéro. Le bonheur dépend alors du hasard aveugle ou de la providence divine ; il est synonyme de chance ou d'heureux hasard.

■ Dans ce cas, le bonheur relève de croyances irrationnelles (avoir « une bonne étoile » ou un « porte-bonheur »), il se manifeste de façon imprévisible et justifie le recours à des pratiques **superstitieuses** (devins, voyantes, horoscopes…). L'homme heureux est celui qui sait « saisir sa chance ».

■ Cette version irrationnelle du bonheur traduit l'**aspiration universelle** dont il est l'objet : tout être humain recherche le bonheur, et y voit le **bien suprême**. Mais tous se séparent sur sa définition, sur sa nature et sur les moyens d'y parvenir. C'est en cela que le bonheur devient une question philosophique.

II Bonheur et plaisir

Le « **bien-vivre** », est réservé aux hommes, doués de raison et capables de dépasser la survie animale dans un « art de vivre » selon une fin consciente.

Le bonheur correspond à ce que les Grecs appellent la « vie bonne » (*eu dzeîn ;* littéralement, « bien-vivre »). Il devient l'objet d'une définition et d'une recherche rationnelles qui visent à réaliser la **perfection de la vie humaine**, idée qui suppose une finalité de la vie humaine. Pour Aristote, la vie parfaite ou heureuse est une vie contemplative consacrée au savoir rationnel. Le bonheur est une finalité de l'**éthique**.

A Satisfaire tous ses désirs ?

D'ordinaire, le **sens commun** représente le bonheur comme la satisfaction complète des désirs : être heureux, c'est être comblé. Le bonheur serait donc un état de plaisir total, susceptible de degrés (on est plus ou moins heureux selon la quantité de plaisirs et de déplaisirs).

Cependant, le bonheur doit être **distingué de la joie et du plaisir**. Joies et plaisirs sont multiples, occasionnels, ponctuels ; le bonheur est un, permanent et continu. Joies et plaisirs sont des événements, **le bonheur est un état** : *j'ai* des joies et des plaisirs, mais *je suis* heureux.

B Un état permanent de l'âme

Joies et plaisirs résultent de causes extérieures ; le bonheur, lui, résulte d'une façon de vivre constante. Joies et plaisirs adviennent comme des accidents, alors qu'on est responsable de son bonheur ou de son malheur.

Éprouver un plaisir ou une joie, ce n'est donc pas forcément être heureux. D'abord parce que joies et plaisirs sont fugaces, et laissent la place à la tristesse ou à la souffrance. Ensuite, parce que joies et plaisirs peuvent en eux-mêmes être mauvais et nuisibles (ivresse, débauche…).

Ainsi, pour les stoïciens, les **passions** (voir chap. 5) sont mauvaises, car elles troublent l'esprit et nous rendent esclaves de choses extérieures. Désirer ce qui « ne dépend pas de nous » nous rend forcément malheureux ; pour être heureux, **le sage ne doit vouloir que « ce qui dépend de [lui]** ».

Fuir et combattre les passions est donc la condition du bonheur. Le vicieux pourra bien avoir des plaisirs et des joies plus ou moins éphémères, mais il ne connaîtra pas le vrai bonheur. De même, pour Platon, le tyran pourra obtenir les plus grands plaisirs, tout en étant l'homme le plus malheureux du monde.

Platon voit le bonheur dans une « **âme juste** », en laquelle la raison domine les passions et maîtrise le corps.
Le bonheur est dans la réalisation d'une juste harmonie.

III Bonheur et sagesse

- Tel est le sens de la sagesse comme recherche du bonheur : il s'agit de savoir ce qui est bon ou mauvais pour nous, et de nous conduire selon ce savoir.
- Le bonheur est d'abord compris **négativement** : comme absence de tout ce qui peut nuire à la paix de l'âme. Absence de peurs, d'espoirs, de remords, d'illusions et de désirs vains. Absence de troubles de l'âme (**ataraxie**) et de passions (**apathie**). Épicure distingue les désirs naturels dont la satisfaction suffit au bonheur (nourriture, abri, savoir...), et les désirs vains, impossibles à satisfaire (richesse, gloire, pouvoir...).
- Le bonheur suppose qu'on apprenne à limiter ses désirs, à supporter les douleurs et les frustrations, il suppose une « ascèse » (exercices de privation et de résistance à la douleur). Mais cela suffit-il au bonheur, et peut-on se contenter d'une définition négative ?

Nietzsche critique cette conception « malade » d'un bonheur **ascétique**, expression d'une nature affaiblie et craintive. À l'inverse, il revendique une sagesse « dionysiaque » comme pleine satisfaction des passions extrêmes, et réalisant la « volonté de puissance ».

IV Conscience et qualité des plaisirs

- En un sens positif, le bonheur désigne un état de plénitude et de perfection. Le bonheur est **proprement humain** en ce qu'il suppose la **conscience**. L'animal repu ne peut être dit heureux, même si tous ses besoins sont satisfaits. Être heureux suppose d'être conscient de cet état, et de le mériter moralement par une éthique vertueuse (voir chap. 1).
- Le bonheur humain ne peut se contenter d'une satisfaction bestiale : « Un être pourvu de facultés supérieures demande plus pour être heureux...]. **Il vaut mieux être Socrate insatisfait qu'un imbécile satisfait** » (J. S. Mill).

V Une fin morale ?

- « Tout **espoir** tend au bonheur » (Kant). Le bonheur donne un **sens à la vie humaine**, et si tous le poursuivent, c'est bien parce qu'il fait défaut. Vivre heureux devient alors un espoir, un effort, une **fin suprême**.
- Faire du bonheur le **souverain bien** caractérise l'**eudémonisme**. C'est le sens de l'éthique d'Aristote, ou de celle de Spinoza.
- **Kant** refuse de faire du bonheur une fin morale. En effet, la morale consiste à faire son devoir, et le devoir, pour être purement moral, doit être désintéressé (voir chap. 22). La morale ne recherche donc ni le plaisir ni le bonheur, car le devoir n'a pas à être récompensé : il se suffit à lui-même.
- Le bonheur est alors un besoin anthropologique, qui doit être poursuivi en dehors du devoir moral, et qui peut être satisfait par surcroît, mais sans être le but du devoir. L'eudémonisme n'est pas une morale.

> Chez Kant, **« anthropologique »** désigne ce qui se rapporte à la nature humaine en tant qu'elle est déterminée par le corps et les passions.

VI Un but politique ?

- Peut-on rechercher un bonheur collectif, et cela peut-il constituer une fin politique ? Une conception **utilitariste** voudrait qu'une société soit jugée en fonction de la somme de bonheur qu'elle peut apporter à l'ensemble de ses membres (Jeremy Bentham ; voir Zoom p. 301)).
- Mais la politique apporte-t-elle le bonheur ou les conditions de la recherche du bonheur ? L'État peut-il m'imposer ma façon d'être heureux sans tomber dans un « totalitarisme » qui nie la liberté individuelle ? Sans compter qu'il paraît impossible de définir un critère commun au bonheur de tous.
- Selon une conception libérale, la politique semble devoir se limiter à assurer la liberté permettant la recherche individuelle du bonheur, alors qu'une conception sociale affirme un « droit au bonheur » procuré à tous grâce à un « État-providence » (voir chap. 20).

> La Constitution américaine de 1776 stipule que « tous les hommes sont (...) ils sont dotés par le Créateur de certains droits inaliénables ; parmi ces droits se trouvent la vie, la liberté et la **recherche du bonheur.** »

VII Une illusion ou un idéal ?

- Les hommes auraient-ils inventé le bonheur pour donner un sens à la vie ? C'est ce que soutient

Schopenhauer : « Il n'y a qu'une **erreur innée** : celle qui consiste à croire que nous existons pour être heureux. » Les animaux ignorent cette illusion : ils se contentent de reproduire l'espèce. Mais, chez l'homme, raison et conscience l'obligent à trouver un but qui donne sens et valeur à la vie individuelle. D'où l'invention du bonheur comme illusion vitale.

- Selon **Kant**, le bonheur serait plutôt « un **idéal**, non de la raison, mais de l'imagination ». Car la raison ne peut connaître la totalité des désirs à combler, chacun ayant une infinité de désirs différents et changeants. Le bonheur ne peut donc être que relatif à chacun. Seule l'imagination peut prétendre à la mission impossible de définir ce qui pourrait rendre un individu heureux.
- Néanmoins, l'idéal du bonheur est nécessaire car il permet de réconcilier moralité et réalité en vue d'une **récompense de la vertu** dans une vie future.

RÉCAPITULONS

Platon	→ Le bonheur n'est pas le plaisir
Aristote	→ Le bonheur est le souverain bien
Épicure	→ Le bonheur est dans les plaisirs nécessaires
Kant	→ Le bonheur n'est pas une fin morale → Le bonheur est un idéal de l'imagination
Schopenhauer	→ Le bonheur est une illusion

« CITATIONS

- La morale n'est donc pas à proprement parler la doctrine qui nous enseigne comment nous devons nous rendre heureux, mais comment nous devons nous rendre dignes du bonheur.

Emmanuel Kant, *Critique de la raison pratique*, 1788.

- Il n'y a qu'une erreur innée : celle qui consiste à croire que nous existons pour être heureux.

Arthur Schopenhauer, *Le Monde comme volonté et comme représentation*, 1818.

- La philosophie n'a [...] pas en vue le bonheur. Elle a en vue la seule vérité. Or, il est très possible que la vérité soit douloureuse.

Marcel Conche, *Le Sens de la philosophie*, 2003.

ZOOM

Le bonheur selon Jeremy Bentham

▶ Jeremy Bentham (1748-1732) est le **fondateur de l'utilitarisme**, doctrine qui fait de l'**utilité** le seul critère de la moralité : une action est bonne dans la mesure où elle apporte le maximum de bonheur à tous les êtres vivants.

▶ À l'impératif catégorique kantien, Bentham substitue l'impératif utilitariste : « Agis toujours de manière à ce qu'il en résulte la plus grande quantité de bonheur. » L'utilitarisme est donc une **éthique eudémoniste** qui vise le bonheur universel.

▲ Portrait de Jeremy Bentham.

▶ On peut reprocher à Bentham une conception **trop matérialiste** du bonheur, liée à la quantité des plaisirs. Le bonheur résulte, selon lui, d'un calcul qui doit maximiser les plaisirs et diminuer les peines.

▶ C'est pourquoi son disciple **John Stuart Mill** se sépare de lui en remplaçant la définition quantitative du bonheur par une définition **qualitative** qui hiérarchise les plaisirs et place ceux de l'esprit au-dessus de ceux du corps : « Il vaut mieux être Socrate insatisfait qu'un imbécile satisfait. »

Expliquer sans paraphraser

LA DÉMARCHE

- La paraphrase consiste à répéter avec d'autres mots ce qui est déjà dit dans le texte.
- Une véritable explication doit s'assurer qu'elle ajoute au texte des éléments d'**information** ou d'**éclairage** qui ne s'y trouvent pas déjà.
- Voici quelques conseils utiles :
– définissez le **style** du texte (polémique ? objection ?...) et son **intention** (s'agit-il d'une réponse, d'une hypothèse ?) ;
– dégagez les **arguments** principaux ;
– définissez les **concepts** difficiles, « techniques » ;
– éclaircissez ce qui est **ambigu** (double sens, sous-entendus, allusions...) ;
– définissez les **enjeux** (intérêt philosophique du texte), et **comparez** à d'autres conceptions similaires ou opposées.

L'EXEMPLE COMMENTÉ

Expliquez la citation suivante de John Stuart Mill :
« Il vaut mieux être un homme insatisfait qu'un porc satisfait ; il vaut mieux être Socrate insatisfait qu'un imbécile satisfait. »

- Par cette **affirmation**, J. S. Mill avance un **paradoxe** apparent sur le bonheur : il vaut mieux être un homme malheureux qu'un animal heureux.
- Le bonheur peut se **définir** par une pleine satisfaction, mais faut-il que **toutes les satisfactions se valent** ? C'est ce que refuse Mill, pour qui le bonheur humain est supérieur au bonheur animal. Mais il est plus difficile à atteindre : il est plus facile d'avoir la panse bien pleine, que de rechercher la vérité ou la liberté. C'est pourquoi l'homme est plus souvent insatisfait que l'animal.
- En somme, J. S. Mill avance ici une **double thèse morale** : 1. toutes les satisfactions ne se valent pas, mais les plaisirs de l'esprit sont supérieurs à ceux du ventre ; 2. la recherche du plaisir ne doit pas sacrifier la dignité humaine, et, s'il faut choisir, l'intelligence doit passer avant le plaisir.

SE TESTER QUIZ

1 Quel philosophe soutient que le bonheur est une illusion nécessaire à l'existence humaine ?

☐ **a.** Platon

☐ **b.** Bentham

☐ **c.** Schopenhauer

2 Quelle conception politique confie à l'État le soin de définir et de faire le bonheur des citoyens ?

☐ **a.** Le libéralisme

☐ **b.** Le totalitarisme

☐ **c.** L'épicurisme

3 Pourquoi Kant refuse-t-il de faire du bonheur une fin morale ?

☐ **a.** Parce que le bonheur est immoral

☐ **b.** Parce que le bonheur ne peut prendre une forme rationnelle et universelle

☐ **c.** Parce que le bonheur est hors de portée de la nature humaine

4 Quel philosophe soutient que la morale doit viser le devoir, non le bonheur ?

☐ **a.** Aristote

☐ **b.** Descartes

☐ **c.** Kant

5 Comment appelle-t-on une éthique qui pose le bonheur comme souverain bien ?

☐ **a.** Un hédonisme

☐ **b.** Un eudémonisme

☐ **c.** Un utilitarisme

6 Chez Kant, à quelle question fondamentale le bonheur apporte-t-il une réponse ?

☐ **a.** « Que puis-je savoir ? »

☐ **b.** « Que dois-je faire ? »

☐ **c.** « Que m'est-il permis d'espérer ? »

OBJECTIF BAC

L'explication de texte

7 Faites l'explication du texte suivant.

« Le bonheur est la satisfaction de tous nos penchants (aussi bien *extensive*, quant à leur variété, qu'*intensive*, quant au degré, et que *protensive*, quant à la durée). J'appelle pragmatique (règle de prudence) la loi pratique qui a pour motif le *bonheur*, et morale (ou loi des mœurs), s'il en existe, la loi qui n'a pour mobile que d'indiquer *comment on peut se rendre digne d'être heureux*. La première conseille ce que nous avons à faire, si nous voulons arriver au bonheur, la seconde commande la manière dont nous devons nous comporter pour nous rendre seulement dignes du bonheur. La première se fonde sur des principes empiriques ; car je ne puis savoir que par l'expérience quels sont les penchants qui veulent être satisfaits et quelles sont les causes naturelles qui peuvent opérer cette satisfaction. La seconde fait abstraction des penchants et des moyens naturels de les satisfaire et ne considère que la liberté d'un être raisonnable, en général, et les conditions nécessaires sans lesquelles il ne pourrait y avoir d'harmonie, suivant des principes, entre cette liberté et la distribution du bonheur.

Emmanuel Kant, « Théorie transcendantale de la méthode », *Critique de la raison pure*, chap 2, section 2, trad. Tremesaygues et Pacaud, PUF, 1944.

SE TESTER

1 Réponse **c.** **2** Réponse **b.** **3** Réponse **b.** **4** Réponse **c.** **5** Réponse **b.**
6 Réponse **c.**

OBJECTIF BAC

7 *Les titres et sous-titres servent à mettre en évidence la structure du corrigé, mais ne doivent pas figurer sur votre copie.*

Introduction

■ Ce texte aborde la question de la place du bonheur en morale. Bonheur et morale sont-ils compatibles ou contradictoires ? Faut-il mériter le bonheur ou le bonheur n'est-il qu'une affaire de chance ? Telles sont les questions auxquelles ce texte de Kant propose une réponse.

■ Selon l'auteur, il faut distinguer morale et bonheur, car il arrive souvent que le devoir moral s'oppose à notre bonheur, comme de devoir dire la vérité alors que cela va se retourner contre nous. Que choisir ? Soit il faut admettre qu'on peut être heureux en étant immoral ; soit il faut choisir son devoir moral sans tenir compte de son bonheur ; soit il faut définir le bonheur comme résidant dans le devoir accompli, ce qu'on appelle la vertu.

I. Les étapes de l'argumentation

1. La définition du bonheur

- « Le bonheur est la satisfaction de tous nos penchants [...] » (l. 1). Le mot « penchants » renvoie à nos inclinations naturelles, besoins ou instincts. Le mot est volontairement vague mais, dans le vocabulaire kantien, désigne le domaine « pathologique » des passions de la nature humaine.
- La satisfaction « extensive » concerne la **variété** des penchants. Le bonheur doit être le plus diversifié et n'exclure aucun penchant. Il faut comprendre ici aussi bien les penchants physiques que les penchants affectifs ou intellectuels.
- La satisfaction « intensive » concerne le **degré** de satisfaction. Par exemple, le bonheur doit impliquer aussi bien le plaisir d'un peu d'eau fraîche que celui d'une gastronomie raffinée.
- La satisfaction « protensive » concerne la **durée** de la satisfaction. Par exemple, être heureux suppose aussi bien des plaisirs brefs comme un mot gentil, que des plaisirs durables comme le fait de vivre longtemps auprès de l'être aimé.

2. Distinguer pragmatique et morale

- La **pragmatique** nous dit comment devenir heureux. La **morale**, comment devenir dignes du bonheur, comment le mériter en faisant son devoir.
- La pragmatique, du terme grec *pragma,* désigne la recherche des moyens les mieux adaptés pour obtenir un résultat : par exemple, combien d'argent est nécessaire pour nourrir sa famille. Mais cela ne dit rien, ni sur la moralité du but, ni sur la moralité des moyens. La pragmatique s'applique autant à des conduites immorales, comme de chercher le meilleur mensonge pour tromper quelqu'un. La pragmatique est amorale.

Est « **moral** » un acte vertueux conforme au bien. Est « **immoral** » ce qui est contraire au bien, un acte vicieux qui vise le mal. Est « **amoral** » ce qui n'est ni bon ni mauvais, mais peut devenir l'un ou l'autre.

3. Expérience et liberté

- La **pragmatique** s'appuie sur l'**expérience** pour adapter ses moyens : elle est une « prudence » qui améliore son efficacité par des conseils « empiriques ».
- Au contraire, la **morale** se fonde sur la **liberté**. Le devoir ne dépend pas de l'expérience, mais d'un commandement de la raison, un « impératif catégorique » indépendant du temps et de l'espace. C'est la volonté libre, éclairée par la loi rationnelle, qui dicte le devoir.

■ Agir moralement, vivre vertueusement, nous rend « digne de bonheur ». L'homme vertueux « mérite » le bonheur, mais ne l'obtiendra peut-être pas. Alors que le méchant sera peut-être heureux sans le mériter.

■ Cette injustice du bonheur résulte du fait que le bonheur dépend du hasard et d'une prudence aléatoire, alors que se montrer digne en agissant par devoir ne dépend que de notre volonté.

II. Discussion

■ Peut-on accepter une morale aussi désintéressée et ascétique ? Il est profondément injuste que la vertu ne soit pas récompensée et que le méchant soit heureux. C'est ce que montre souvent la vie, qui décourage d'être vertueux.

■ Mais Kant a raison : agir par intérêt, pour être heureux, riche, en bonne santé, cela n'a aucun mérite. C'est agir naturellement, par facilité, comme n'importe quel animal qui recherche son bien. La liberté humaine exige d'agir de façon **désintéressée**, « **par devoir** », prouvant ainsi que la volonté libre l'emporte sur le besoin et le désir.

■ C'est pourquoi Kant renvoie l'espoir de bonheur comme récompense de la vertu dans une vie future, suspendue à la croyance en un Dieu juste.

■ Cependant, l'éthique de Spinoza, par exemple, propose de réconcilier ici-bas vertu et bonheur. Selon lui, la recherche rationnelle du bonheur conduit à la « béatitude » qui est la connaissance désintéressée de la vérité. Cette « béatitude », ou bonheur rationnel, s'accompagne de toutes les autres vertus comme la générosité, le courage, la paix ou l'amour d'autrui.

Conclusion

■ Dans ce texte, Kant oppose pragmatique et morale pour expliquer que le bonheur n'est pas le but de la morale, mais la récompense aléatoire de la vertu.

■ La morale vise à nous rendre dignes du bonheur, non à être effectivement heureux. Ce « moralisme » kantien paraît inhumain. Pour certains, il correspond à une éthique protestante selon laquelle l'homme n'a pas été créé par Dieu pour être heureux, mais pour obéir à la loi.

■ Ce « moralisme » résume ce qui distingue morale et éthique, la première se fixant le devoir pour fin, la seconde visant le bonheur comme souverain bien.

■ Au-delà de cette opposition, on reste face à une alternative tragique : soit admettre une injustice profonde qui fait que la vertu n'est pas récompensée, soit choisir un cynisme qui recherche le bonheur par tous les moyens.

Repères

LES REPÈRES DU PROGRAMME

Absolu/Relatif

- On dit qu'est **absolu** quelque chose qui existe ou est connu indépendamment de toute autre chose : Dieu existe absolument, le *cogito* (« je pense ») peut être connu absolument. Comme adjectif, « absolu » s'applique, par exemple, à un pouvoir sans limites ou à un amour au-dessus de tout. Comme substantif, l'absolu désigne, chez Hegel, la réalité suprême qui contient tout en elle.
- Est **relatif** quelque chose qui dépend des circonstances ou du point de vue : la beauté varie selon les goûts, le droit varie selon les pays et les époques, le bonheur dépend des désirs et des situations. La philosophie débat pour savoir si la liberté, la vérité, la vertu, la justice, le beau... peuvent être absolus (on parlera de « rationalisme ») ou seulement relatifs (on parlera de « relativisme »).

Abstrait/Concret

- Est **concret** ce qui a une réalité sensible et particulière : telle pierre, tel homme, telle sculpture.
- Est **abstrait** ce qui est purement intellectuel et désigne une généralité : la nature, l'humanité, l'art... L'abstraction consiste à isoler et à extraire certaines caractéristiques d'une chose concrète : abstraire l'idée de blancheur à partir d'un nuage blanc, abstraire l'idée d'infini à partir du ciel étoilé. L'abstraction permet, à l'aide du langage, de s'élever au-dessus de la sensation immédiate, et de construire une connaissance scientifique ou philosophique. L'abstraction est donc nécessaire à la connaissance, mais peut éloigner de la vie pratique et de l'action qui ont besoin d'un rapport concret au monde.

Analyse/Synthèse

- L'**analyse** consiste à séparer les éléments qui composent une réalité concrète : analyser les données d'un problème, analyser les étapes d'une fabrication...
- La **synthèse** réunit et fusionne des éléments séparés : la synthèse d'un débat, la synthèse de produits chimiques...
- Analyse et synthèse peuvent être des **processus objectifs** (comme la synthèse de la chlorophylle par les plantes) **ou** des **actes de l'esprit** qui connaît (comme l'analyse des causes d'une guerre). L'analyse est recommandée par Descartes pour décomposer une difficulté et récapituler les étapes d'un raisonnement. La psychanalyse de Freud est une analyse du psychisme pour

dégager les causes d'un trouble mental. La dialectique de Hegel fait succéder la thèse (affirmation), l'antithèse (négation), et la synthèse (négation de la négation), pour expliquer le développement contradictoire de toute chose.

Cause/Fin

- La distinction entre la cause et la fin met en jeu la question de savoir quel type de relation envisager entre les phénomènes de la nature. Deux grands types de représentations peuvent être ici envisagés : soit on considère qu'un phénomène A **produit** un phénomène B (par exemple le choc d'une boule en mouvement sur une autre boule produit le mouvement de cette autre boule) ; soit on considère que le phénomène A **a pour but** de produire le phénomène B (par exemple je vais à la piscine pour me rafraîchir). Dans le premier cas, on dira que A est la **cause** de B ; dans le second, on dira que B est la **fin** de A (« fin » signifiant « but » et non « terme »).

- Il est clair que les actions humaines relèvent du deuxième type. Autrement dit, elles sont finalisées, puisqu'elles relèvent d'une intention : quand je fais quelque chose (phénomène A), c'est dans une **intention** déterminée, c'est-à-dire en fonction d'une fin que je me fixe (phénomène B). Il est clair, en revanche, que les phénomènes de la nature relèvent du premier type. Il apparaît immédiatement absurde de penser qu'une boule se met en mouvement **dans le but** d'en déplacer une autre. Ce serait supposer que les objets sont, comme les hommes, animés d'intentions ; cela impliquerait donc une représentation **anthropomorphique** et « magique », non scientifique, de la nature. Le **finalisme**, c'est-à-dire la théorie qui consiste à comprendre la production des phénomènes naturels en fonction de leur fin, n'est pas une position scientifiquement tenable.

Contingent/Nécessaire/Possible

- Ce sont trois des modalités du jugement établies par la logique classique. Est **contingent** ce qui est ou a été mais qui aurait pu ne pas être. Est **nécessaire** ce qui ne peut pas ne pas être ou être autrement qu'il n'est. Est **possible** ce qui peut être ou ne pas être.

- La **différence** entre une proposition contingente et une proposition possible est que la première porte sur un état de chose existant, alors que la seconde porte sur un état de chose qui peut ou non exister. Par exemple : « En 2012, il y aura les Jeux olympiques à Paris » est une proposition possible ; « Le 14 juillet 1789, la Bastille a été prise » est une proposition contingente.

■ Mais ce qu'il y a de **commun** entre le contingent et le possible, c'est leur commune opposition au nécessaire. Une **proposition possible** est en effet par définition une proposition dont le contraire est concevable (s'il est seulement possible que les Jeux olympiques aient lieu en 2012 à Paris, il est évidemment également possible qu'ils n'aient pas lieu dans cette ville à cette date). Une **proposition contingente** est elle aussi une proposition dont le contraire est concevable, puisqu'elle énonce un état de chose existant qui aurait pu ne pas exister.

■ En revanche, une **proposition nécessaire** est une proposition dont le contraire est impossible. Tel est, par exemple, le cas des propositions mathématiques : « 2 + 2 = 4 » est une vérité nécessaire parce que sa négation implique une contradiction.

Croire/Savoir

■ « Croire » et « savoir » sont d'abord en relation d'opposition. Lorsque je dis : « Je crois que demain il va pleuvoir », je veux signifier que je ne le sais pas (je n'en suis pas sûr). Toutefois, il faut distinguer deux modes de croyance qui ne sont pas chacun dans le même rapport avec le savoir.

■ « Je crois **que**... », c'est-à-dire la croyance comme **opinion**. C'est une opinion qui d'une part se sait incertaine, mais qui, d'autre part, est commensurable avec le savoir rationnel, car il est possible de produire les raisons qui la justifient et la rendent vraisemblable. Ce qui distingue la croyance du savoir est alors seulement le degré de certitude de l'idée ou de la proposition qui est l'objet de l'une ou de l'autre.

■ « Je crois **en**... », c'est-à-dire la croyance comme **foi**. Dans l'expression : « Je crois en Dieu », le verbe « croire » n'a pas le même sens que dans : « Je crois **que** Dieu existe ». À l'inverse de la croyance ordinaire, la foi, c'est-à-dire la croyance religieuse, est une adhésion absolue, une **conviction**.

■ En somme, il y a quelque chose de commun entre la croyance au sens d'opinion et le savoir rationnel, alors que la distance semble infinie entre ce dernier et la foi.

En acte/En puissance

■ Cette distinction a été forgée par Aristote : est **en puissance** ce qui peut devenir réel (les possibilités) ; est **en acte** ce qui est devenu réel (la réalité effective). Un œuf est un embryon en puissance, mais tous les œufs ne deviennent pas embryons. Un embryon est un œuf en acte ou actualisé ; mais l'embryon est aussi, à son tour, un animal en puissance, et, à la naissance, l'embryon existera en acte. On dira d'un enfant doué qu'il est un artiste en puissance, mais il ne sera jamais un artiste en acte s'il ne produit pas d'œuvre.

- Les philosophes s'opposent pour savoir s'il faut admettre que quelque chose existe en puissance (auquel cas toute réalité serait dédoublée, visible et invisible, présente et à venir), ou si la réalité ne peut être qu'en acte : pour Aristote, la perfection de chaque être consiste à réaliser ce qu'il est en puissance (sa finalité idéale) ; pour Spinoza, au contraire, il n'y a ni finalité, ni être potentiel, et toute réalité doit être effective (est donc parfait tout ce qui existe).

En fait/En droit

- La distinction du fait et du droit a comme premier champ d'application la **philosophie politique** et la **philosophie du droit**. La question « Qu'en est-il du fait ? » (*Quid facti*) porte sur l'existence et la nature des formes de gouvernements ou de régimes politiques existants ; la question « Qu'en est-il du droit ? » (*Quid juris*) porte sur la légitimité de cette existence, et notamment sur la légitimité de l'autorité politique (voir ci-dessous « Légal/Légitime »).

- **Kant** a élargi cette distinction à la **théorie de la connaissance**. Pour lui, celle-ci ne doit pas seulement décrire comment la connaissance fonctionne (en mathématiques, dans les sciences expérimentales...), elle a aussi à se demander ce qui confère une validité à ses procédures, et donc dans quelles limites ces procédures ont une valeur objective.

- La distinction du fait et du droit a ainsi une extension très large. Beaucoup de sujets de dissertation peuvent être éclairés grâce à elle, en particulier les sujets qui commencent par la question « Peut-on... ? », ambiguë, puisqu'elle peut se comprendre comme une question de fait (Est-il possible de... ?) ou une question de droit (Est-il légitime de... ?).

En théorie/En pratique

- L'opposition « en théorie/en pratique » a pour sens premier d'exprimer une méfiance à l'égard de la théorie : celle-ci n'a aucune effectivité si elle n'est pas applicable pratiquement.

- La **théorie** est alors de l'ordre de l'**idéal**, la **pratique** de l'ordre de la **réalité**. Si l'on dit par exemple : « En théorie, tous les hommes sont égaux, mais en pratique, ils sont inégaux », on veut signifier que l'égalité est utopique et qu'il ne sert à rien de l'espérer. Si l'on avait voulu au contraire mettre l'accent sur le fait que l'inégalité constatée ne doit pas empêcher de vouloir l'égalité, on se serait exprimé autrement (par exemple en usant du couple « en droit/en fait », plutôt que « en théorie/ en pratique »).

Essentiel/Accidentel

- Depuis Aristote, « **essentiel** » désigne ce qui est propre à l'identité d'une chose, ce sans quoi une chose ne peut exister et qui la différencie d'autre chose : la raison ou le langage est l'essence de l'homme, l'étendue est l'essence de la matière, la pensée est l'essence de l'esprit. « **Accidentel** » désigne ce qui n'est pas indispensable à l'existence ou à la définition d'une chose : il est « accidentel » qu'un homme soit blanc ou noir de peau, ou que la matière soit solide ou liquide, ou que l'esprit soit lent ou rapide. Est essentiel ce qui est nécessaire, indispensable (manquer de l'essentiel) ; est accidentel ce qui est accessoire et varie selon les cas (un aspect accidentel).
- L'essentiel détermine nécessairement l'existence. Pour **Sartre**, l'homme étant essentiellement libre, en lui « l'existence précède l'essence », c'est-à-dire que, exceptionnellement, l'existence humaine n'est déterminée par aucune essence préalable. L'accidentel désigne ce qui arrive par hasard, par une cause contingente (ce qui aurait pu ne pas exister).

Expliquer/Comprendre

- Dans la vie courante, « expliquer » et « comprendre » ne sont pas considérés comme des opérations opposées, mais comme complémentaires. Ils supposent la mise en relation de deux personnes au moins : par exemple, le professeur explique, les élèves comprennent.
- Pourtant, dans un autre sens, lui aussi usuel, « expliquer » et « comprendre » s'opposent davantage, l'explication étant l'acte purement **intellectuel** par lequel on **cherche les causes** d'un phénomène ou d'un comportement, la compréhension étant l'acte plus **moral** par lequel on **juge** ce phénomène ou ce comportement admissible ou non (en ce sens on dira d'un individu qu'il est plus ou moins « compréhensif », c'est-à-dire indulgent). Ainsi, on pourra dire par exemple que tel meurtre atroce peut être expliqué, même si l'on a des difficultés à comprendre le meurtrier.
- Dans un sens proprement philosophique, la relation entre « expliquer » et « comprendre », qui est alors franchement une relation d'opposition, n'a de sens que dans le contexte déterminé de la pensée du philosophe allemand du XIXe siècle **Dilthey**. Il s'agit alors de deux **méthodes** opposées, chacune étant à l'œuvre dans un type de science précis.

- Les **sciences de la nature** sont **explicatives** : elles rendent compte des phénomènes en les rapportant à des lois nécessaires qui régissent les phénomènes du même type. Par exemple, je peux expliquer qu'un orage se soit produit à un moment et dans un lieu donné en le rapportant aux conditions générales d'humidité, de pression atmosphérique, de circulation de courants chauds et froids dans l'atmosphère..., conditions qui, lorsqu'elles sont réunies, entraînent en général qu'un orage se produise. On remarquera alors qu'en ce sens, « expliquer » un phénomène suppose aussi qu'on puisse le prédire. Dans les sciences de la nature, « explication » et « prédiction » sont les deux faces d'une même opération intellectuelle.

- Les **sciences de l'esprit** (pour Dilthey, essentiellement l'histoire) sont **compréhensives** : elles ne se contentent pas d'expliquer, elles cherchent à interpréter le sens de comportements ou d'actions accomplies par des sujets conscients, libres et volontaires. Pour Dilthey, cette distinction a essentiellement pour but d'éviter de réduire, comme le voudrait le positivisme, la méthode des sciences humaines à celle des sciences de la nature. La sociologie « compréhensive » de Max Weber, au début du XXe siècle, se situera, contre la sociologie de Durkheim à la même époque, dans l'héritage de cette distinction (voir chap. 18).

Formel/Matériel

- En général, « **formel** » désigne une affirmation certaine (un témoignage est formel) ou un caractère superficiel, de pure forme (une objection formelle). « **Matériel** » désigne le contenu réel d'une chose ou d'une connaissance. Cette distinction intervient en art : le sculpteur doit donner une beauté formelle à la matière brute.
- En politique, un **droit formel** ne tient pas compte des moyens matériels de sa réalisation (la liberté formelle de voyager suppose des moyens matériels de financement).
- Une **vérité formelle** peut être cohérente et respecter les règles logiques, et être pourtant fausse par rapport à la réalité matérielle (c'est le cas des sophismes).
- Selon Aristote, chaque être est composé d'une matière informe (la substance) et d'une forme qui l'organise (la **cause formelle**). Kant considère que l'expérience sensible fournit le contenu matériel de notre connaissance, laquelle est mise en forme grâce aux catégories de l'entendement.

Genre/Espèce/Individu

- En logique, ce sont trois catégories dont l'extension est croissante de l'individu au genre, et qui permettent donc d'opérer des **classifications**, et aussi, pour Aristote, de donner des **définitions**, une définition consistant à donner le genre plus la différence spécifique, c'est-à-dire propre à l'espèce. Par exemple : l'homme est un animal (genre) raisonnable (différence propre à l'espèce).
- Ce mode de classement est surtout utilisé en **biologie** (zoologie et botanique). Le mot genre est parfois utilisé de façon discutable : ainsi dit-on communément le « genre humain », alors que l'homme est en fait une espèce.

Idéal/Réel

- Le **réel**, c'est ce qui est, ce qui existe effectivement ; l'**idéal**, c'est ce qui devrait être, ce qu'on souhaite voir exister. Le réel vient souvent contrer et détruire nos illusions ; l'idéal exprime une perfection de l'imagination (l'idéal féminin, le prince charmant) ou de la raison (la paix et la liberté universelle).
- L'idéal (la cité juste de Platon, dans *La République*, par exemple) peut servir de guide à l'action (l'« idéal régulateur » selon Kant) pour améliorer le réel. Mais l'idéal ne doit pas conduire à mépriser le réel et à vouloir s'en échapper ; ainsi, pour Spinoza, la perfection n'est pas dans l'idéal, mais dans le réel.
- L'**idéalisme** est donc nécessaire pour changer le monde, mais dangereux par les illusions qu'il produit (utopies). Le **réalisme** est plus efficace par le choix de moyens adaptés au réel, mais il risque de conduire à se résigner au réel tel qu'il est. L'art et la politique sont directement concernés par cette opposition.

Identité/Égalité/Différence

- L'**identité** désigne un rapport à soi ou un rapport à l'autre : une chose garde son identité, si elle conserve des caractéristiques essentielles par-delà des changements secondaires (l'âge, le lieu...). Une chose est identique à une autre si elles sont différentes selon la quantité (elles sont deux), mais semblables selon la qualité (des jumeaux). Selon le « principe des indiscernables » de Leibniz, il ne peut exister dans le monde deux choses absolument identiques.
- La **différence** est, soit ce qui change sur fond d'identité (je suis différent selon l'âge), soit ce qui distingue une chose d'une autre (le sexe masculin ou féminin).
- L'**égalité** désigne ce qui a la même mesure (une taille égale) ou le bénéfice des mêmes droits (égalité politique). Il ne faut pas confondre différence et

inégalité : l'égalité des droits vise à compenser les différences, non à les nier ; l'égalité n'est pas l'identité de tous.

Intuitif/Discursif

■ D'une façon générale, est **intuitif** ce qui est saisi immédiatement et est **discursif** ce qui passe par une mise en discours (voir ci-dessous Médiat/Immédiat). Ce que traduit le langage commun : quand je dis que j'ai une intuition, je signifie que ce que j'intuitionne me paraît vrai sans que je sois capable d'argumenter, c'est-à-dire de discourir, en sa faveur.

■ Cette distinction est au cœur de la méthode de **Descartes**. Une **vérité** est **intuitive** lorsqu'elle est connue immédiatement, sans l'intermédiaire d'un raisonnement ou d'une démonstration. Elle est **discursive** quand elle s'établit par le moyen d'un raisonnement ou d'une démonstration, c'est-à-dire quand elle nécessite une mise en forme logique par le discours (voir chap. 13). Pour Descartes, les vérités premières sont nécessairement objet d'une intuition (puisqu'elles ne peuvent pas être démontrées, sans quoi elles ne seraient pas premières) ; les vérités dérivées de ces vérités premières sont nécessairement discursives, c'est-à-dire établies par déduction. Pour Descartes, l'intuition et la déduction sont donc deux modes successifs grâce auxquels la raison peut établir des vérités.

■ La distinction entre le mode intuitif et le mode discursif sera reprise par **Bergson** dans le sens d'une plus franche opposition entre les deux : le discursif devenant le propre de l'intelligence rationnelle et l'intuitif, au contraire, une façon de percevoir des réalités essentielles qui échappent à l'entendement.

Légal/Légitime

■ Est **légal** ce qui est conforme à la loi existante (loi positive) ; est **légitime** ce qui est conforme à un devoir moral ou à une loi idéale. Leur distinction permet de pouvoir dire si une loi est juste ou injuste : ainsi, une loi raciste rend légal un acte raciste, mais elle est illégitime au regard des droits de l'homme ou du devoir moral de respect envers toute personne humaine.

■ Cette distinction peut fonder un droit à désobéir à la loi (objection de conscience, résistance aux lois nazies ou à toute tyrannie). Les partisans du **positivisme juridique** affirment qu'aucune légitimité ne peut être au-dessus de la loi positive. Les tenants du **droit naturel**, au contraire, considèrent que la raison donne des normes universelles, comme les droits de l'homme, qui permettent de juger de la légitimité d'une loi positive.

Médiat/Immédiat

- Dans l'opposition entre « médiat » et « immédiat », on peut valoriser, selon les philosophies, l'un ou l'autre terme. Dans la philosophie de Descartes, l'immédiat prime le médiat. Les vérités, pour Descartes, s'établissent par **déduction**, c'est-à-dire médiatement, par l'intermédiaire d'autres propositions déjà connues. Il faut donc commencer par des vérités immédiatement connues par **évidence** ou **intuition** (voir Intuitif/Discursif et chap. 13). Quelle que soit la valeur, réelle, de la déduction, l'immédiateté de l'évidence est le modèle le plus parfait de certitude.
- Pour Hegel, en revanche, la médiation est essentielle, ce qui est immédiat n'ayant encore, comme tel, aucune effectivité. Par exemple, la certitude immédiate de ma conscience doit s'objectiver grâce à la médiation d'autrui et du monde pour devenir une vérité objective (voir chap. 1 et 4).

Objectif/Subjectif

- Est **objectif** un jugement, une connaissance ou une représentation conforme à l'objet, qui ne déforme pas la réalité. Est objectif un point de vue impartial.
- Est **subjectif** un jugement, une opinion ou une représentation qui se rapporte au sujet, et qui déforme ou interprète la réalité selon le point de vue, les désirs ou les intérêts du sujet.
- La vérité et la science se doivent d'être objectives, ce qui assure leur universalité rationnelle. L'art est généralement considéré comme subjectif, dans la mesure où il exprime la sensibilité et la représentation que l'artiste a de la réalité. La morale doit être objective, selon Kant, en ce qu'elle obéit à une loi universelle de la raison, identique pour tous. Pour Nietzsche, en revanche, les valeurs morales sont des expressions subjectives, relatives à la volonté de puissance qui est en nous.

Obligation/Contrainte

- Ces deux mots, que le langage courant associe volontiers, établissant entre eux un rapport de quasi-synonymie, doivent être soigneusement distingués.
- La **contrainte** est un fait de **force** : lorsque je suis contraint, je suis forcé de faire quelque chose que je ne veux pas faire.
- L'**obligation** est un fait de **conscience** et touche au droit et à la moralité. Nous pouvons nous obliger nous-mêmes (par exemple en promettant quelque chose), mais nous ne sommes contraints que par autrui.

Origine/Fondement

- En 1755, Rousseau publie son *Discours sur l'origine et les fondements de l'inégalité parmi les hommes*. Le titre de l'ouvrage fait donc une distinction entre « origine » et « fondement ».
- **L'origine** est **historique**. Chercher une origine, c'est à la fois chercher quand un phénomène est apparu et quelles sont les causes de son apparition.
- La question du **fondement**, quant à elle, n'est pas historique, elle est proprement **philosophique** : elle s'attache à établir une **justification**. Le langage courant est à cet égard assez clair : quand on dit d'une affirmation qu'elle est « sans fondement », on veut dire que rien ne la justifie. La question de l'origine est une question de fait, la question du fondement une question de droit (voir En fait/En droit et Légal/Légitime).
- « Origine » et « fondement » se distinguent donc clairement, et il faut faire d'autant plus attention à bien les différencier que leurs significations respectives se mêlent parfois l'une à l'autre ou se superposent. C'est notamment le cas de **Rousseau** dans son *Discours sur l'origine et les fondements de l'inégalité parmi les hommes*. Ce *Discours* décrit l'homme à l'état de nature et se demande comment il est passé de cet état à l'état social. Il se donne donc comme un discours de l'origine, c'est-à-dire une enquête historique : la recherche d'une cause qui explique les faits. Mais la vraie question qui intéresse Rousseau est celle du fondement. Il dit d'ailleurs clairement que l'état de nature n'est pas un fait (il n'a peut-être jamais existé), mais une hypothèse visant à rendre compte de la légitimité ou de l'illégitimité de l'état social.

Persuader/Convaincre

- Dans le langage courant, « persuader » et « convaincre » ont des significations assez proches. C'est en référence à la philosophie de **Platon** qu'il convient de les distinguer.
- Platon critique en effet la rhétorique, qu'il oppose à la philosophie. La **rhétorique** est l'**art de persuader**, c'est-à-dire d'emporter l'assentiment d'autrui grâce à la séduction du discours, alors que le **dialogue philosophique** est propre à **convaincre**, c'est-à-dire à amener autrui à reconnaître la valeur des raisons avancées. La persuasion est donc un moyen fallacieux et non rationnel, alors que la conviction est un moyen rationnel et intellectuellement sincère. La première relève de l'**opinion**, la seconde de la **vérité** (voir chap. 17). La première joue sur les sentiments que peut provoquer un discours (émotion, enthousiasme, empathie...), la seconde se fonde sur la rationalité des arguments avancés.

- Mais il faut aussi distinguer « **convaincre** » et « **démontrer** ». Un discours convaincant a ceci de commun avec un discours persuasif qu'il cherche l'accord des interlocuteurs, sans pouvoir établir de façon certaine la vérité de ce qu'il avance. En toute rigueur, je n'ai pas besoin d'être convaincu de la vérité d'une démonstration mathématique. Elle s'impose à moi dès l'instant que je comprends la chaîne des raisons qui conduit à la conclusion. Convaincre comme persuader relèvent du domaine de l'**argumentation**, non de la **démonstration** (voir chap. 13).

Principe/Conséquence

- D'une façon générale, « **principe** » signifie ce qui est premier et fondateur, et qui peut donc être énoncé indépendamment de circonstances particulières. Les **conséquences** d'un principe sont ce qui dérive nécessairement de ce principe et qu'on ne peut pas ne pas admettre si on admet le principe. Par exemple, si l'on admet que l'égalité est un principe général de toute société démocratique, l'égalité des hommes et des femmes doit être admise comme une de ses conséquences.
- C'est dans le domaine des sciences de la démonstration (logique et mathématiques) que la **relation de principe à conséquence** est la plus précisément déterminée. Dans ce domaine, une proposition est la conséquence d'une autre quand elle en dérive déductivement. Mais cela ne signifie pas que celle dont elle dérive soit elle-même un principe. Pour qu'il en soit ainsi, il faut, non seulement qu'il soit possible de dériver d'une proposition d'autres propositions, à titre de conséquences, mais aussi que cette proposition ne soit pas elle-même la conséquence d'autres propositions antécédentes. Autrement dit, seules les propositions absolument premières d'un système déductif (les **axiomes**) peuvent être considérées comme des principes, conformément d'ailleurs à l'étymologie du mot « principe » : en latin, ***princeps*** signifie « premier » (voir chap. 13).

Ressemblance/Analogie

- Ressemblance et analogie permettent de relier les choses et les idées. La **ressemblance** associe deux choses qui ont au moins un point commun (l'homme et la baleine se ressemblent en tant que mammifères). Il y a donc des degrés de ressemblance, la ressemblance totale étant l'identité de deux indiscernables (jumeaux ou clones).

▪ L'**analogie** est une ressemblance entre rapports (A/B = B/C), et non terme à terme (A = B). « La Lune ressemble à la Terre par sa forme et son relief » exprime une ressemblance ; « la Lune tourne autour de la Terre, comme la Terre tourne autour du Soleil » exprime une analogie. L'analogie est un raisonnement qui permet d'aller du connu à l'inconnu : l'eau permet la vie sur Terre, donc s'il y a de l'eau sur Mars, il doit y avoir de la vie.

▪ Mais l'abus de ressemblance et d'analogie produit de faux arguments : si le monde ressemble à une horloge, alors doit exister un Dieu horloger (mais la ressemblance initiale est contestable, donc l'analogie l'est aussi).

Transcendant/Immanent

▪ Est **transcendant** ce qui est posé comme **extérieur** et **supérieur** à un ordre de réalité donné (par exemple Dieu dans les religions monothéistes, le monde des Idées chez Platon, les droits de l'homme dans la déclaration de 1789…).

▪ Est **immanent**, au contraire, ce qui est pensé comme n'existant pas de façon séparée (par exemple, le Dieu de Spinoza est immanent à la nature).

Universel/Général/Particulier/Singulier

▪ Ces quatre catégories désignent des degrés de généralité :

- l'**universel** désigne la totalité des individus, sans exception (le langage est une caractéristique universelle des êtres humains) ;

- le **général** désigne ce qui est principalement répandu dans un ensemble mais peut souffrir des exceptions (les Suédois sont généralement blonds) ;

- le **particulier** désigne des cas minoritaires dans un ensemble (la langue basque ou la langue hongroise sont des cas particuliers parmi les langues d'Europe) ;

- le **singulier** désigne un cas unique (chaque malade doit être traité comme un cas singulier).

▪ En morale, selon Kant, les actes singuliers doivent obéir à la loi universelle. En politique, l'intérêt général doit l'emporter sur les intérêts particuliers. En science, il faut partir de l'expérience de cas particuliers pour dégager des lois générales ou universelles (loi d'attraction universelle de Newton).

Table des illustrations

Achevé d'imprimer par IME à Baume-les-Dames - France
Dépôt légal : 96252-3/02 - mars 2013